謎解き京都

―京をめぐる100の疑問に答えます―

読売新聞大阪本社編集局編

淡交社

もくじ

謎解き その1　歴史・史跡

謎解き その2　神社仏閣・信仰

謎解き その3　芸術・文化

謎解き その4　伝説・地名

謎解き その5　年中行事と生活文化

本書について

・読売新聞大阪本社発行の夕刊に、２０１３年4月4日から２０１５年3月26日まで掲載された連載「謎解き京都」をまとめたものです。

・連載時のまま掲載しているため、肩書等は当時のままとしております。

謎解き　その1

歴史・史跡

渡来人　都に何人住んでた？

太秦拠点に数万人　遷都にも関与

渡来人《とらいじん》は古代、朝鮮半島や中国大陸から日本に集団で移り住んだ人々だ。稲作や金属器などの先進技術を持ち込み、日本国家の発展を助けた。平安京以前から京都盆地に住んでいた氏族は遷都《せんと》にも深くかかわる。その結果生まれた新しい都の住民のうち、渡来人が占める人口は一体、どれほどだったのか。

ピークは5世紀

朝鮮半島と対馬《つしま》の間は50キロ余り。有史以前から船による行き来があり、日本への渡来のピークは5世紀後半と考えられる。渡来した人数について、自然人類学の埴原和郎は「紀元前3〜4世紀から7世紀までの1000年間に最大120万人以上、少なくとも数10万人」（『日本人の成り立ち』）と推定する。

中でも力を誇ったのが、『日本書紀』に「百済《くだら》から来た」と記録され、秦《しん》の始皇帝《しこうてい》の末裔《まつえい》を名乗る秦《はた》氏だ。彼らも5世紀後半、多くの民を率いて渡来したとみられる。

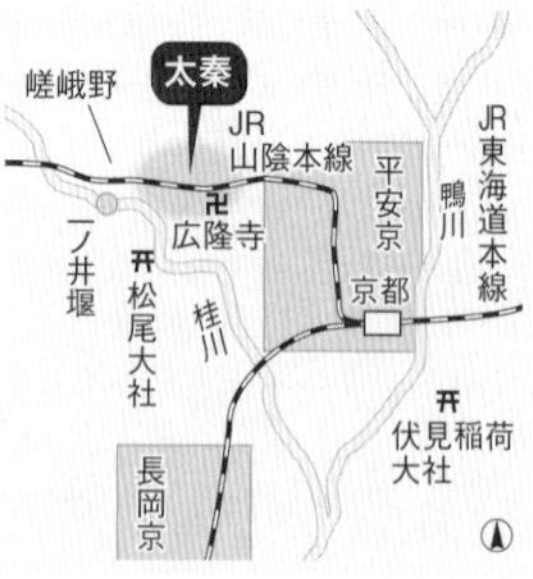

渡月橋上流の一ノ井堰（中央）。秦氏が築造した葛野大堰もこれと同じような堰だった。

秦氏が農地開発

京都・太秦《うずまさ》（右京区）を本拠に秦氏は、関東にまで広がり、在来農民を氏族集団の中に取り込んで一大勢力となる。農地開発や養蚕《ようさん》、交易で蓄えた莫大《ばくだい》な富で太秦に国宝・弥勒《みろく》菩薩半跏像《ぼさつはんかぞう》で知られる広隆寺《こうりゅうじ》を建て、京都盆地西の松尾《まつお》大社《たいしゃ》や、南東の伏見稲荷大社を氏神とした。

飛躍のきっかけは葛野大堰《かどのおおい》だった。高度な土木技術によって暴れ川の桂川に巨大な堰《せき》を作り、水量を調整、川の

その頃

桓武天皇も多く登用

平安初期、征夷大将軍に任じられ、蝦夷《えぞ》を攻めた坂上田村麻呂は渡来系の漢氏《あやうじ》の一族出身。漢氏は『続日本紀』で「後漢の霊帝の子孫」とされ、5世紀後半に渡来。飛鳥を拠点に実務官僚として頭角を現し、豪族の大伴《おおとも》氏や蘇我《そが》氏に接近して勢力を拡大した。

長岡京・平安京への遷都を行った桓武《かんむ》天皇は母が百済国王の直系子孫で、「百済王らは朕《ちん》が外《がい》戚《せき》なり」と述べ、政権上層部に渡来人を多く登用。母方のいとこの和家麻呂《やまとのいえまろ》は、「才学なし」と酷評されながらも中納言に昇進した。ただ、こうした例は桓武の代で途絶える。

水を太秦西側の嵯峨野一帯に流して稲作を広めた。これが人口増につながった。何度も造り直され、正確な位置は分からなくなったが、昭和期に嵐山の渡月橋《とげつ》上流に設けられた一ノ井堰が往時の姿をしのばせる。この付近を中心とする盆地西側を井上満郎・京都市歴史資料館長は「山背《やましろ》（山城）の斑鳩《いかるが》」と呼び、平城京の西の斑鳩にたとえる。「秦氏が整備した政治、経済、文化の基盤が長岡京や平安京遷都の受け皿になった」。

渡来系―174氏

平安時代初期に編まれた畿内の氏族一覧『新撰姓氏録《しんせんしょうじろく》』で、平安京左京と右京に住む499氏のうち渡来系氏族（諸蕃《しょばん》）は174氏。井上館長は「氏族数と人口は同じではないが、あえて単純計算すれば、当時の京都の人口を約11万人として、秦氏を含む渡来人は3割強、3万〜4万人ということになる」と指摘する。

水谷千秋・堺女子短期大学教授（日本古代史）によれば、平安遷都から30年余り後に作られた「葛野郡班田図」に見える耕作者の7割強が秦氏となっている。葛野郡は今の京都市域の西側半分以上。「秦氏を名乗りながら実は在来というケースもあるが、平安京近辺の住民の少なくとも過半数が渡来系の人々だっただろう」。古代京都は、異なるルーツを持つ住民が作った、活力あふれる都市だった。

2014年10月16日付掲載

はかなき宇治橋　愛されて

「日本最古」流され何度も再建

宇治川をまたぐ宇治橋（京都府宇治市）は、飛鳥《あすか》時代に架けられたと伝わる。何度流失しても架け替えられ、同じ場所にあり続ける橋の中では「日本最古」の歴史を持つという。さらに古い時代にも各地に橋はあったはずだが、この橋だけがなぜ今日までここに残ってきたのか。

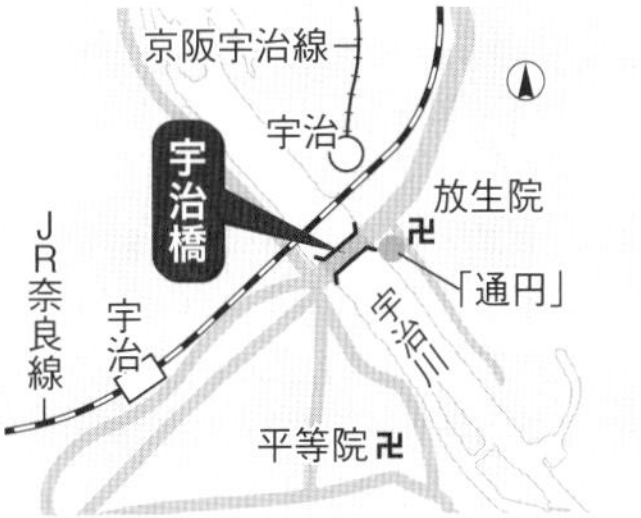

7世紀に建設

橋東側の放生院《ほうじょういん》に建つ石碑の断片「宇治橋断碑《だんぴ》」には大化の改新の翌年（646）、宇治川の急流に苦しむ民衆を助けるため奈良・元興寺《がんごうじ》の僧、道登《どうとう》が橋を架けたと書かれている。一方、平安時代の史書『続日本紀』には同じ元興寺の道昭《どうしょう》が666〜79年頃に架けたのが宇治橋の最初とある。いずれにしても7世紀のこと。放生院の黒木英雄住職は「断碑の字は中国・六朝《りくちょう》時代（3〜6世紀）の書体。これが日本に伝わった7世紀前半に書かれた可能性が高い」と話す。

夕刻、宇治橋の上で結婚の記念写真を撮影するカップル。付近は『源氏物語』の舞台にもなった。

源氏物語に歌

平安遷都《せんと》後は旧都奈良と京都を結ぶルートにあって往来が増え、『源氏物語』宇治十帖にも宇治橋は登場する。2人の貴公子との三角関係に悩む姫君・浮舟《うきふね》は歌に詠んだ。

「絶え間のみ世にはあやうき宇治橋を朽ちせぬ物となお頼めとや（宇治橋のように途絶えがちで危ういあなたを信じろとおっしゃるのですか）」。洪水や戦乱で何度も失

その頃

放生院に起源伝える碑

宇治橋の起源を伝える断碑がある放生院は604年、秦河勝《はたのかわかつ》が、側近として仕えていた聖徳太子の命を受けて建立したと伝わる。河勝は養蚕《ようさん》、機織り、土木など様々な技術を日本にもたらした渡来系氏族で、放生院建立の前年には、太子から仏像を受け取り、京都盆地で初めての寺を造ったとされる。国宝の弥勒菩薩《みろくぼさつ》半跏像《はんかぞう》で有名な広隆寺《こうりゅうじ》（右京区）だ。

六角堂（中京区）や法観寺（東山区）も聖徳太子ゆかりの寺として信仰を集めているが、やはり太子に結びつく確実な史料はない。

われ、頼りにならない橋という印象だったわけだ。それでもその度、朝廷や幕府が橋を復旧した。江戸幕府の老中、松平定信の自叙伝『宇下人言《うげのひとごと》』には、橋の架け替えが危ぶまれたが、「古くから歌にも詠まれ、由緒ある」のだからと、工事を進めた話が出てくる。

宇治橋よりも古いとされる橋はどうなったのか。

『日本書紀』仁徳天皇14年（326）の条に「冬十一月、猪甘《いかい》の津に橋わたす」とある。現大阪市生野区の平野川に架けられ、大阪市教委文化財保護課によれば文献に出てくる最古の橋だ。近世にはつるのはしといい、地名の鶴橋の元になったが今、残るのは石碑「つるのはし跡」だけ。山梨県大月市の猿橋は600年頃に造り始めたというが、こちらは伝説に過ぎない。

土産物にも

橋そのものが現存し、史料が残るという条件付きで「最古」の宇治橋だが、宇治市歴史資料館学芸員の小嶋正亮さんは、「架橋時期からの絵や文献がこれほど多く存在する橋は他にない」と指摘する。山を背景にした橋の景観は土産物の茶わんや印籠にも描かれてきた。

平安末期から橋守を務めてきた橋のたもとの茶屋「通円《つうえん》」の通円亮太郎会長はいう。「美しい橋を失いたくないという人々の思いが橋を守ってきた」。

2013年12月12日付掲載

幻の「鴨川付け替え」説

賀茂河の水……わが心にかなはぬもの

東西約4・5キロ、南北約5・3キロの平安京を現在の京都地図や衛星写真に重ね合わせてみる。鴨川が京域の東側を南北ほぼ真っすぐに流れている。上流の賀茂川も京に入るのを避けるように支流の高野川と合流、きれいなY字を描く。日本史の平安時代の巻や歴史教科書でおなじみの図版だが、これを不自然とみた人々がいた。京都盆地は北東が高く南西が低い。川も南西へ流れるべきだ、というのだ。

繰り返す洪水

昔の賀茂川・鴨川は盆地の傾斜に沿って平安京の中を流れていたはず。現状のように付け替えたとしたら平安遷都《せんと》の時しかない——。これが鴨川付け替え説だ。京都府発行『平安通志』（1895）がその可能性を指摘、京都大学地理学科出の塚本常雄氏が論文「京都市域の変遷と其《その》地理学的考察」（1932）で、地形や地下の地質を根拠に〝証明〟してみせた。

論文によれば、旧賀茂川は現在の堀川に近く、盆地中央で高野川と合流していた。それを遷都時、東にずらした。それは自然に逆らう流路なので鴨川の水は繰り返しあふれた、という。

左の賀茂川が右の高野川と合流、ここから鴨川になる。

その頃

短命の都“長岡京”

平安遷都直前に都だったのが京都盆地南西の低地に位置した長岡京だ。京域の南東をカットするように葛野《かどの》川（現在の桂川）が流れ、南の宇治川と合流して淀川となる。全国の物資が川をさかのぼって船で運ばれてきた。水運の便を欠いた奈良・平城京の弱点を克服するためもあって選ばれた地だ。

しかし造都の責任者、藤原種継《たねつぐ》が暗殺され、これに関係したと疑われて配流先で死んだ早良《さわら》親王のたたりとされる変事が続発。大雨による川の氾濫も追い打ちし、10年という短期間で都は放棄された。

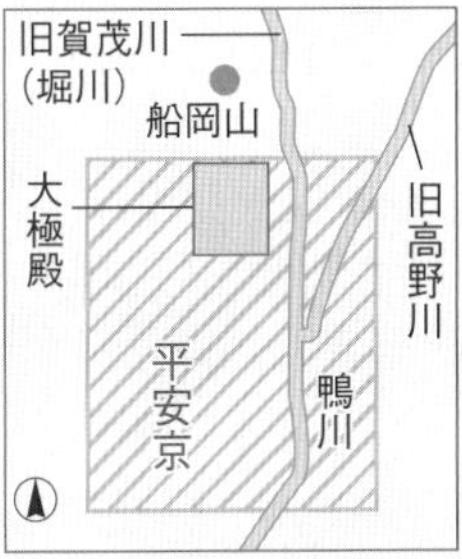

鴨川つけかえ説による平安遷都直前の鴨川（横山卓雄『平安遷都と鴨川つけかえ』から）

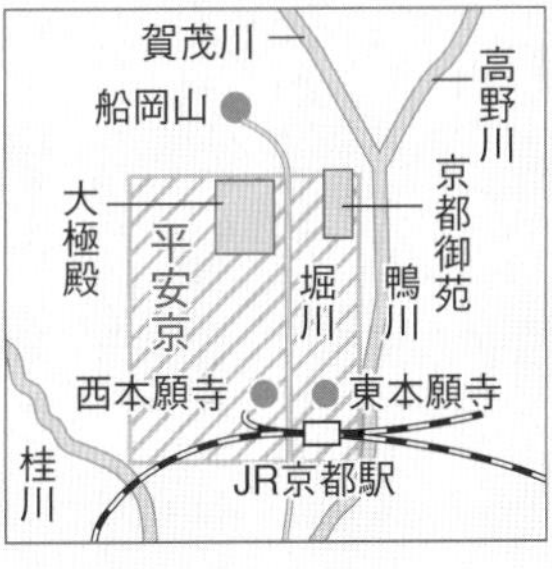

平安京の位置と現在の鴨川、堀川、桂川

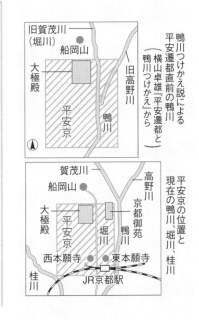

道長邸も浸水

院政期の白河上皇のセリフは有名だ。「賀茂河の水、双六《すごろく》の賽《さい》、山法師、是《これ》ぞわが心にかなはぬもの」、鴨川の水害とサイコロ、僧兵だけは意のままにならぬ。朧谷《おぼろや》寿・同志社女子大学名誉教授によれば「藤原道長邸（現京都御苑内）もしばしば水につかった」。西暦1000年秋、鴨川の堤防が切れて一面海のようになったという記述が公家の日記『権記《ごんき》』に見える。

歴史の夢消滅

ところが1980年代、付け替え説は否定される。まず災害史から、鴨川の洪水は850〜900年がピークで、遷都直後50年間は少ないと分かった。堤防整備は徐々に進んだはず。洪水の増加は気候変動に関係しているとした。地質学からは横山卓雄・同志社大学名誉教授ら。重力探査で賀茂川の西で、船岡山から南東方向へと地下を走る岩の尾根を見つけたのだ。「川の流れは必ず地下の水流を伴う。従って賀茂川が地下の尾根を越えて平安京に入るのは不可能だ。現在の流路が自然」と横山氏は結論づけた。扇状地の形成を調べると鴨川も少なくとも6000年前から今の流路だった。塚本説が根拠とした地質は3万〜4万年前のものと判明した。川が斜めに流れていたのはその頃だろう。付け替え説という歴史ロマンは消え、京都盆地は最初から、都が納まるにふさわしい土地だったという、平凡な結論が残った。

2013年5月30日付掲載

なぜ西寺は消えたのか

空海に敗れた僧　衰退の道

東寺（南区）の五重塔は京都の〝顔〟だ。テレビドラマで場面が切り替わり、高さ約55メートルの黒々とした塔が映し出されると、それだけでここは京都という映像による説明になる。平安京には、その東寺とペアになった西寺《さいじ》もあった。それがなぜ、消えてしまったのか。

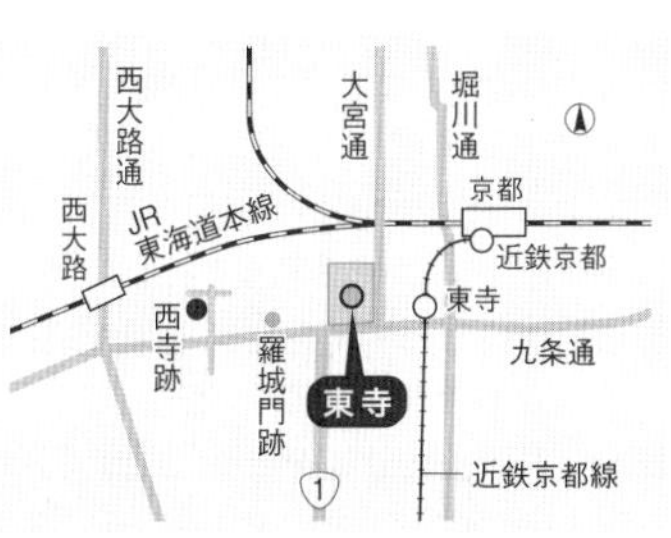

二つの官寺

平安遷都《せんと》の際、桓武《かんむ》天皇は都の表玄関、羅城門《らじょうもん》をはさんで東西に東寺と西寺を造った。平城京で大きくなり過ぎた仏教勢力に懲《こ》りて、都の中の寺はこの二つの官寺に限定したのだ。

桓武天皇の二代後の嵯峨天皇は823年、東寺を真言宗の開祖・弘法大師空海に与える。西寺も同年、守敏僧都《しゅびんそうず》にまかされたとされる。守敏は空海より僧の位が高く、西寺は文徳《もんとく》天皇、醍醐《だいご》天皇の追善供養を営むなど、官寺として繁栄していく。

今は礎石と「西寺跡」の石碑が残るだけだが、発掘調査によって金堂や回廊の跡が発見され、かつては東寺に負けない大寺院だったことが確認されている。

雨ごい対決

空海と守敏は当時、ライバル関係にあった。ある年、ひどい干ばつになり、天皇はこの二人に雨ごいの儀式を命じる。

舞台は大内裏《だいだいり》に隣接する神泉苑《しんせんえん》。まず守敏が祈るが雨は一滴も落ちてこない。そこで交代した空海が天竺《てんじく》（インド）の池に棲《す》む龍王に請うと、雨は三日三晩降り続き、全国の田畑が潤ったという。

東寺は平安遷都の頃から続く唯一の寺。ライトアップされた五重塔。

その頃

日本仏教の基礎築く

奈良時代末期、仏教は政治と深くかかわり、様々な腐敗をもたらした。そのため桓武天皇は平安遷都の際、平城京からの大寺院移転や新たな寺院の造営を禁止した。僧侶になる資格にも厳しい制限を課し、奈良仏教の勢力抑制をはかった。

これに応じて仏教界にも革新の動きが出始めた。留学僧として唐に渡った最澄と空海は帰国後、それぞれ天台宗と真言宗を開く。当初、両宗は鎮護《ちんご》国家を旨としたが、次第に祈禱《きとう》によって現世利益をはかる仏教として、貴族や民衆の間に浸透。現代につながる日本仏教の基礎をつくった。

法力合戦に敗れた守敏は羅城門近くで待ち伏せ、空海に向けて矢を放つ。ところが突然現れた地蔵が代わって矢を受け、空海は難を逃れたのだった。羅城門跡近くに今も、この「矢取地蔵」をまつるお堂がある。結果として、勝った空海の東寺が栄える一方、朝廷の信用をなくした守敏の西寺は衰退の道をたどることになった、という。

ただ、これらはあくまで伝承だ。雨ごいの儀式は824年とされるから、空海と守敏が東寺、西寺に入った翌年で、少し早過ぎる。

焼失繰り返し

西寺は990年に大部分が焼失。その後も再建と焼失を繰り返し、1233年の焼失以降はついに再建されなかったと歴史書『百錬抄《ひゃくれんしょう》』は伝えている。

東寺も一時期、荒廃し、火災にも見舞われるのだが、その度に、源頼朝や足利尊氏、豊臣秀吉といった政権トップの庇護《ひご》を受け、再興を果たしてきたのだ。空海研究の竹内信夫・東京大学名誉教授は「空海の超越した能力を歴代の権力者も信じた。東寺が真言宗《しんごんしゅう》の活動の中心だったことも大きい」と語る。

空海信仰が東寺を1200年近くも支えてきた。西寺は守敏の敗者伝説に足を引っ張られたようだ。

2013年10月17日付掲載

平安京西側　なぜ衰退

臨時の御所　水や地盤優れ定着

「大極殿《だいごくでん》遺蹟《いせき》」を示す高さ3メートルの石碑が千本丸太町交差点（上京区）北西に立つ。大極殿は平安時代の政治の中心だったが1177年の焼失後は再建されず、代々の天皇は臨時の御所だった東2キロの京都御所に居続けた。先例を重んじる朝廷がなぜ元の場所に戻らなかったのか。

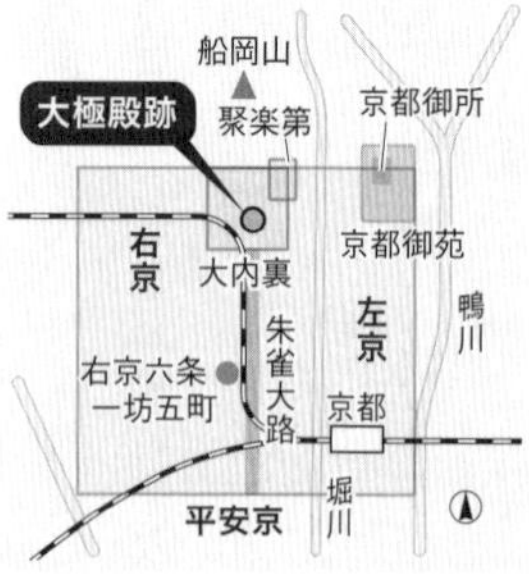

左京に移る

平安京の北辺が官庁エリアの大内裏《だいだいり》で、そのうち南中央の朝堂院《ちょうどういん》で重要儀式を行った。大極殿はその正殿。天皇の住まいの内裏は朝堂院の北東にあった。

大内裏から南へ延びる朱雀《すざく》大路で京は東西に二分され、南向きに玉座についた天皇から見て左側、すなわち東を左京とし、西を右京と呼んだ。その右京が平安中期、衰退する。結果的に大内裏は都の外れに位置することになる。

慶滋保胤《よししげのやすたね》の随筆『池亭記《ちていき》』（982）はいう。「予《われ》二十餘《よ》年以來《よりこのかた》、東西の二京を歴《あまね》く見るに、西京は人家漸《ようや》くに稀《まれ》らにして、殆《ほとほと》に幽墟《ゆうきょ》に幾《ちか》し。人は去ること有りて來《きた》ること無く、屋《いえ》は壊《やぶ》るること有

明治時代に建てられた「大極殿遺蹟」の石碑。近年の発掘調査で実際に大極殿があったのはこれより南東約50メートルと確認された。

りて造ること無し」。住宅が次々放棄され、田や畑に戻った。右京を去った人々の多くは左京の空き区画に移ったので、左京はますます繁栄した。天皇も、左京にある母方の邸宅を里内裏《さと》として住んだ。その一つが今の京都御所だ。朱雀大路から通り1本西の右京六条一坊五町（下京区中堂寺南町）に大邸宅があったことが京都市埋蔵文化財研究所の発掘調査で分かっている。ここも9世紀後半に

その頃

肥沃な土、九条ネギも育つ

かつて大内裏があった場所に豊臣秀吉は城郭風の邸宅、聚楽第《じゅらくだい》を建て、後に後継者の秀次を住まわせた。ところが実子秀頼が生まれると秀次を追放、自害に追い込んだ。聚楽第も破壊され、堀はゴミ捨て場になった。この肥沃《ひよく》な土壌で農民が栽培した巨大なゴボウが京野菜の一つ、堀川ゴボウの起源とされる。

平安京の右京南半分は明治になっても畑のままだった。平安京の南限となる九条大路（現九条通）付近で栽培されたのが九条ネギで、現在も九条通の北側、すなわち旧平安京内に青々としたネギ畑が残る。

荒廃。平安時代末期から鎌倉時代になると道沿いに農家と思われる小さな家々が現れるが、それもしばらくして消え、江戸時代には水田になっていたらしい。

低湿と洪水

なぜ右京は衰退したのか。京都市歴史資料館の伊東宗裕さんによれば、『池亭記』以外に参考になる文献はないが、明治時代以降の歴史地理学者は、左京に比べて土地の低い右京が低湿だったためと考えてきた。実際、右京六条一坊五町や他の右京の発掘地でも、区画の一部が湿地だったり、洪水に襲われたりした跡が出土している。

井戸水の違い

ところが大内裏辺りは微高地だ。湿地ではない。それがなぜ放棄されたのか。横山卓雄・同志社大学名誉教授（地質学）は「堀川の西側の地下は水が通りにくい地層で、いい水が出なかったから」と推測する。水道のない時代、井戸水が生活の質を大きく左右した。一方、堀川の東は鴨川扇状地で、地下はれき層。京都御所でも「おいしい水が湧《わ》く。地盤もいいので、地震の時もあまり揺れない」。「住めば都」といわれる。しかし平安京の大内裏は天皇が住んでも「都」とはならなかったようだ。

２０１４年３月13日付掲載

明かり障子 武士が広めた

清盛邸が最古 居住性重視

格子《こうし》の木枠の片面に薄い白紙を張った障子《しょうじ》は平安時代末期、京都・六波羅《ろくはら》（東山区）の平清盛邸に使われたのが記録では最古の例だ。和風建築に特有の建具《たてぐ》で、光を通しつつ外気は遮断。夏、蒸し暑い京都の湿気まで吸収してくれる優れもの。なぜ、この時期の京都に障子は誕生したのだろう。

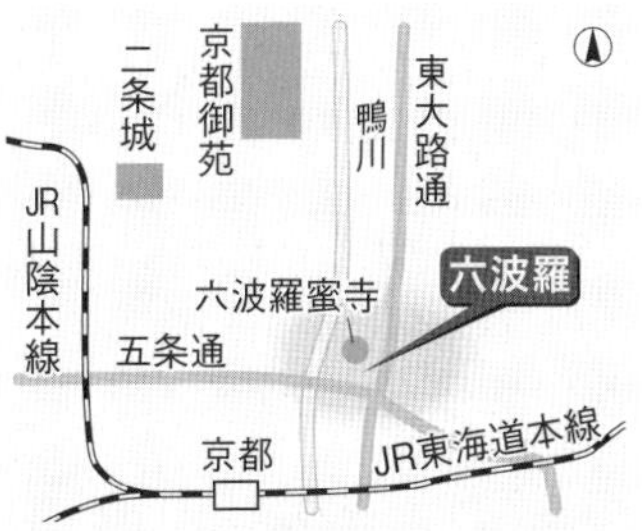

室内の間仕切り

平安中期に書かれた『源氏物語』にも「障子」は出てくるが、そのほとんどは襖《ふすま》障子で、木の骨組みの両面に布を張った現在の襖に近いものらしい。紙張りの唐紙《からかみ》障子もあった。古くは、襖や衝《つい》立《たて》などの間仕切りは障子と呼ばれていたのだ。

都の貴族が住んだ寝殿造りは、その広い室内を屏風《びょうぶ》や几帳《きちょう》など様々な間仕切りの調度品で仕切って使った。儀式中心の生活だったため、年中行事の大小に合わせて部屋を伸縮させた。『源氏物語』の頃には、柱と柱の間に敷居《しきい》と鴨居《かもい》を設け、襖障子を引き違い戸や間仕切り壁として使うようにも

「雪見障子」は部分的に開け閉め可能。冬はガラス越しに雪見ができる。

なった。室外との仕切りは、水平にはね上げて開く蔀《しとみ》や、開き戸《ど》である戸だった。いずれも板戸の一種だから、閉めきると部屋の中が暗くなってしまう。隙間のある御簾《みす》もあったが、底冷えの京都の冬、風が吹き込み、人々は震え上がった。

画期的な実用品

だからこそ、採光できる紙張りの障子は画期的で、以

その頃

質素・倹約の教えにも

吉田兼好の『徒然草』184段は障子にまつわる逸話だ。鎌倉幕府五代執権北条時頼の母、松下禅尼《ぜんに》が障子の破れた箇所だけ張り直しているのを見て兄の安達義景が「全部張り替えた方が楽でしょう。まだら模様では見苦しい」と言う。これに対し禅尼は、「若い時頼に質素・倹約を説くためにしている」と答えた。障子紙がまだ貴重品だった。鎌倉時代の絵巻物『春日《かすが》権現験記絵《ごんげんげんきえ》』に描かれた障子の格子の部材は今よりかなり太い。障子全体のサイズも今の倍近くだったので、相当重かったと想像される。

前の障子と区別して「明かり障子」と呼ばれた。確認できる最も古い資料は、川本重雄・京都女子大学前学長（日本建築史）によると、公卿・中山忠親の日記『山槐記《さんかいき》』に出てくる清盛の六波羅泉《いずみ》殿《どの》の指図で、私的空間である寝殿北面に「アカリシヤウシ」と書かれている。発明者は不明だが、川本前学長は「簾《すだれ》が明かり障子に置き換わった」とみる。六波羅の平氏政権は日本初の武家政権とされる。生活スタイルも公家と異なり、実用本位になっていく。

高橋昌明・神戸大学名誉教授（日本中世史）は「寝殿の規模が小さくなり、儀式は別の場所で行ったと考えられる。居住性の重視が明かり障子採用の背景」と推測する。

接客も考慮

明かり障子は鎌倉時代に急速に広まり、障子と言えば明かり障子を指すこととなった。加えて屋根裏を隠す天井を張り、畳を部屋全体に敷き詰め、現在の住宅に通じるスタイルが普及した。住みやすさとともに接客も考慮してのことだ。

雨風で傷みやすい下の方を板張りする「腰つき障子」や、一部をガラスにして小障子を開け閉めする「雪見障子」、欄間《らんま》に入れる横長の「雲障子」も生まれる。暑さ寒さの厳しい京都で考案された障子は、風流をめでる心によってさらなる工夫を加えられてきた。

２０１４年10月９日付掲載

泉涌寺に天皇陵なぜ？

九條家の領地、姻戚・血縁の二帝葬る

泉涌寺《せんにゅうじ》（東山区）は「御寺《みてら》」といわれる。皇室の菩提《ぼだい》所だからだ。鎌倉時代から江戸幕末まで多くの天皇の葬儀が行われ、寺の背後の月輪山付近に16の天皇陵がある。それまで皇室が営む諸寺で葬儀、近隣の山に陵墓《りょうぼ》を設けたケースも多かったが近世以降は泉涌寺が独占する。なぜか。

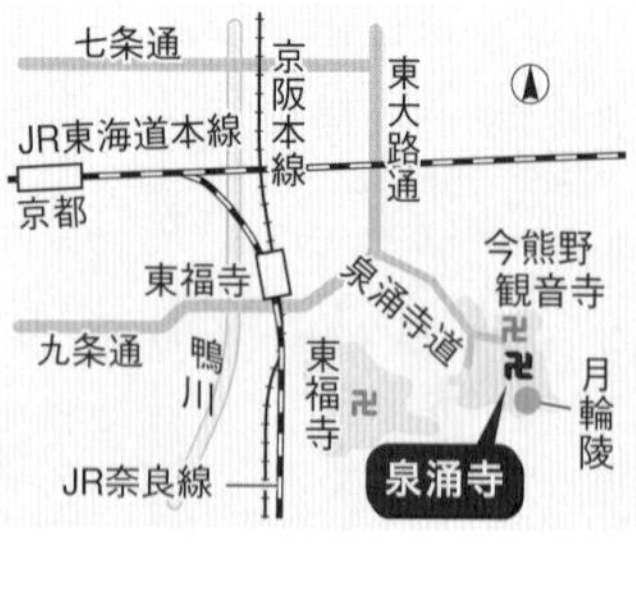

四条天皇が最初

平安時代初期創建の仙遊寺《せんゆうじ》を鎌倉時代、宋で学んできた僧、俊芿《しゅんじょう》が再興。泉涌寺と名を改めた。

ここに最初に葬られた天皇は四條天皇（1242年没）だが、その8年前に没した父、後堀河天皇の墓所も泉涌寺山内の今熊野観音寺にあり、泉涌寺は「諸《もろもろ》ノ院ノ御ハカ所」（金沢文庫『指要抄上私見聞』）、天皇の墓所と見なされた。後堀河天皇は前関白九條家の娘婿で、四條天皇は孫だ。泉涌寺学芸員、西谷功さんは「寺は当時、道家の庇護《ひご》下。付近は九條家の領地だった。そこで二帝が葬られた」と推測する。

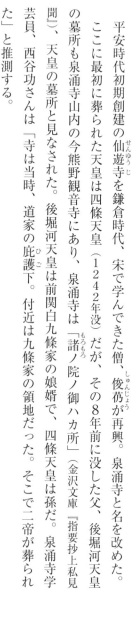

天皇の陵墓が集まる月輪陵。この奥に石塔が並んでいる。

律宗スタイル

もっとも平安から室町時代は龍安寺や天龍寺、常照《じょうしょう》皇寺《こうじ》（右京区）にも2～5の天皇陵が営まれ、泉涌寺はまだ「御寺」ではなかった。

まず南北朝時代に北朝の天皇の葬儀が泉涌寺で行われた。泉涌寺の長老に帰依《きえ》したためで、長老から戒律を受ける習わしを北朝系の天皇は長く守り、幕末の孝明天皇の代まで続いた。

その頃

北条氏台頭で道家失脚

泉涌寺で最初の天皇の葬儀が行われ、四條天皇が寺内の陵墓に葬られた1242年当時、鎌倉幕府の将軍は四代藤原頼経だった。三代将軍の源実朝《さねとも》が暗殺されて源氏将軍が途絶えたため、源頼朝の遠縁にあたるという理由で担ぎ出された公家の将軍だった。父が九條道家なので四条天皇とは叔父と甥《おい》の関係になる。息子と孫を幕府、朝廷のトップに据えた道家の政治的影響力は絶大だった。ところが四條天皇が亡くなり、頼経も執権北条氏と対立して将軍職から外された上、京都に送還。父、道家は失脚してしまう。

当時の泉涌寺は戒律《かいりつ》を重んじる律宗《りっしゅう》寺院で、天皇の葬儀も泉涌寺流の律宗作法と読経《どきょう》で行われた。ただし、南北朝・室町期の天皇は仏教式の火葬で、遺骨は南の深草法華堂陵（伏見区深草坊町）に納められることが多かった。

火葬から土葬へ

泉涌寺が「御寺」になるのは江戸時代前期の後光明《ごこうみょう》天皇（1654年没）から土葬に切り替わったためだ。合葬陵の深草は手狭なので、葬儀を行う泉涌寺内に新しい陵墓を造営することにした。以降、葬儀も陵墓も泉涌寺、というパターンが孝明天皇まで連続する。

土葬になった理由について西谷さんは「土葬が基本の儒教を重んじる幕府が葬送儀礼に介入した」と説明する。ただ、土葬にはするのだが、寺は火葬の儀式だけは続けたという。一方、村井康彦・国際日本文化研究センター名誉教授は「譲位して上皇になれば火葬でよかったが、在位中の天皇は土葬という故実があった」と指摘する。後光明天皇は当時珍しく在位のまま亡くなったのだ。いずれが決め手か不明だが、これを先例に天皇も上皇も「御寺」に土葬される。皇室の葬儀と埋葬は時代ごとに変化してきた。宮内庁は昨年11月、「今後の陵と葬儀のあり方」として、火葬復活を発表。天皇、皇后両陛下の意向を受けてのことという。

2014年2月6日付掲載

「前の戦争」は応仁の乱

第2次世界大戦、蛤御門 戦災幾多なれど

「前《さき》の戦争では大変な目に遭《お》うたんです」。京都の人がこう話す時、戦争とは第2次世界大戦ではなく、応仁の乱（1467〜77）を指す、といわれる。京都ならではの歴史感覚なのか、それとも京都人の気位の高さをからかう冗談話なのか。京都はその後も戦乱の舞台となり、幕末の禁門（蛤御門《はまぐりごもん》）の変で町の大半を焼かれ、実は第2次世界大戦でも空襲を受けている。それなのになぜ、応仁の乱なのか。

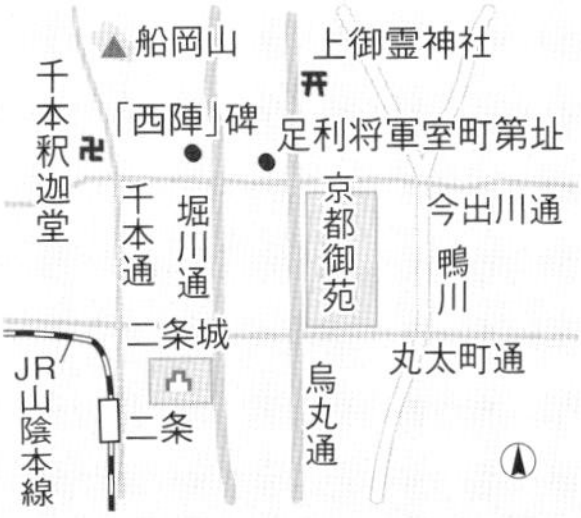

上京区で勃発

「近くの船岡山に西軍の陣地があって、このあたりは丸焼け。ひどいもんでした」と、見てきたように語るのが今宮神社（北区）東門参道のあぶり餅屋「一和《いちわ》」の女将《おかみ》・長谷川奈生さんだ。「子供の頃から、祖母に何度も聞かされてきました」。店は平安時代中期の1000年創業と伝わる。応仁の乱などで焼かれたが、飢えに苦しむ人々に餅を配ったという逸話も残る。

上京区の上御霊《かみごりょう》神社には「応仁の乱勃発地」の石碑が立つ。管領《かんれい》・畠山氏の家督を巡ってここで武力衝突が起き、将軍家の後継者争いも絡んで全国の守護大名が細川勝元率いる東軍と山名宗全《やまなそうぜん》

千本釈迦堂本堂の柱の傷は応仁の乱の際に刀や槍で切りつけられた痕と伝わる。

の西軍に分かれて京都で戦闘を繰り返した。その結果、二条通より北はほぼ焼け野原に。激戦地となった相国《しょうこく》寺《じ》のほか南禅寺、清水寺、下鴨神社など多くの寺社が焼失した。千本釈迦堂（上京区）の本堂は戦災を免れた数少ない建物の一つで、柱に刀や槍《やり》の傷が残る。両軍の密約で焼かれずにすんだともいわれるが、菊入《きくいり》諒如《りょうにょ》住職は「奇跡としか思えない」と「この前の戦争」

その頃

義政　文化への貢献高く

六代将軍足利義教《よしのり》の暗殺で室町幕府の権威は失墜し、息子で八代将軍に担がれた義政も政治への情熱を失っていた。応仁の乱勃発《ぼっぱつ》後も戦闘現場から100メートルも離れていない御殿で酒宴を楽しんでいたといい、「無能の将軍」の悪評を残す。

しかし文化への貢献度は歴代将軍の中でもずばぬけて高い。銀閣寺を創建して東山文化の礎を築き、茶の湯や水墨画、能楽を愛好、「わびさび」の美意識を確かなものにした。日本文学研究者のドナルド・キーン氏は「義政が育んだ文化は、日本人すべての人生を豊かにした」と評価している。

を語る。半世紀後の天文法華の乱で京都は再び焼かれ、禁門の変では約3万世帯が罹災《りさい》し、火勢から「どんどん焼け」と呼ばれた。

空襲は6回

第2次世界大戦中は6回の空襲で死者93人を出した。西陣（上京区）に住んでいた磯崎幸典さんの自宅のすぐ近くにも爆弾が落ちた。家族全員が亡くなった家も知っている。しかし情報統制により当時の新聞は「被害はきわめて軽微」と報じただけ。「あの被害を忘れられるのはつらい」と磯崎さんは嘆くが、「京都は戦災がなかった」という誤解は京都の中でも長く残っていた。

理不尽への憤り

ではなぜ、応仁の乱までさかのぼるのか。1392年創業の昆布の老舗「松前屋」（中京区）三十二代当主・小嶋文右衛門さんは「住民が見捨てられたのは応仁の乱の時だけ」と指摘する。将軍足利義政は何の対応策もなく自らの趣味に没頭し、公家たちは京都を捨てて逃げ出した。

一方、禁門の変の際は、4年後に発足した京都府が強力に復興を進めた。戦後処理の理不尽への憤りが、500年以上の時を経ても消えずに、京都人の記憶に刻まれているのだ。

2013年8月8日付掲載

最古の公衆便所

元祖エコ　農業に利用「循環制度」都の知恵

便所の歴史は古代に始まる。自然の中で排せつしていた人々が町に住むようになり、それは必要になった。家族専用、あるいは隣近所の共同便所の跡が見つかっている。ところが戦国時代、京都の烏丸通に、記録に残る日本最古の公衆便所が誕生する。なぜ通行人が使う便所をわざわざ設けたのか。

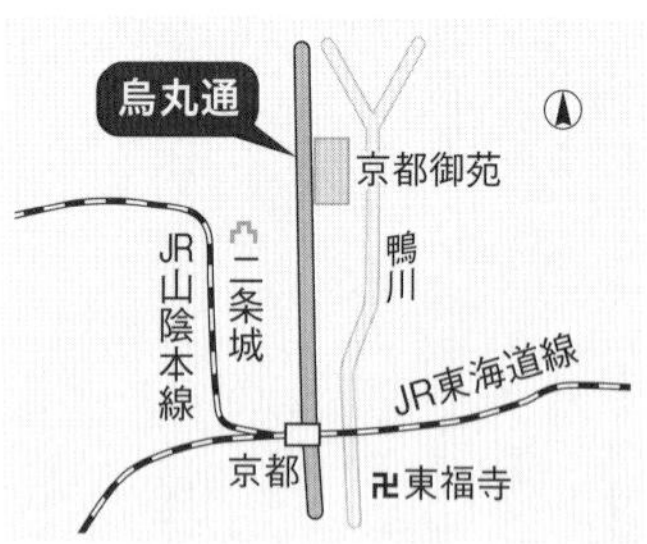

16世紀、上京で

16世紀後半の都を描いた『洛中《らくちゅう》洛外《らくがい》図《ず》屏風《びょうぶ》（歴博乙本）』。上京あたりの路上に、大人の背丈ほどもない建物が見える。屋根があって壁もあるが、かがまないと中に入れそうにない。横をほうきで掃いている男がいる。もう一人はほうきを肩に担いで歩み去ろうとしている。これが公衆便所だという。京都を制した織田信長や豊臣秀吉に謁見《えっけん》したポルトガル人宣教師、ルイス・フロイスが証言している。「われわれの便所は家の後の、人目につかない所にある。彼らのは、家の前にあって、すべての人に開放されている」（1585年『日欧文化比較』）。

禅寺の便所「東司」(東福寺)。排せつ物は近郊の畑に運ばれ、肥料にされた。

当時のポルトガルには公衆便所がなかったのだ。それどころかロンドンやパリでは、おまるにためた排せつ物を窓から捨てるのが市民の習慣だった。清潔好きの古代ローマ人は公衆浴場とともに水洗式の公衆便所を作ったが、中世以降、それはすっかり廃《すた》れていた。

日本では平城京跡で、水路の上に渡した板で用を足す道端の便所跡が見つかっているが、これは「プライベートな性格が強かった」(奈良文化財研究所)。平安時代後期

その頃

魚釣る子、洗濯　生き生きと

洛中洛外図は京都の市中(洛中)と郊外(洛外)を俯瞰《ふかん》した風俗画で、ほとんどは屏風絵。京都御所をはじめ、貴族や武家の御殿、清水寺や東寺など寺社、観光名所を取り上げる。

室町時代から江戸時代に数多く制作された。その中でも最高傑作とされるのが上杉本だ。室町十三代将軍、足利義輝が狩野《かのう》永徳《えいとく》に描かせ、その後、織田信長が入手して上杉謙信に贈ったと伝わる。公衆便所は見えないが、小川で魚を釣る子どもたちや、川で洗い物をする女性など、当時の暮らしぶりが生き生きと描き出されている。

の絵巻『餓鬼草紙《がきぞうし》』には道端で排便する老若男女が描かれている。やがて家々の裏にくみ取り式の共同便所が作られるが、道行く人にまで開放されたものではなかった。

共同体が管理

公衆便所の成立には共同体の存在が欠かせないと指摘するのが高橋康夫・花園大学教授（都市史）だ。「公共空間に何かを作り、管理するにはコミュニティーが必要。都市として成熟していた京都には、町《ちょう》と呼ばれる地縁に基づく社会集団があった」。

野菜の肥料に

公衆便所から毎日、大量に出る排せつ物は京都近郊の農民が畑の肥料にするため、桶にくんで持ち帰った。米や野菜、あるいは現金と換えていた。こうした交換は室町時代前期、多くの僧侶がいた東福寺（東山区）の便所「東司《とうす》」にもあった。近郊農業が盛んだった京都だから、公衆便所も成立したのだ。都市の排せつ物で育てられた野菜を、都市住民が食べた。

大阪くらしの今昔館の谷直樹館長はいう。「公衆便所は長い歴史を持つ都だからこそ生まれた知恵。中世京都には、現代に通じる循環システムがあった」。

2014年7月3日付掲載

「正面」は幻の巨大大仏殿

秀吉びいき　通り名に記憶残す

京都・下京の六条と七条の間に正面通がある。鴨川の東岸地域（東山区）から出発して西へ、鴨川にかかる正面橋を渡って下京区に入り、途中、東本願寺、西本願寺によって中断されながら、かつての平安京中央の千本通手前まで、児童公園に突き当たったところで終わる。東西約1・6キロの通りだ。では、それは一体、何の「正面」にある通りなのか。

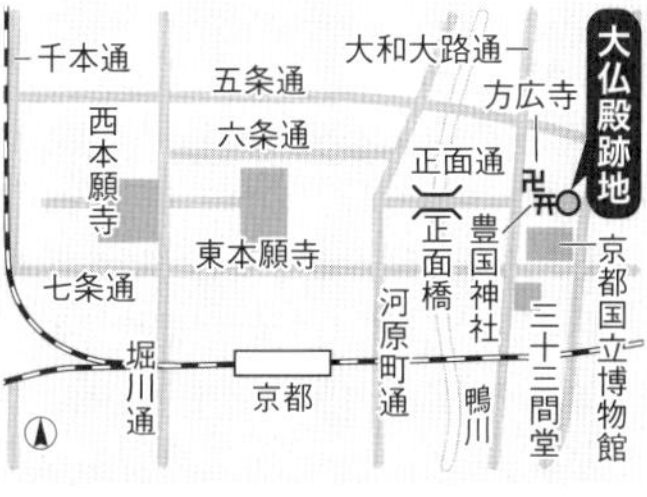

東山の巨大寺院

答えは古地図にあった。1686年版『京大絵図』を見ると正面通の東端、東山のふもとに奈良・東大寺の大仏殿に似た巨大寺院がある。今は存在しないこの建物は豊臣秀吉建立の方広寺の大仏殿だ。京都市歴史資料館の伊東宗裕さんは「その正面だから正面通と名が付いた」と推測する。確かに地図の中の他寺を圧倒する存在感だ。それでもこの大仏殿は失われて200年以上たつ。なぜ正面通の名前だけ今に残るのか。

『都名所図会』に描かれた方広寺の大仏殿。威容を誇る大仏殿に向かっていた通りが正面通の由来。

秀吉が威容示す

1567年（永禄10）兵火で焼失の東大寺大仏殿を再建する代わり、秀吉は86年、京都での大仏造立を思い立つ。政治の拠点も大坂城から京都・聚楽第《じゅらくだい》に移す。

東山のふもとを選んだ理由について『秀吉の大仏造立』の著者、奈良大学の河内将芳教授は「大坂方面と京都を結ぶ場所で人が行き来する。小高い傾斜地だか

その頃

家康怒らせた銘文

朝廷から関白の位を受けて政権を確立した秀吉は1586年（天正14）、京都に城郭風の邸宅、聚楽第の新造を始めた。大規模な都市改造にも踏み切り、外敵の襲来や川の氾濫から町を守るため周囲に土塁と堀の御土居《おどい》を築造した。

方広寺は、大仏殿を失った現在の姿から想像しにくいが、隣接の京都国立博物館や豊国神社の敷地を含む広さだった。境内に残る重要文化財の梵《ぼん》鐘《しょう》は高さ4.2メートル。1614年（慶長19）鋳造で、銘文の「国家安康」（家康の名を分断する）、「君臣豊楽」（豊臣家繁栄を願う）が徳川家康の怒りをかった。

らその威容がよく見えたはず」と説明する。

秀吉は全国から巨木を集めた。富士山麓から徳川家康が、屋久島からは島津義久が杉を運んだと伝わる。奈良の大仏より4メートル高かったという木像漆喰《しっくい》塗りの大仏がほぼ完成した。

被災繰り返し

ところが96年、慶長伏見地震で胸部が崩れ、左手も落下。秀吉は98年、開眼《かいげん》法要を見ずに世を去る。息子の秀頼が再建に乗り出すが鋳造中に出火。それでも豊臣家の財力を弱めようともくろむ家康のそそのかしもあって1612年、金銅製の大仏を完成する。京都市埋蔵文化財研究所による発掘調査などで大仏殿は高さ49メートル、幅88メートル、奥行き54メートル。東大寺大仏殿も中に収める規模とわかった。豊臣家が威信をかけた京の大仏だが、大阪くらしの今昔館の谷直樹館長（建築史）は「豊臣家滅亡の引き金となった」と語る。余った大仏殿の建築用材は大坂冬の陣で徳川方が盾に流用し、豊臣を攻めた。

その大仏殿も1798年（寛政10）、落雷で焼失する。以後、小規模の木造仏が奉納されたが今、それもない。徳川幕府は豊臣の痕跡を消そうと努めた。だが京都の人々は一貫して秀吉びいきだった。通り名に秀吉の大仏の記憶をとどめたのだろう。大仏殿跡地の正面通寄りには秀吉をまつる豊国神社がある。京都生まれの明治天皇が再興させた。

2013年5月23日付掲載

洛中、洛外 境界はどこ？

時代で変化 秀吉は土塁築く

室町後期から江戸時代にかけて京都の名所旧跡、四季の行事、人々の暮らしを一望するように描いた絵を『洛中洛外図《らくちゅうらくがい》』という。洛は京都の別称、洛陽の略で、洛中は京都市中、洛外は郊外だ。では洛中と洛外はどこで分かれていたのか。絵を見ているだけでは境目がどこにあるのか定かでない。

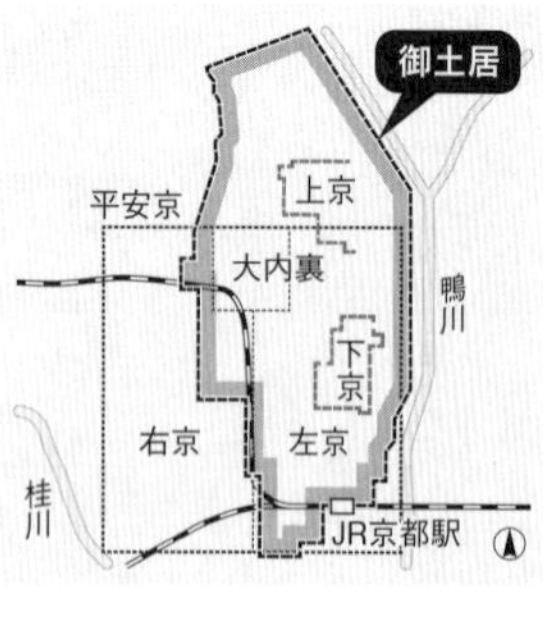

中国風の呼び名

京の都の始まりは桓武《かんむ》天皇の平安京だ。その皇子、嵯峨天皇は何でも中国風が好きで、平安京東半分の左京を洛陽、西側の右京を長安と呼んだ。洛陽も長安も古代中国の都の名だ。『京都〈千年の都〉の歴史』の著者、高橋昌明・神戸大学名誉教授は「この後、右京は衰微する。そのため左京の洛陽が京都の代名詞になった」と説明する。

しかしその左京も中世にかけてどんどん縮小していく。戦乱や大火、大地震、疫病のせいだ。応仁の乱後は東西に分かれて戦った軍勢が京都から国元に引き揚げ、彼ら顧客を失った商人も四散。16世紀京都の人口は3万人程度だったと高橋名誉教授は推定している。

洛中と洛外を分けた御土居。ここ平野御土居は、かつての大きさが分かるように整備されている（京都市北区平野鳥居前町で）。

上京と下京に

その頃、京都は北の上京と南の下京に分裂。中間は畑になっていた。

それでも京都人、特に公家は昔の左京を洛中と認識していた、と河内将芳・奈良大学教授（日本中世史）はいう。「北は一条大路、南は九条大路までが洛中という意識が強く、その外側は辺土、あるいは洛外といって、厳密に区別していた」。

その頃

範囲は関所の七口まで

『上杉本洛中洛外図屏風』は、織田信長が狩野永徳に制作させ、上杉謙信に贈ったもの。描かれているのは永禄年間（1558〜70）の京都と考えられる。六曲一双の一方が上京方面で、もう一方が下京方面だ。洛中は上京と下京を合わせた領域。その外側、洛外の清水寺や北野天満宮も描かれている。ではその洛外はどこまでか。京の外の七口《ななくち》までとする考え方がある。粟田口や鞍馬口など、地方と京都を結ぶ幹線道路に設けられた関所だ。上杉本では遠くに「あわた口」の木戸門が見えている。

ところが洛外の一条以北にも家が立ち並んで、上京の半分以上は洛外という状態になり、公家の心の京都と現実の京都にズレが生じていた。ちなみに足利義満の花の御所、すなわち室町幕府も一条より北だった。

御土居22・5キロ

そんな京都を再び一体化、拡張する再開発に着手したのが豊臣秀吉だ。

『拾遺都名所図会』が引用する軍記『室町殿日記』によれば、洛中の範囲が分からなくなっていたので秀吉が故事に詳しい細川幽斎に尋ねたところ、「東は（東）京極まで、北は鴨口、南は九条まで」が都で、油小路から東の左京が洛陽、という答えだった。

そこで「洛中洛外の境」とするため築いたのが延長22・5キロの御土居だ。高さ約5メートル、幅約20メートルの土塁《どるい》で、外側に堀も巡らした。

ただし、御土居の中の都市化は一気に進まず、五条（現在の松原通）より南は以前の下京の外なので京外の扱い。反対側の北の端も洛中と見なされなかった。西は明治まで畑だった。

御土居の内外が市街化した明治・大正期、御土居はほとんど壊された。今、見ることができるのは国の史跡に指定された9か所などわずか。都の範囲は時代とともに伸縮し、境目はその時々で変化している。

2014年11月13日付掲載

耳塚　おごれる時代葬る

秀吉出兵時の朝鮮人慰霊

豊臣秀吉をまつる豊国神社（東山区）に向き合うようなかたちで「耳塚《みみづか》」がある。小高い盛り土の上に五輪の石塔がそびえ、古墳の一種である円墳のような外観だ。築造は秀吉の死の前年の1597年というから、没後の99年創建の豊国神社よりも古い。そこには誰が葬られているのか。

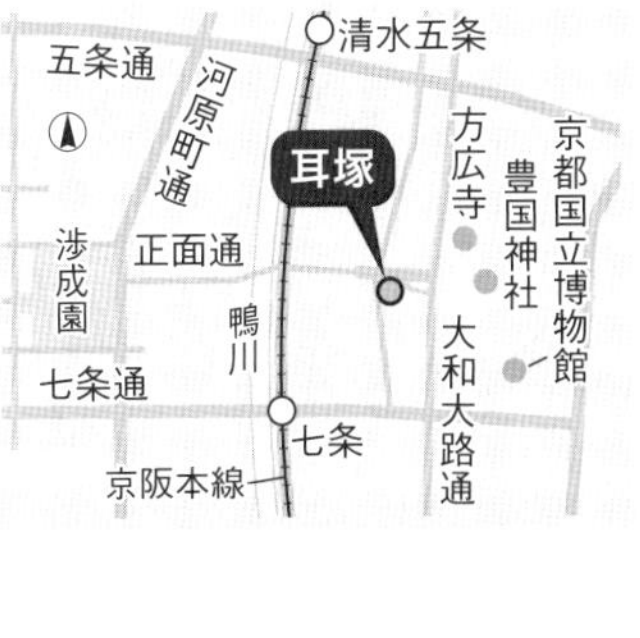

初めは「鼻塚」

塚は秀吉による朝鮮出兵、文禄・慶長の役（1592～98）で死んだ朝鮮人を慰霊するために設けられたという。秀吉の命で、死者を供養する施餓鬼法会を主宰した相国寺の僧、承兌《しょうたい》は、これを「鼻塚」と記している。その中には朝鮮人戦死者の鼻や耳が納められた。

鼻や耳は戦功の証しとして朝鮮から送られてきた。初期には討ち取った敵の首を送ってきたが、かさばるため、島津軍がこれを鼻と耳に代え、他の武将も同調したのだ。耳だと1人殺して2人と偽ることもあると、慶長の役では秀吉が鼻に統一させた。

韓国からのツアー客も立ち寄る耳塚だが、この日はガイドの案内で日本人が訪れていた。

民衆もなで切り

豊後《ぶんご》臼杵《うすき》から出兵した武将、大河内秀元の『朝鮮物語』によれば「討ったのは朝鮮人と明人合わせ21万4752人」。戦功は過大に書くのが通例だが、朴《パク》鐘《チョン》鳴《ミョン》・元関西学院大学講師（日朝関係史）は「鼻を検分した軍目付の文書などから、10万人は超えるはず」と話す。兵だけでなく民衆の鼻も切った。加

その頃

明の滅亡も招く

文禄の役で秀吉は最終的に明を征服するため、朝鮮国王の臣従を求めた。序盤で朝鮮軍を圧倒したが農民などの義兵の抵抗に遭い、海上戦で李舜《イスン》臣《シン》軍に大敗。明の参戦もあって休戦。講和条件として朝鮮南部四道の割譲などを提案して無視された秀吉の激怒で慶長の役が始まり、それは秀吉の死で終わった。

2度の侵略は朝鮮人陶工ら数万人の拉致、文化財の略奪も伴い、朝鮮全土を荒廃させた。明も国力を失い、農民反乱で滅んだ。日本でも出兵の負担に苦しんだ西南大名が力を落とし、徳川政権の誕生につながった。

藤清正家臣、本山安政父子の『戦功覚書』には「太閤様の命令なので……男、女、赤子までなで切りにして鼻をそぎ」とある。殺さずに鼻だけ切り取った例も多く、その結果、「我が国の人にして、鼻なくして生を得る者多し」と、朝鮮の文臣、李睟光《イスグァン》は『芝峰類説《しほうるいせつ》』に書いている。

鼻塚がなぜ耳塚になったのか。仲尾宏・京都造形芸術大学客員教授によれば、耳塚の名が初めて登場するのは江戸時代初期の儒学者、林羅山の『豊臣秀吉譜』で、当時、日本では耳鼻をそぐ刑罰が広く行われていたが、鼻切りの方が残酷なので、塚の名前として鼻を敬遠したとする見方がある。その後の京都観光の手引書も、ほとんどが耳塚の名で紹介してきた。

武威示すのみ

秀吉関連の遺構として知られ、大正時代には周囲に石柵を整備。石には十一代目片岡仁左衛門ら歌舞伎俳優の名も刻まれている。

ところで耳塚を設けた本当の理由は何だったのか。「承兌は戦死者を哀れむ慈悲の心としているが、秀吉には武威を示す気持ちしかなかった」と仲尾さん。

明治時代に修復された際に「わが国の勢力拡張の象徴であり、豊公（秀吉）の徳の遺物」という意味の碑文も加えられた。秀吉と同様、朝鮮進出を図った時代のおごりがうかがえる。

２０１５年２月５日付掲載

容保桜　府庁に咲き誇る

会津「悲運の藩主」との縁　今も

京都府庁旧本館（上京区）は1904年（明治37）完工。近世フランスの大邸宅を思わせるルネサンス様式の建築だ。その中庭にある7メートルを超す桜を「容保桜《かたもり》」という。今月、満開となった大輪の花が来庁者の目を楽しませた。しかし、名の元になった松平容保（1835〜93）は戊《ぼ》辰《しん》戦争で「朝敵」とされた会津藩の第九代藩主。明治新政府の顔ともいえる府庁の桜になぜ、その名が付いたのか。

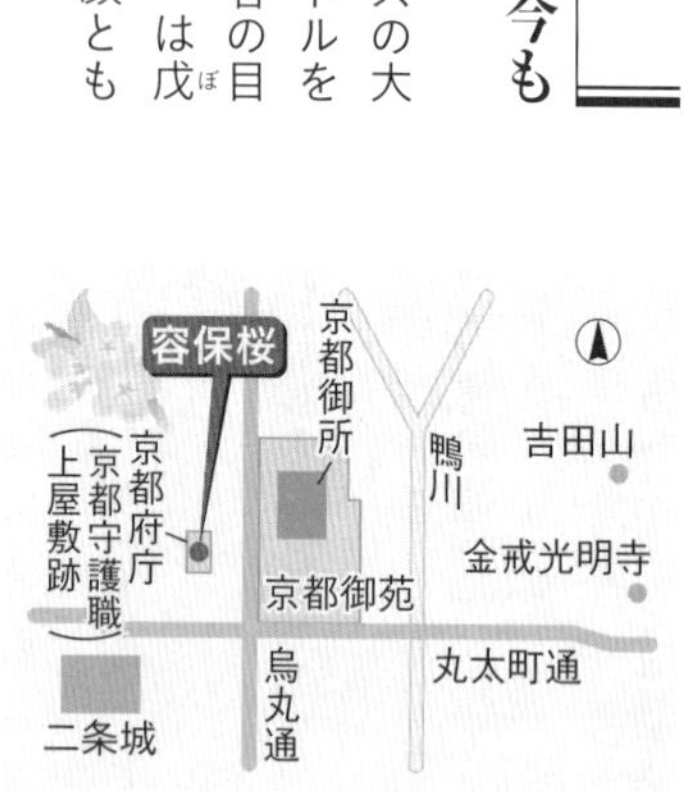

藩兵1000人と上洛

廃藩置県で京都府が誕生する4年前まで、ここには幕末京都の治安維持のため幕府が新設した京都守護職の上屋敷があった。新撰組《しんせんぐみ》を配下に置いて尊王攘夷《そんのうじょうい》派の志士らを取り締まり、朝廷の警護にも当たった。1862年（文久2）、初の京都守護職に任命され、王政復古で役職が廃止されるまで務めたのが容保だ。会津松平家は将軍家一門の「家門《かもん》」で越前松平家に次ぐ家格。両家は危機対処のため新ポストに就く。

容保は藩兵1000人を率いて上洛。金戒光明寺《こんかいこうみょうじ》（左京区）に陣を置いたが翌年、京都御所の西約300メートルに現在の府庁敷地とほぼ同じ敷地を得て上屋敷を築造した。正門左手の2階建て建物に100畳超の宿舎があり、藩士が常駐。事が起きれば、「なじょした（どうした）？」と飛び出したのだろう。

奥の細道の殿様

町の人々も「奥の細道の殿様や」と、奥州を旅した芭蕉の俳諧紀行を思い出して歓迎した。後に

京都府庁旧本館の中庭で花を咲かせる「容保桜」。

その頃

生麦事件　攘夷論高まる

朝廷と幕府の提携による政局安定化を目指す公武合体派の中心、薩摩藩主の父・島津久光が1862年（文久2）、江戸へ赴き幕政改革を訴えた。その結果、従来は幕府要職に就かない慣例だった御家門から松平春嶽《しゅんがく》が政事総裁職、容保が京都守護職に担ぎ出された。

しかし久光の帰路、武蔵国生麦《なまむぎ》村（現・横浜市鶴見区）で藩士が騎乗のまま通行するイギリス人一行を切りつけ、3人死傷させる生麦事件が発生。イギリス側の過大な賠償請求もあって尊王攘夷論が高まり、幕府の崩壊、明治維新への大きな流れを作ることになる。

会津藩士の墓を管理する金戒光明寺塔頭《たっちゅう》の住職が伝えている。しかし尊攘派の恨みをかった会津は錦の御旗《みはた》を掲げる薩長政府軍に敗れて京都を撤退。会津若松城まで追われ、藩領を没収される。

そんな悲運の藩主、容保の名を桜に冠したのは京都の「桜守」十六代佐野藤右衛門さん。桜がいつ植えられたかは不明だが2010年、調査で山桜の変異種と確認され、京都守護職上屋敷跡の桜だからと命名した。御所を攻めた禁門の変で町を火の海に包んだ長州よりも、律義に幕府への忠義を貫いた会津に好感を寄せる京都人も多いのだ。会津松平家十四代保久さんは「大勢の人にめでられ容保も喜ぶ」と話す。「他の桜より遅く咲いて早く散る。容保のよう」と京都会津会長の森田嘉一・京都外国語大学理事長。

復興見届ける

会津と京都の縁は維新後も続く。2013年放送のNHK大河ドラマ『八重の桜』にも重要な役で登場した藩士の山本覚馬《かくま》は京都府顧問として産業振興に貢献。会津屋敷の資材を調達した俠客《きょうかく》、大垣屋清八の子、大沢善助は覚馬の妹の新島八重と交流があり、後に京都に日本初の路面電車を走らせるなど経済界で活躍した。

東日本大震災後、京都府は職員をあげて福島県の支援に向かった。佐野さんは容保桜の苗木10本を会津若松市へ贈った。「容保桜に復興を見届けてほしい」と。

2013年4月11日付掲載

「六角」で初の人体解剖

山脇東洋の情熱に所司代も協力

京都の医師、山脇東洋（1705〜62）は日本初の人体解剖を行った。オランダ医書の翻訳「解体新書」で知られる杉田玄白《げんぱく》（1733〜1817）らが江戸で解剖に立ち会う17年前の1754年だ。場所は六角通大宮西入る南側にあった六角獄舎。これを機に医師らの間に人体構造の正確な知識が広まる。京都は寺社の力が強く、宗教的タブーも多かった。なぜ解剖は許されたのか。

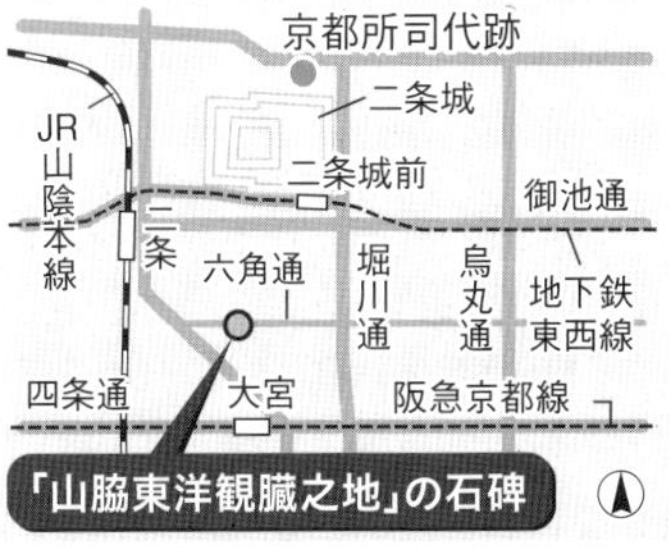

死罪遺体を使用

「日本近代医学のあけぼの　山脇東洋観臓之地」の石碑がマンションに囲まれた一角にある。解剖による臓器の観察はここで行われた。京都所司代の許可を得て六角獄舎で死罪になった遺体を使ったという。当時、法として明文化されていないが儒教や仏教に基づく道徳理念で死者の尊厳は守られ、解剖は〈してはならないこと〉だった。

東洋ら漢方医は人体が肝、心、脾《ひ》、肺、腎の五臓と胆、小腸、胃、大腸、膀胱《ぼうこう》、三焦《さんしょう》の六腑から成るという五臓六腑《ごぞうろっぷ》説に従って治療に当たるしかなかった。

山脇東洋が国内初の人体解剖を行った六角獄舎跡の石碑。日本医師会などが偉業をたたえて建てた。

西洋から外科書

ところが中国では清《しん》の時代に入って事実を確かめる実証的学問が主流になる。オランダからも西洋的合理主義が入ってくる。

「長く政治や文化の中心だった京都には日本中の学者が訪れ、最新知識が集約された」と京都医学史研究会会長の医師中橋彌《ひさ》さん。「オランダとの交易の窓口

その頃

将軍吉宗が享保の改革

江戸幕府八代将軍徳川吉宗（在職1716〜45）は享保《きょうほう》の改革でキリスト教に関係しない洋書の輸入を解禁した。また薬の国産化のため全国で薬草調査を推進。科学知識が広がり、本草学や博物学が発展するきっかけとなった。

西洋から訪れた学者の存在も大きかった。1775年（安永4）に長崎・出島のオランダ商館付医師として来日したスウェーデンの植物学者カール・ツュンベリーは日本の植物を調査するとともに多くの学者と交流。杉田玄白と一緒に『解体新書』を翻訳した小浜藩医の中川淳庵とも親交があった。

だった長崎にも京都から多くの人が勉強に行き、西洋の資料を持ち帰った。その中に解剖図を載せた外科書もあり、東洋もきっと目にした」。五臓六腑説への疑問が膨らんでいったに違いない。では東洋の研究熱心だけで解剖は可能だったのか。

「その時の京都所司代の力も大きい」と中橋さんはいう。東洋の解剖には門人ら4人が付き添う。若狭・小浜藩の藩医らで、所司代に解剖を願い出たのは彼ら。そして当時、所司代を務めていたのが小浜藩主の酒井忠用《ただもち》だった。

東洋が法眼《ほうげん》という医師として高い地位にあり、開明的な施策を進めた八代将軍徳川吉宗に謁見していたことも忠用は配慮しただろう。ゴーサインが出た。

『蔵志』に記録

解剖の記録をまとめた医書『蔵志《ぞうし》』を東洋が発表したのはそれから5年後。心臓は「未開紅蓮《ぐれん》」、開こうとする紅色の蓮の花のようだ。気道から空気を入れてみると「両肺皆怒張」した……。言葉の端々から、目にしたものを細大漏らさず伝えようとする姿勢とともに、初めて人体の内部を見た驚きが伝わってくる。

近代医学が第一歩を踏み出した京都には今も、国内外から医学生が集まり、ノーベル賞級の研究が世界へ向けて発信される。東洋が抱いた〈知〉への情熱は変わらず続く。

2013年5月2日付掲載

道端で土下座　何する人ぞ

高山彦九郎　御所の方角へ拝礼

昔の東海道の終点、三条大橋の東側でちょんまげの男が土下座している。台座を含めると高さ約4メートルもある大きな銅像で、目立つ。京阪電車三条駅の前ということもあり、京都の若者たちはここを「ドゲザ前」と言って、よく待ち合わせ場所にする。この人物、なぜ往来で土下座しているのか。

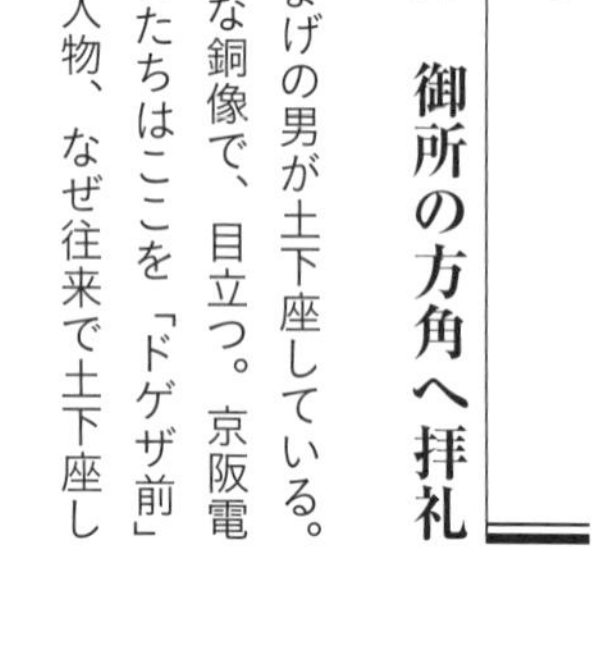

情熱的な勤王家

男は高山彦九郎（1747〜93）。像が向いているのは北西方向で、視線の先には京都御所がある。上州細谷村（現・群馬県太田市）の名主の息子で、祖先は南朝方の武将、新田義貞の家来とされる。義貞が後醍醐天皇を奉じて戦う『太平記』を愛読して勤王思想を学び、初めて京都を訪れたのが18歳の時。頼山陽《らいさんよう》の『高山彦九郎伝』によると、三条大橋の上で「皇居はどちらか」と尋ね、地に伏した。笑われ、怪しまれても全く気に留めなかった。天皇を情熱的に敬愛した彦九郎は、京都を出入りする度の拝礼を欠かさなかったという。これこそ忠君愛国の模範と戦前の修身の教科書に載り、

当時の子供にもよく知られた歴史人物だった。

1928年、田中義一首相らが発起人となり、東郷平八郎元帥《げんすい》の揮毫《きごう》で銅像が建てられる。戦時中の44年、金属類回収令で銅像は供出されるが、61年に再建。現在の銅像は二代目だ。

その頃

尊号事件に関わり自害

高山彦九郎は寛政年間、いわゆる「尊号事件」に関わっていく。

当時、光格《こうかく》天皇は、皇位に就くことがなかった父の典仁《すけひと》親王に上皇の尊号を贈ろうとするが、江戸幕府はこれを認めようとしなかった。そこで彦九郎は単身、薩摩藩の力添えを得ようと鹿児島に赴いたのだ。だが、色よい返事は得られず、失意のうちに九州・久留米で自害する。その後、彦九郎の期待した通り、西郷隆盛、高杉晋作ら勤王の志士たちの活躍もあって、朝廷・幕府間の力関係が逆転。その死の74年後、大政奉還が成った。

三条大橋の東側で、北西に向いて拝礼する高山彦九郎の像。

5000人と交流

ただ、土下座した姿は偉人には見えにくい。後醍醐天皇に敵対した「逆賊」足利尊氏《あしかがたかうじ》の等持院（北区）の墓を300回ムチ打ち、富士山は汚せないと4日断食して登った彦九郎は数々の奇行で林子平、蒲生君平とともに「寛政の三奇人」と評されていた。

一方、作家の吉村昭さんは彦九郎の日記を基に小説『彦九郎山河』を新聞連載。勤王思想を教えて全国を歩いた「旅の思想家」としての一面を丁寧に描いた。

彦九郎の生家跡近くの高山彦九郎記念館を運営する萱間健司・太田市歴史施設課長は「5000人以上の人と交流した。それも公家、大名、文人、学者と幅広かった」と解説する。

「さのさ」にも

「〽人は武士　気概は高山彦九郎　京の三条　橋の上　はるかに皇居をネェ伏し拝み　落つる涙は賀茂の水」。彦九郎を尊敬した長州藩の高杉晋作《しんさく》の作とも言われる俗曲「さのさ節」だ。京都の花街《かがい》では今も歌われる。宮川町の舞妓《まいこ》・小梅さんは「銅像はえろう老けたはりますけど、地方から京都へ出てきてぎょうさん苦労なさったんやろなあ」と思いやる。彦九郎は祇園の茶屋「一力」や島原の「桔梗《ききょう》屋」などで遊ぶこともあった。粋人の一面もあったようだ。後世、自分のことが芸舞妓に歌われていると知ったら、うれしがるに違いない。

2014年6月19日付掲載

幕末の志士　霊山に魂結集

尊攘派の聖地　龍馬ら眠る

坂本龍馬の墓は京都東山の霊山《りょうぜん》にある。隣は中岡慎太郎だ。墓参りの龍馬ファンが絶えない。霊山には木戸孝允《たかよし》、梅田雲浜《うんぴん》、真木和泉、平野国臣、橋本左内、頼三樹《らいみき》三郎《さぶろう》ら、幕末の志士として活躍し、亡くなった人々の墓もある。志士はどうしてここに集中して葬られているのか。

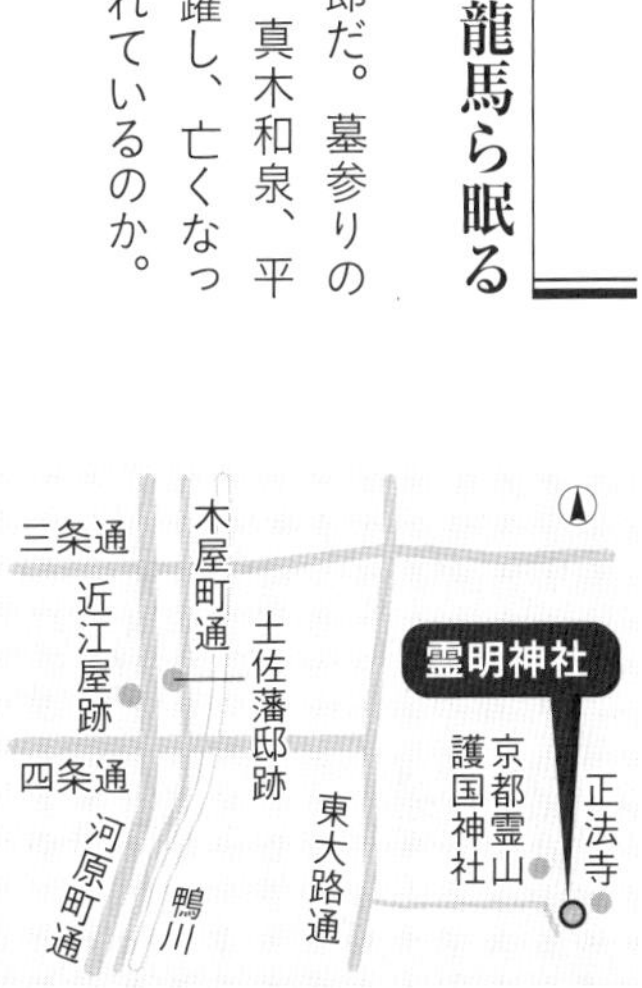

神道の葬祭

霊山は時宗正法寺《しょうほうじ》の寺域だった。その麓の一画を１８０９年（文化６）、朝廷に仕えていた村上都愷《くにやす》が買い取り、神道による葬祭の場にして、霊明神社を設けた。

江戸時代は幕府の宗教政策により、原則、すべての人が寺の檀家になり、葬祭供養も寺が行っていた。神職も例外ではなかった。

「これに都愷は反発した」と、都愷から続く霊明神社八世神主の村上繁樹さんは説明する。日本は神国であるという国学思想を学んだ都愷は、外来宗教の仏教を退け、神道による「神葬」を実行したのだ。

長州藩士を埋葬

幕末、国学を基にした尊王攘夷《そんのうじょうい》論が盛んだった長州藩が、京都で死んだ藩士を霊明神社の墓地に葬る。最初が62年、松下村塾で吉田松陰の教えを受けた松浦松洞《しょうどう》という志士だ。以降、長州藩を始めとする各藩尊攘派の埋葬が続く。この年、神社では、安政の大獄以降に死んだ志士をしのぶ「霊魂祭」も行われた。長州藩の尊攘派の中心人物で、龍馬と面会したこともある久坂玄瑞《くさかげんずい》が先祖の永代供養を申し入れたという記録もある。幕末京都の歴史に詳しい作家の高野澄さんによれば「霊明

幕末志士を葬送した石畳の参道。霊明神社に続く。

その頃

光格天皇　尊王思想に影響

霊明神社を創建した村上都愷は光格《こうかく》天皇(在位1779〜1817)の朝廷に仕えていた。光格天皇は傍系皇族の閑院宮《かんいんのみや》家出身だが、中世に途絶えた朝廷の様々な儀式を復活させ、権威を取り戻そうと努めた。これが後の尊王思想にも影響していく。

学習院の起こりも光格天皇にある。平安時代の大学寮のような公家子弟の教育機関を構想。在位中には実現しなかったが、続く仁孝《にんこう》天皇の時代、1842年に開設が決まった。これが学習院で、明治初年まで京都御所の南にあった。東京の学習院は77年の設立。

神社は尊攘派の聖地になっていた」。

そして67年11月15日（旧暦）、京都・河原町の近江屋で龍馬と中岡は何者かに襲われ、2人の遺体は17日夕、龍馬が組織した海援隊などの同志によって霊明神社に運ばれた。神社が神葬祭を行って「実葬」した記録が残っている。神社では魂だけまつる例もあるのだが、龍馬らは実際、ここに埋葬されているのだ。

招魂社が管理

王政復古によって発足した明治政府は68年、霊明神社の墓地に招魂社を建て、ペリー来航の53年以来の「国事に斃《たお》れ候諸士及び草莽《そうもう》有志」と、鳥羽伏見の戦い以降の戦死者の霊をあわせてまつることとした。さらに77年、政府は霊明神社の墓地と境内の大半を召し上げ、官営の招魂社に管理させる。招魂社は名前を変え、現在は京都霊山護国神社となっている。

この間、東京・九段にも東京招魂社が創建され、京都の招魂社や霊明神社にまつられていた「神霊」を分祀《ぶんし》した。東京招魂社は後に改称して靖国神社になる。靖国でも龍馬の霊に会えるわけだが、ファンなら遺骨が眠る霊山を訪れたい。

2014年9月25日付掲載

江戸の大火　お堂は残った

イチョウの木　天然の防火壁

天明、元治、宝永の大火を江戸期京都の三大大火という。特に被災規模が大きかったのが天明の大火で、市街地の8割が焼けた。が、焼け残った建物もあった。浄土真宗本願寺派の本山、西本願寺（下京区）の御影堂と阿弥陀堂だ。各宗本山を始め寺院が数ある中、何が幸いしたのか。

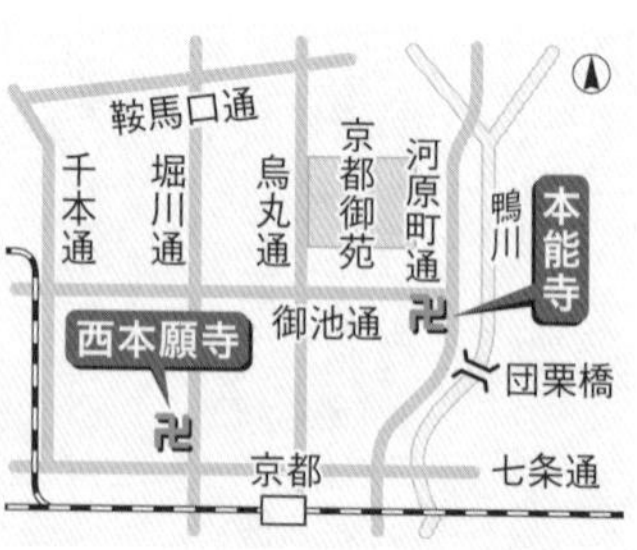

3万6797戸焼失

鴨川の団栗《どんぐり》橋東詰め（東山区）付近の民家から火の手が上がったのが1788年（天明8）1月30日早朝。火は川を越えて西に広がり、2昼夜燃え続けた。北は鞍馬口通、南は七条通、東は鴨川の東、西は千本通――焼けた範囲は当時の市街地にほぼ等しい。幕府の「罹災《りさい》記録」によると、1967町のうち1424町に延焼し、家屋3万6797戸が焼失。「京都という大都会が焼け野原になってしまった」と京都市歴史資料館は説明する。

この時、201の寺院と37の神社が、貴重な文化財や歴史資料とともに炎に包まれた。大火の後、見渡す限りの焼け野原に、西本願寺の巨大な御影堂と阿弥陀堂がポツン、ポツンと立っているのを

御影堂（奥）を守るように枝を横に広げた「逆さ銀杏」。

見た人々は何を思っただろう。

「水噴き」伝承も

御影堂前のイチョウは樹齢推定400年。高さ12メートルで枝の幅が28メートルもある。根を天に広げたように見え、「逆さ銀杏《いちょう》」と呼ばれる。京都市の天然記念物にも指定され、木を定期的に

その頃

西本願寺に「七不思議」

西本願寺には「水噴き銀杏」を始めとして、内容は時代によって入れ替わりがあるのだが、「西本願寺七不思議」が語り伝えられている。

唐門《からもん》については、豪華な装飾彫刻を施した四脚門であり、立派すぎて、ハトも止まらず、クモも巣を張らない、という話がある。江戸末期には、『本願寺七宝物《ななふしぎ》由来』という本まで刊行された。一般の旅人向けのガイドブックとして書かれたとみられ、観光のために京都の寺社を訪れる人が増えるのに伴い、「七不思議」も全国に広がっていったようだ。

みている花豊造園《はなとよ》の山田豊久専務は「状態は極めて健全。まだまだ生きられる」と太鼓判を押す。

枝を横に張り出した格好のこのイチョウが天明の大火の際、御影堂と阿弥陀堂を守った、とされる。その刹那、一気に水を噴き出したという伝承もあり、別名が「水噴き銀杏」。確かに、今にも水を噴きだしそうだ。

宗務所職員の山本正定《しょうじょう》さんに聞くと、「記録はなく、言い伝えだが、実際、イチョウは水分を多く含むといわれ、防火壁の役割を果たした可能性はある。それもあって、多くの寺がイチョウを植えている」と教えてくれた。

本能寺も免れる

本能寺（中京区）境内のイチョウは「火伏せの大銀杏」と呼ばれる。やはり天明の大火の際、本堂などが焼失する中、水を噴き、おかげでそばの塔頭《たっちゅう》の門などは類焼を免れたという。焼け残った建物は今も使われ、久野晃顕《こうけん》・執事補は「イチョウのお陰でしょうか、本能寺の火の用心の札をほしいという人がいる」と話す。

京都のような木造都市はしばしば大火に見舞われた。その中で人々は、燃えにくいイチョウを大切にして、水噴きの伝説を語り継いできた。樹木に対する素朴な信仰でもあっただろう。

2014年11月6日付掲載

武蔵の決闘「下り松」に異説

小説で脚色？　場所、勝敗確証なく

江戸時代初期、剣豪・宮本武蔵は京に上り、室町時代以来の兵法の名門・吉岡一門と3度果たし合い、3度目は門弟数十人と戦って勝つ。小説や映画、テレビドラマでおなじみの「一乗寺《いちじょうじ》下《さが》り松《まつ》の決闘」だ。ところが「下り松」は別のところにあったとする説がある。真相はいかに。

伊織が「顕彰碑」

京都市左京区一乗寺。比叡山へ通じる道の端に「下り松」はある。植え替えて、武蔵の時代から五代目。そばに大正時代の「宮本　吉岡　決闘之地」の石碑も。武蔵没後、養子の宮本伊織が仕官先小倉に建てた顕彰碑などによると、この決闘に先立つ1604年（慶長9）、武蔵は蓮台野《れんだいの》（北区）と洛外（小説や映画では三十三間堂）で、それぞれ吉岡清十郎、伝七郎兄弟に勝った。これを恨む門人数十人と一乗寺で決闘し、撃退した。吉川英治が伊織の話に沿って小説『宮本武蔵』を発表。決闘は史実であるかのように信じられた。

二刀流宮本武蔵の像と「下り松」の古木（奥）の前で京都下り松道場の小中学生らが剣道の初げいこ（1月5日)。

小説には決闘前、武蔵が近くの八大《はちだい》神社で勝利を祈願しようとしたが、神にすがる心を恥じてやめる場面がある。

神社は今、「宮本武蔵　開悟《さとり》の地」として決闘時の松と伝わる古木を保存する。竹内紀雄《ふみを》宮司は「下り松は交通の要衝にあって目立ったから約束の場所にした」と想像する。

その頃

染め屋「吉岡」代名詞に

吉岡家は宮本武蔵との決闘後、染め屋に転向したとされる。17世紀中頃には、屋号から「憲法《けんぼう》染め」、また「吉岡染め」と呼ばれた染め物が流行。渋い色で色落ちしないため、評判を呼んだという。その流れをくむ染色家で「染司《そめのつかさ》よしおか」五代目当主の吉岡幸雄さんは「子どもの頃、実家があった堀川通には吉岡という染め屋が多く、吉岡は染め屋の代名詞だった」と振り返る。

植物染めによる伝統色の再現に取り組み、奈良・東大寺と薬師寺の伎楽《ぎがく》装束も制作している。

一条通七本松？

これに異を唱えたのが郷土史家・竹村俊則だ。決闘話が他の江戸時代の刊行物に出てこないからだ。1740年代の『古老茶話』という書物に武蔵が吉岡と決闘する話が出てくるが、相手は吉岡兼房という名前。これが他では清十郎とされたらしく、場所も「北野七本松」、すなわち一条通七本松（上京区）で、結果は引き分けとしている。北野七本松は「一条下り松」とも呼ばれ、誤って「一乗寺下り松」と伝わったと竹村は推測した。一乗寺での一門数十人との決闘はなかったことになる。

吉岡側の史料「吉岡伝」が伝えるのは武蔵と、やはり清十郎のことらしい吉岡直綱が京都所司代で行った1試合のみ。所司代板倉勝重が検分役を務め、「相打ち」だったとする。

虚実とりまぜ

司馬遼太郎は『真説宮本武蔵』で、「兵法家仲間の常套《じょうとう》で、虚実とりまぜて宣伝しあったものか」と、双方とも脚色されている可能性を指摘している。決闘の場所にも、吉岡一門との勝敗にも確証はない。それでも武蔵は生き残ったのだ。その存在は揺らぐことがない。

八大神社では正月、「京都下り松道場」の子どもたちが剣道の初げいこに励んだ。「武蔵の知恵をつかった剣術はすごい」と鈴鹿忠信君。一乗寺下り松のヒーローは夢を与え続ける。

2015年1月22日付掲載

日本初上映は四条河原

フランス留学　運命の出会い

日本で初めて映画が上映されたのは1897年（明治30）1月下旬から2月はじめ。場所は京都の「四条河原」と記録に残る。その2年前にフランス・リヨンのリュミエール兄弟が発明したばかりの「シネマトグラフ」という映画撮影と映写が1台でできる機械を使用した。当時、世界最先端の技術がなぜ、東京でも大阪でもなく、明治維新によって一地方都市に転落した京都にもたらされたのか。

御曹司から困窮

シネマトグラフを輸入したのは京都・烏丸御池の和菓子屋「亀屋正重」の長男、稲畑勝太郎だ。「店の者も多数使用して裕福な暮らし向き」（『稲畑勝太郎君伝』）。菓子屋の主人となるはずが3歳の時、その境遇が大きく変わる。幕末の禁門の変で京都は焼け野原に。店も全焼し、稲畑は乳母に背負われて逃げた。明治維新後も一家の困窮は続くが、稲畑は京都の町衆が全国に先駆けて設けた「番組小学校」に9歳で入学。抜群の成績で府師範学校へ進み、府派遣の留学生として渡仏する。

高瀬川と木屋町通に面する元・立誠小学校。「日本映画発祥の地」の掲示もある。

「動く写真見て」

行き先にフランスが選ばれたのは西陣織や友禅染の伝統産業を近代的繊維産業に脱皮させるため。稲畑はリヨンで染色技術を学ぶ。机を並べたのがリュミエール兄弟の兄オーギュストだった。

その20年後、京都に「稲畑染料店」（現大阪・稲畑産業）を設立していた稲畑が商用で再渡仏。オーギュスト

その頃

鋼鉄船、絹織物をもたらした公使

禁門の変があった1864年（元治1）、第二代フランス公使としてレオン・ロッシュが着任。対日貿易拡大のため政治・軍事で幕府に肩入れする。イギリス公使パークスがイギリス商人を通じて薩摩藩に接近、討幕運動にも加担したのとは対照的な行き方だった。
パークスの先見の明がロッシュにはなかったと批判されるが、彼がフランスからもたらした鋼鉄船の造船技術や絹織物の生産技術が明治初期の日本の殖産興業を支えることになる。フランス文化の移入にも尽力。1867年（慶応3）パリ万博への日本参加を援助した。

に再会し、「動く写真を発明したから、ぜひ一度見てくれ」と誘われたのだ。稲畑はシネマトグラフと上映用の短編映画を持ち帰り、四条河原町上る東入の京都電燈中庭（現在の元・立誠小学校付近）で試写。近くにあった島津製作所の技師の手も借り、雪の舞う夜空に掲げた映写幕に異国の情景を映し出した。

その後、稲畑は留学仲間の弟、横田永之助に興行権を譲り、横田は「日本映画の父」と呼ばれる牧野省三監督を起用、時代劇製作に乗り出す。彼ら京都人が「ゼロから日本映画の基礎を築いた」と映画史研究家の鴇《とき》明浩さんはいう。

近代化の波乗り

幕末大火と東京遷都のダメージから立ち直るため京都は教育や産業の近代化に投資した。それが映画という新技術も呼び込み、映画産業として育てることにもつながったのではないか。

現代劇映画は東京で撮影されるようになるが後年、世界が高く評価したのは京都製作の時代劇だ。黒沢明監督『羅生門《らしょうもん》』、溝口健二監督『雨月《うげつ》物語』……。２０１３年公開『利休にたずねよ』の東映プロデューサー森田大児《おおじ》さんは「利休の陶工が作った楽茶碗を楽家から借り、華道池坊関係の花屋から花を提供してもらう。京都だから本物を撮影できた」と話す。映画人なら、「日本に、京都があってよかった」と言いたくなるだろう。

２０１３年４月25日付掲載

全国初　女学生にセーラー服

活動的な洋装　宣教師が推奨？

女子生徒の制服としてセーラー服を国内で最初に導入したのは京都の女学校だった。元は水夫（英語でセーラー）の服装で、大きな襟が特徴だ。英海軍が19世紀半ばに水兵の制服にしてから世界に広がった。それがなぜ女性服になり、海軍や水兵とは接点がない内陸部の京都で制服になったのか。

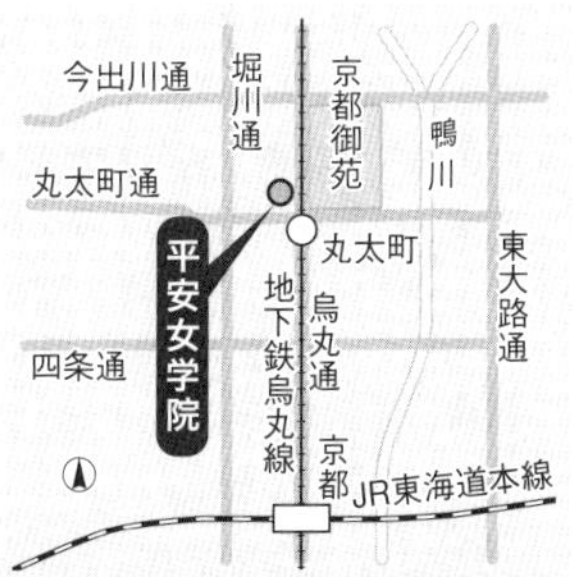

英王子も着用

セーラー服の軍服は英、米、仏、さらに旧日本海軍も採用。現在も海上自衛隊が使っている。英王室は船遊びの王子に着せた。その姿がかわいく、セーラー服はおしゃれな子供服としても流行した。同じ時代の日本人はまだ和服だった。女学校が誕生したのが明治時代で、１８９９年（明治32）には高等女学校の制度もできたが、生徒は和服の着流しで登校していた。動きにくく、特に体操の時は困った。そこで着用したのがはかま。漫画『はいからさんが通る』の格好だ。

女性の衣服が欧米化し始めるのが大正時代。第１次世界大戦の時期だ。当時、欧米では「女性が

1895年に建てられた明治館の前で大正時代の制服のレプリカを着た平安女学院の学生ら。

出征兵士の代わりに職場進出。裾の長いスカートやコルセットを捨て、活動的な服を着た」とお茶の水女子大学の難波知子助教（日本服飾史）は解説する。仏デザイナー、ココ・シャネルも海辺で着るセーラー服タイプの「マリンルック」を発表。スポーツ服として世の中に認知された。「それらが女性の洋装化が進む日本に入ってきた」と難波助教はいう。

その頃

学ランは東京から

男子の詰め襟学生服は1879年（明治12）、学習院が初めて採用。続いて京都府師範学校（現京都教育大学）が84年末、陸軍士官の服装に似せた黒色ホック止め詰め襟を制服に定めた。それまでのはかまなどでは体操に不便だとして、生徒の間で制服制帽を作ろうという議論が起き、代表者が協議して決めた。さらにその2年後、帝国大学（現東京大学）が金ボタンの詰め襟服を採用、その後の男子学生服の原型となった。詰め襟学生服の通称「学ラン」の「ラン」とは江戸時代、洋服を意味した隠語「ランダ」の略などの説がある。

和装の要素も

トンボ・ユニフォーム研究室主席研究員の佐野勝彦さんが主な女学校の記念誌を調査、洋装制服を最も早く一斉導入したのが1920年の平安女学院（上京区）だった。ミッション・スクールなので「セーラー服に親しんだ外国人女性宣教師が関わった」と同校は推測している。伝統が重んじられる京都だが、セーラー服を着た平安女学院の生徒の写真を見ると、セーラー襟が着物の半襟を連想させる。ワンピースにベルトを締めたスタイルも和装のシルエットに近い。「和の心が作った」と佐野さんは表現する。

翌年には九州の福岡女学院がツーピース型のセーラー服を作り、全国の制服の主流になっていく。

夏服で復活

ただ、女性服には流行がある。1980年代後半からブレザーにモデルチェンジする学校が増え、現在、セーラー服を制服とする中学校は全国で7割ほど、高校になると2割以下だ。

平安女学院もブレザーに替えていたが昨年、中学校の夏服としてワンピースのセーラー服を復活させた。クラシックで、どこからか潮風が吹いてきそうな、さわやかな装いだ。

2014年4月10日付掲載

八幡竹にエジソン首ったけ

石清水八幡宮　記念碑と碑前祭

平安京の鬼門《きもん》（北東）に建てられた比叡山延暦寺とともに、裏鬼門（南西）にあって都を守るのが石清水《いわしみず》八幡宮（京都府八幡市）だ。その境内にアメリカの発明王トーマス・エジソンをたたえる記念碑がある。命日の10月18日には電気事業者らが碑前祭を開く。神社とどんな関係があるのか。

竹林の中に肖像

碑があるのは南総門の南西。エジソンによる電灯実用化50年を機に１９３４年、全国の電気関係者が設置し、初代が傷んだため84年に建て直されたのが現在の立派な記念碑だ。高さ１・７メートル、幅６・３メートルの黒い御影石にエジソンの肖像と功績を記した碑文がある。周囲は竹林で、風が吹くとサワサワと音がする。実はこの竹が電灯の改良に大きく貢献したのだ。

鎌倉時代の随筆『徒然草』にこんな話が出てくる。仁和寺の僧が一度も石清水八幡宮に参拝していないのは情けないと、思い立って出かけるが、山の麓の別の神社に参って帰ってきた。石清水八

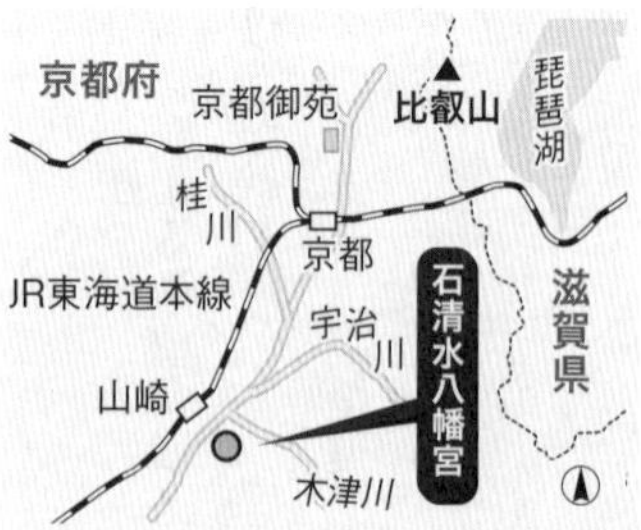

マダケの林の中にあるエジソン記念碑。巫女《みこ》の姿が映るまで磨き上げられている。

幡宮が男山の上にあることを知らなかった僧の無知はともかく、誰もが当然のように参拝したことが分かる。江戸時代には宿坊が並び、数から「四十八坊」といわれた。

電球用に10年間

その景観が幕末、明治にかけて一変。鳥羽・伏見

その頃

1,000時間の点灯

白熱電球を発明したのはエジソンではなく、英国のジョゼフ・スワンだった。しかし、フィラメントに木綿糸を使ったため、その寿命はわずか40時間程度。実用にはほど遠かった。

エジソンが長寿命化のため新しいフィラメント材を求め、世界中に送った特派員は中国や、日本各地の竹も入手したが、石清水八幡宮がある八幡の男山周辺のマダケの繊維をフィラメントに使った電球は1,000時間点灯した。

エジソン電灯会社はその後、世界最大の複合企業ゼネラル・エレクトリック（GE）に成長する。

の戦いで中核的な宿坊だった極楽寺が焼失し、門前町も焼け野原になった。残っていた仏堂の多くも神仏分離令で破壊。明治中期は竹林ばかりが目立っていた。

当時、エジソンは電球の中で光るフィラメント材を求めて世界各地に人を派遣。うち一人が八幡で見つけた竹材は長時間の発光実験に耐えた。その後の改良でセルロースのフィラメントが使われるまで、エジソンの会社は約10年、「八幡竹」を指名買いする。エジソンと竹について調べた八幡市の立本三郎さんによれば、エジソン側の要求は細かかった。▽8年から10年ものの竹で、節と節の間隔が35～40センチ▽10月～12月に収穫――などと細かく指示した書簡が残されている。

万能の素材

京都府竹産業振興連合会の大塚正洋事務局長は「さすがに八幡だけではまかなえず、乙訓や嵯峨の竹も集めた」と説明する。各地の竹の中でなぜ「八幡竹」だったのか。大塚事務局長は「京都盆地の竹は堅すぎず軟らかすぎず。竹垣などの造園材にも、工芸品にも使える。万能が特徴」と話す。

その竹に目をつけたエジソンは、日本の電気事業者にとって神様だった。

石清水八幡宮の猿渡諒権禰宜は「エジソンの功績を次の世代に伝えたい」と話す。世界の夜に電灯の光をもたらした発明王が祭られていても不思議はない。

２０１４年６月12日付掲載

桃山に眠る明治天皇

「眺望絶佳」自ら選んだ伏見の丘

京都市南部の宇治川を望む丘陵地（伏見区）に明治天皇陵がある。その地名から、正式名称を伏見桃山陵《ふしみのももやまのみささぎ》という。天皇家は明治維新の直後、京都から東京へ皇居を移した。そのため、大正、昭和の天皇陵は東京都内にある。なぜ、その前の明治天皇だけが京都に戻り、この地に葬られたのか。

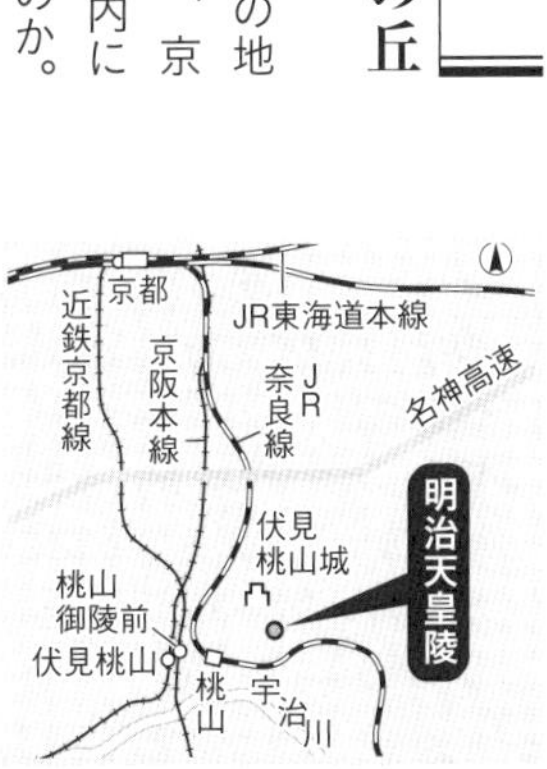

天智系の平安京

陵形は上円下方墳で、1辺が約60メートル。天智《てんち》天皇陵（山科区）を模したという。壬申《じんしん》の乱後に造営された藤原京、平城京の天皇は乱の勝者、天武《てんむ》の子孫だったが、その皇統は途絶え、平安京遷都《せんと》の桓武《かんむ》天皇の父、光仁《こうにん》天皇から、天武天皇の兄の天智天皇の系統に移った。以降、今に至るまで天智系天皇が続く。天智天皇は明治天皇にとっても始祖であり、天智天皇による大化の改新が明治維新に重ねてイメージされたのだ。

今、陵墓の特別拝所は正月三が日、市民に開放され、例年3000人近くが参拝する。東約200メートルには皇后の昭憲《しょうけん》皇太后陵があり、一帯を含む約87万平方メートルが陵墓地に指定さ

鳥居の奥に上円下方墳の明治天皇陵が見える。参拝者が絶えない。

れている。

秀吉の城跡

陵があるのは伏見城本丸の跡地だ。城は豊臣秀吉が築き、関ヶ原の戦いの前哨戦《ぜんしょうせん》で焼け落ちたが、徳川家康が再建して居城とし、三代将軍家光が破却した。ここが何もない丘陵に戻っていたのも理由だが、陵所

その頃

地震で倒壊、再建も

豊臣秀吉は1587年（天正15）、平安宮大内裏《だいだいり》跡に聚楽第《じゅらくだい》を造営するが、これを甥《おい》の秀次に譲り、92年に伏見城を築く。その後、秀次を自害させ、聚楽第も取り壊し。伏見城で政務を執った。初代伏見城は慶長大地震で倒壊。北東約500メートルに再建したのが二代目で、本丸が明治天皇陵の北端の一部を含む山上にあった。徳川家康、秀忠の将軍宣下《せんげ》式、家光の将軍拝任式が行われたのは三代目伏見城。

現在、天皇陵の北側にある伏見桃山城天守閣は遊園地の目玉施設として建てられ、閉園後も伏見のシンボルとして親しまれている。

選んだのは明治天皇本人だ。遺詔《いしょう》があったと、管理する宮内庁桃山陵墓監区事務所は説明する。『明治天皇紀』によれば1903年（明治36）、大阪開催の第5回内国勧業博覧会開会式に出席の途中、京都御所に立ち寄った明治天皇が、「桃山は眺望絶佳の地」なので、「陵を桃山に営むべし」と、皇后に伝えたのだ。明治天皇は12年崩御。亡くなったのが7月30日で、8月6日には陵所が伏見桃山に決まり、同19日に地鎮祭が行われた。

生まれ故郷

大正以降の天皇と違って、明治天皇は京都生まれだ。天皇陵に詳しい外池昇・成城大学教授は「生まれ育った京都への思い入れが深く、故郷に帰りたいという思いがあった」と推し量る。新時代の天皇陵は東京に営むべきだという異論も出された。『明治天皇紀』には、東京誘致の動きも進んでいたとの記述が出てくる。だが、「当時は陵墓に関する法令がなく、天皇の意思が尊重された」と外池教授はみている。

明治天皇陵への階段は230段。1890年（明治23）発布の教育勅語《ちょくご》にちなむとされる。その大階段を上り切って振り返ると眼下には、秀吉が伏見城とともに整備した元城下町の伏見の街並みが見える。明治天皇は秀吉を「尊皇の功臣」とたたえたという話も伝わる。両者の時代を超えた関係も想像されるのが伏見桃山の地だ。

2015年2月12日付掲載

時は移れど「みやこ」の名

織りなす歴史　やはりここだけ

京都はいつから「京都」と呼ばれるようになったのか。桓武《かんむ》天皇の遷都《せんと》で誕生したのは平安京だが、次第に「京」、あるいは「師《し》」「京の都」などといわれることが多くなる。「京」も「都」も「師」も、みやこだが、このうち「京」と「都」の二つが連結して固有の都市名になった。

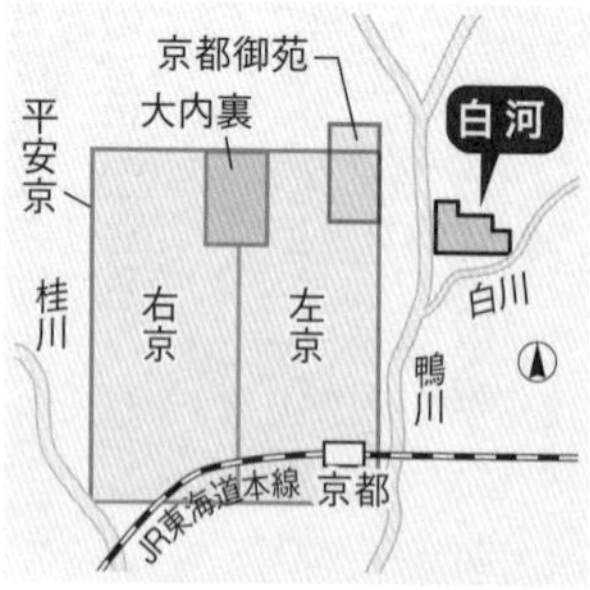

元々は普通名詞

みやことは宮処《みやこ》、天子の居住地を意味する。平安京の前のみやこも「京都」と呼ばれたことがあった。

その「京都」が現在の京都を指す固有名詞になったのは「11世紀の後半で、院政期には定着した」と朧谷《おぼろや》寿・同志社女子大学名誉教授（平安朝史）は考える。

それ以前も「京都」の名は使われていたが、普通名詞として。その違いは、言葉の使われ方で判断する。

将門《まさかど》の乱について書かれた『扶桑略記《ふそうりゃくき》』９４０年（天慶３）正月22日条「……京洛《けいらく》騒動す、将門

京都の名は海外でも広く知られている。玄関口のJR京都駅。駅ビルの壁面に京都タワーが映る。

の軍、只今《ただいま》すでに京都に入る」の「京都」は、みやこまで、という普通名詞だ。

社会の変化　反映

『後二条師通記』1096年（永長1）3月4日条「辰《たつ》時、宇治殿へ参る。……入日の後、還《かえ》る。戌《いぬ》時、京都に着く」。これは固有名詞とみられる。『京都〈千

その頃

京の東に「白河」在り

院政を開始した上皇《じょうこう》、白河院の白河という追号は地名の白河から来ている。

白河は平安京の東、鴨川とその支流の白河（白川）との間に位置し、当初は天狗《てんぐ》が住むといわれた人家のまれな場所だったが、平安京の二条大路などが延伸して、白河院の法勝寺を始めとする大寺院が次々建てられた。白河院の御所である白河泉殿、白河北殿もここに設けられたため、政治の中心にもなった。「京・白河」というように京都と並ぶ別の都市と認識されたが、兵火によって焼失。後に岡崎村。明治時代、京都市に編入された。

年の都〉の歴史』の著者、高橋昌明・神戸大学名誉教授（日本中世史）は「古代の政治都市から中世日本の経済的中心へ、という社会の変化」を反映し、京都という名称が使われだしたと説明する。

平安京西側の右京が田畑に戻る。天皇が住む内裏《だいり》も焼失して、左京の里内裏《さとだいり》を使うことが多くなる。その一つが今の京都御所だ。名前に「京都」が付く最初の役職・役所は、京都市歴史資料館によれば、鎌倉前期の京都守護だ。六波羅《ろくはら》にあって御家人を統率、朝廷との折衝などを行った。

内裏を京都御所と呼ぶのはいつからか、宮内庁京都事務所に聞くと、「明治からと思われがちだが、江戸時代以前の史料にも出てくる。最初がいつかははっきりしない」という。

「西京」根付かず

中国には現在、「京都」を名乗る都市はない。首都は北のみやこを意味する北京だ。国民党政府時代は南京が首都だった。

東京《とうけい》は歴史上、複数あった。後漢のみやこの洛陽も別名が東京だ。西京と通称された都市もあった。日本では京都だけが長くみやこだったので、固有の名として定着したのだ。

江戸が「東京」になり、京都を「西京」と呼んだこともあったが、これは続かなかった。京都はこれからも京都であり続けるだろう。

２０１５年３月26日付掲載

謎解き　その2

神社仏閣・信仰

願いが通る「千本鳥居」

伏見稲荷　繁盛祈願し奉納次々

全国に3万社あまりの稲荷神社の総本宮が伏見稲荷大社（伏見区）だ。本殿背後の稲荷山を含む境内には鳥居が、人がくぐれるものだけでも推定5000基以上立つ。ひざ下くらいのミニ鳥居は数え切れない。圧巻は同サイズの鳥居が連続していて、朱色のトンネルのような「千本鳥居」だ。山の緑とコントラストをなして、神秘の別世界への入り口に見える。なぜこんな光景が生まれたのか。

餅が白鳥に化す

伝承では山城国（京都府南部）で稲を多く持って富裕自慢の伊侶巨《いろぐ》秦公《はたのきみ》が餅を的に矢を射ったところ、餅は白鳥となって飛び去った。そこで711年（和銅4）白鳥が降りた稲荷山に神をまつったという。稲荷大神は五穀豊穣《ごこくほうじょう》の神で、当初、山中にあった本殿は応仁の乱で焼かれ、山のふもとに再建された。

本来は農耕神だが、近世には商売繁盛の商業神としても信仰を集める。伏見稲荷の氏子《うじこ》が住んだ京都・下京が商工業の町として栄えたことも大いに関係しているだろう。

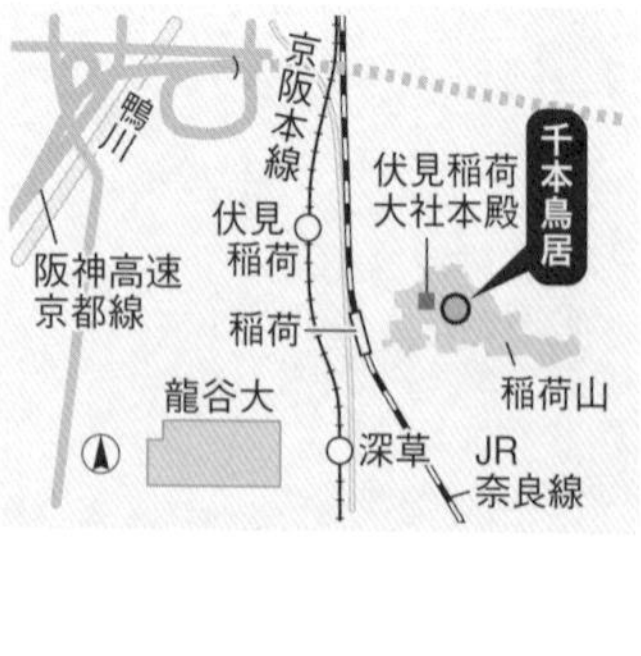

朱色の鳥居がずらりと並び、別世界へ続くトンネルのような千本鳥居。

江戸時代後期に存在

時を同じくして稲荷山に鳥居が増え始めた。人々が我も我もと奉納したのだ。作物の豊かな実りを神に祈る農民よりも、浮き沈みの激しい商工業者の方が神頼みだったのではないか。彼らは鳥居を奉納し、自らの繁栄を祈った。鳥居をくぐると願いが「通る」と信じたのだ。

稲荷山の広大な神域が空きスペースとしてあったのも、

その頃

上知令で混乱

明治政府は1868年（明治1）、祭政一致を理想として神道国教化を宗教政策に掲げ、神仏分離令を発する。これが廃仏毀釈《はいぶつきしゃく》につながり、全国で寺院や仏像の破壊、寺領の没収が行われた。

鳥羽伏見の戦いの戦火を免れた伏見稲荷大社でも神仏習合の神像や仏殿が破壊された。

さらに71年には神社の所領地を官有地とする上知令《あげちれい》が出て、稲荷山を含む約41万坪の敷地が10万坪に減少。後年、土地は返還されるが、混乱の影響は残り、管理が曖昧になった。これも鳥居の奉納が拡大した一因となっている。

止めどなく増えていった要因と考えられる。鳥居の多くは稲荷山を登る約4キロの参道沿いにある。参道は本殿から約100メートルで左右2本に分かれ、約80メートル進んで合流。この2本道を覆うように立つ、横約3メートル、高さ約2・5メートルの鳥居群を千本鳥居と呼ぶ。
1868年（明治1）の絵図にもこの様子が描かれ、千本鳥居は江戸後期には存在したとみられる。

腐食進むと撤去

ところで千本鳥居の数は本当に1000基なのか。実数は今、900基余り。これでほぼ満杯という。奉納の鳥居は腐食すると撤去されるのだが、希望すれば建て替えられる。だから数は常に変動している。

稲荷神社の鳥居といえば朱色だ。魔よけの色、あるいは生命の豊穣の象徴ともいう。他の神社の鳥居はヒノキが多いが、ここでは基本的に杉だ。千本鳥居は丸太の直径が5寸の小型サイズで、比較的安く、約20万円で建つ。御用達の宮大工、長谷川泰史さんは「値段の手頃さ、参拝しやすさから人気が集中した」と推測する。現在も申し込みから建立まで2、3年待ちだ。

人々の信仰心が生んだ千本鳥居だが、今では映画やテレビのロケ地として有名だ。江戸時代には誰も想像しなかっただろう。

2013年6月13日付掲載

白峯神宮にサッカーの神？

蹴鞠道家の屋敷跡地→蹴球へ通ず

〈サッカーの神様〉がおわすと評判なのが京都市上京区の白峯《しらみね》神宮だ。選手は技能上達を、ファンはひいきチームの勝利を祈る。球技全般に御利益があると話が全国に広まり、修学旅行生まで参詣する。本来は厄《やく》除《よ》けの神社なのだが、なぜ欧米発祥スポーツの守護神とされたのか。

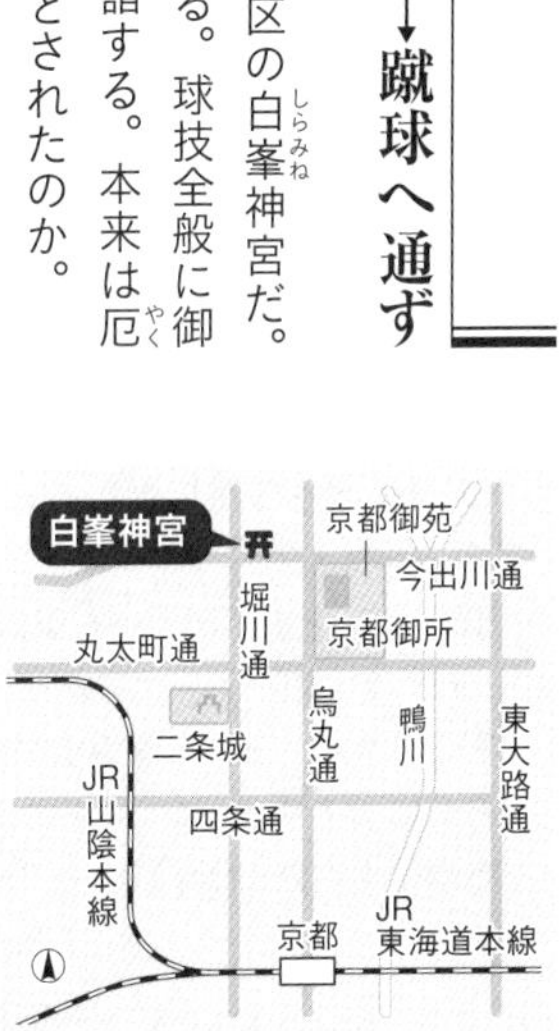

主祭神は崇徳天皇

本殿には、サッカー、野球、バレーなど様々な競技で使うボールが供えられている。その奥にまつられている神霊は崇徳《すとく》天皇（１１１９〜６４）という。平安時代末期の保元の乱で後白河天皇・平清盛側に敗れ、現在の香川県坂出市に配流された。怨念を残して亡くなったため、日本最強の祟《たた》り神、大魔王になったと信じられた悲運の天皇だ。この乱を発端として成立したのが平氏政権で、以降、徳川幕府まで約７００年、武家支配が続く。その終わりを告げるため明治天皇の指示で明治改元直前の１８６８年に、崇徳天皇の御霊を慰める神社として創建。厄除けの御利益があるとされた。

京都の神社の中では比較的新しいが、まだ当時、サッカーは日本に伝わっていない。和歌や管弦

様々な競技のボールが奉納された白峯神宮の本殿。

に秀でた崇徳天皇とスポーツとの間にも縁やゆかりはない。

精大明神現る

理由はその敷地にあった。京都御所にも近い公家の飛鳥井《あすかい》家の跡地で、飛鳥井家は鎌倉時代から蹴鞠《けまり》の師範や蹴鞠道家元を務めた。チームを組んで鞠を地面に

その頃

創建後に英国海軍伝える

白峯神宮創建の5年後、1873年（明治6）に日本で初めて、東京にいた英国海軍教官団と将兵が日本海軍軍人にサッカーを教えたとされる。ただその前後10年ほどの間にも複数の伝来説がある。

海外交易の窓口だった神戸と横浜で盛んにプレーされ、88年に外国人チームによる最初の対抗戦があり、神戸の「神戸レガッタ&アスレチッククラブ（KR&AC）」と横浜のチームが対戦した。1921年（大正10）に日本サッカー協会の前身、大日本蹴球協会結成。Jリーグ加盟の京都サンガFCの前身、京都紫光クラブが府師範学校卒業生らによって創設されたのが翌22年だ。

落とさないよう蹴り続ける蹴鞠は、漢字で「蹴球」と書くサッカーにも通じる競技、というわけだ。

飛鳥井家が「鞠聖《まりせい》」とあがめたのが平安時代の藤原成通《なりみち》。願掛けで1000日間、鞠を蹴り続けた伝説があり、この時に現れた精《せい》大明神を飛鳥井家は蹴鞠の神としてまつった。それが白峯神宮になった後も境内の一角に残された地主社《じしゅ》だ。今も境内では「蹴鞠保存会」の稽古が行われている。

セパタクローも

1993年、サッカーJリーグの開幕がきっかけで蹴鞠の神社があると口コミで広がり、ワールドカップの98年フランス大会と、2002年日韓大会で、日本代表が使ったボールが奉納された。新聞やテレビで報道されて、06年ドイツ大会直前には連日500人を超す参拝者があった。神宮も日本勝利を特別祈願した。

他の球技も、東南アジア生まれのセパタクロー日本代表までが参拝している。本来は地主社の精大明神に参詣すべきだろうが、大半の人は本殿の崇徳天皇を拝むかっこうだ。権禰宜《ごんねぎ》の北村滋如《しげゆき》さんは「崇徳天皇は怒られていないでしょう。ご加護がありますよ」と笑顔で受け入れている。蹴鞠の神の技と、崇徳天皇のパワーも授かれば、勝利は間違いないだろう。

2013年12月5日付掲載

絵馬に願いを託すのは

雨乞いの社だった貴船神社発祥

様々な願いを託して、また願いがかなったことに感謝して人々は「絵馬」と呼ばれる絵入りの額を社寺に奉納する。生きた馬の代用品として板に馬の絵を描いたのが始まりとされ、京都鞍馬《くらま》の貴船《きふね》神社（左京区）が絵馬発祥の社と伝わる。なぜ馬なのか、なぜ人里離れた山中の神社だったのか。

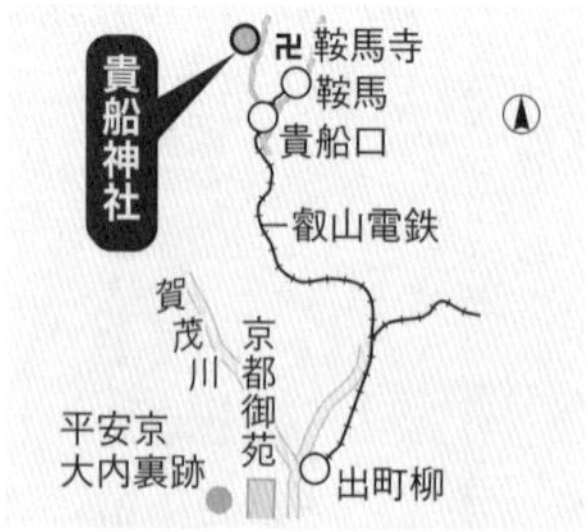

都の水源地

5世紀頃、大陸から日本にもたらされた馬は古代社会で抜きんでた力の象徴だった。馬に乗るのは豪族など権力者だけ。馬は仰ぎ見られ、神聖視されていた。国学院大学の笹生衛教授（宗教考古学）は「馬を大切にしていたからこそ大切な願いを実現するために神にささげた」とみている。

貴船神社の創建は平安遷都以前。京都盆地を南へ流れる鴨川の水源地にあるため、雨乞《あまご》いの社として信仰され、平安初期から朝廷が度々、馬を献上していた。

どんな権力の持ち主でも降雨は祈るしかない。日照り続きで雨を降らせたい時は「黒馬」、長雨

生きた馬を奉納した故事にちなんで置かれた神馬像と、奉納された絵馬。

を止めたい時には「白馬」か「赤馬」だった。黒は雨を降らせる黒雲に、白は輝く太陽の白日、赤も明るい太陽につながると考えられたからだ。

餌代がない場合

奉納された馬は神が乗る馬、神馬《しんめ》とされ、神社が大切に飼育した。ところがその維持費も大変だった。

その頃

王朝文化の最盛期

右大臣藤原師輔が雨乞いを命じた948年は村上天皇治世の天暦《てんりゃく》年間。「延喜・天暦の治」と呼ばれる天皇親政の時代だった。村上天皇の父、醍醐《だいご》天皇の延喜年間には勅撰《ちょくせん》和歌集『古今和歌集』が編纂《へんさん》された。946年即位の村上天皇も、関白藤原忠平の没後は摂政・関白を置かず、『後撰和歌集』を編ませるなどした。王朝文化の最盛期だった。
ただ、この時代は天候不順が続き、干ばつや長雨が繰り返し起きていた。大宰府《だざいふ》に左遷され、903年（延喜3）、失意のうちに死んだ菅原道真のたたりとうわさされた。

平安時代に編集された法令集『類聚符宣抄《るいじゅうふせんしょう》』に右大臣藤原師輔《もろすけ》が「降雨祈願のために貴船神社に黒馬二疋《ひき》を献上し、餌代がない場合は板立馬《いたたてうま》（馬形の板）をもってこれにあてよ」と部下に命じた948年（天暦2）の文書が収録されている。

貴船神社では「板立馬」こそ絵馬の原点で、文献上、奉納された最古の絵馬であるとして、「絵馬発祥の社」を名乗っている。

庶民も願い事

ただ絵馬の類似品は寺社以外でも見つかっている。浜松市の伊場遺跡では奈良時代後期の地層から馬を描いた板が出土。浜松市博物館の久野正博学芸員は「願掛けに使われた可能性もある」と話す。国立歴史民俗博物館の岩井宏実名誉教授（民俗学）は「馬を奉納する公家社会の知恵を庶民が採り入れた」とみる。

貴船神社に文献がなく、絵馬の起源がどこまでさかのぼるかは不明だ。高井大輔権禰宜《ごんねぎ》は「最古なのかどうか、真相はベールの中だが、古くから絵馬と関わりが深いのは確か」と話す。境内には生きた馬が奉納された故事にちなんで神馬像が置かれていて、今も参詣者たちの願いを静かに見守っている。

2014年3月6日付掲載

「火迺要慎」どこでも見るけど

火伏せの山「愛宕」信仰　札に凝縮

京町家のおくどさん（竃《かまど》）や飲食店の調理場の壁に「阿多古祀符《あたごしふ》　火迺《ひの》要慎《ようじん》」と書かれた紙が貼ってある。「火、迺《すなわ》ち慎むを要する」。火事を防ぐ火伏せの神として信仰される愛宕神社（右京区）の札だ。どこへ行っても同じものを目にする。なぜ京都ではこの札が行き渡っているのか。

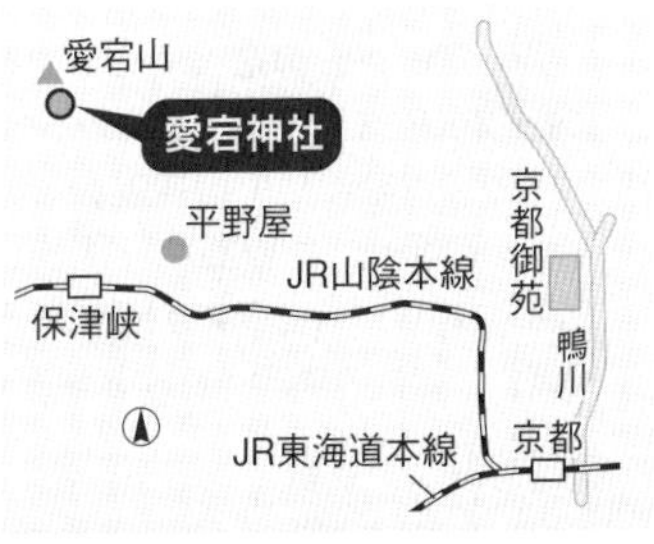

大火の記憶

「伊勢に七度、熊野へ三度、愛宕さんへは月参り」。

伊勢神宮への伊勢参りを一生に7度、熊野三山参詣も3度はしたい。愛宕神社は毎月、と昔は言った。神社が鎮座する愛宕山は市中から目と鼻の先だが、標高は924メートル。毎月登るのは大変だっただろう。神社の一の鳥居の茶屋として400年以上前に創業した「平野屋」を訪れると、名物団子「志《し》んこ」を作る竃の土壁に「火迺要慎」の札が重ねて貼ってある。神社に詣でる度、新しい札を上に貼ると十四代目女将《おかみ》の井上典子さんが説明してくれた。「家がのうなってしもうては終《しま》いやと代々きつく言われてきた。おかげさんで、これまで火事を出したことは1回もありません」。

竈の土壁に貼られた「火迺要慎」の札（平野屋）。

しかし、京都の町は度々大火事に遭った。1177年の安元の大火では大極殿まで火が及び、都の3分の1が焼けた。鴨長明の『方丈記』に「一夜のうちに塵《ちり》灰《はい》となりにき」とある。その後も応仁の乱の兵火（1467）、市街地の8割以上が灰となった天明の大火（1788）、禁門《きんもん》の変に伴うどんどん焼け（1864）が続く。

その頃

飛鳥時代に開山

神社の縁起などによれば愛宕神社は飛鳥時代、修験道の開祖とされる役《えんの》行者《ぎょうじゃ》と僧泰澄《たいちょう》が開いた。多くの修験者が訪れ、江戸時代までは愛宕権現と呼ばれた。白雲寺という寺院もあり、神仏習合の霊山だった。

祭神の一柱が武装して馬に乗った姿の勝軍《しょうぐん》地蔵で、戦勝を祈る戦国武将の信仰を集めた。明智光秀も本能寺に織田信長を討つ直前、山に登った。山内の威徳院西坊では連歌会を開き、連歌師らと「愛宕百韻《ひゃくいん》」を巻いた。その発句「時は今あめか下しる五月哉《かな》」に謀反の決意が読み取れるといわれる。

佛教大学の八木透教授（民俗学）は「生命と財産を奪う火事の恐ろしい記憶が今も愛宕信仰の背景にある」と説明する。

天狗の仕業

神社がいつから火の神をまつっているのか、様々な説がある。

『源平盛衰記』に安元の大火を「愛宕山に住む天狗《てんぐ》の仕業《しわざ》」とする盲目占い師が出てくる。愛宕山は修験道が盛んで、天狗の巣窟《そうくつ》と考えられた。その中でも日本一の大天狗、愛宕太郎坊が今回の火事を起こしたのだ、と。この大火を「太郎焼亡《しょうぼう》」と呼んだ人々は天狗を恐れて山に火伏せの祈りをささげた。火伏せ信仰は江戸時代に一層高まり、庶民の愛宕山参詣も盛んになった。

庶民の願い

「火迺要慎」について愛宕神社の元権禰宜《ごんねぎ》の岡本周次郎さんは「昔の宮司から、頼山陽《らいさんよう》の書と聞いた」と証言する。しかし当時、神社は「愛宕権現」と呼ばれていた。「愛宕神社」の印がある現在のデザインは明治以降と見られる。京都市歴史資料館の宇野日出生係長は「庶民の願いを凝縮した札」という。都の西北にそびえる愛宕山を毎日見ながら、人々は平穏な暮らしを願ったのだ。

2014年5月8日付掲載

酒の神々　センターは松尾様

江戸期　船便に好評判も載せ

嵐山の松尾大社《まつおたいしゃ》（西京区）は全国の醸造家から「松尾様」と呼ばれ、厚い信仰を集めるお酒の神様をまつる。日本中の酒蔵がそのお札を神棚に奉っている。酒の神様は数々おわせど、「日本第一醸造之神」とたたえられるのは「松尾様」だけ。なぜお酒の神の代名詞的存在とされるのだろう。

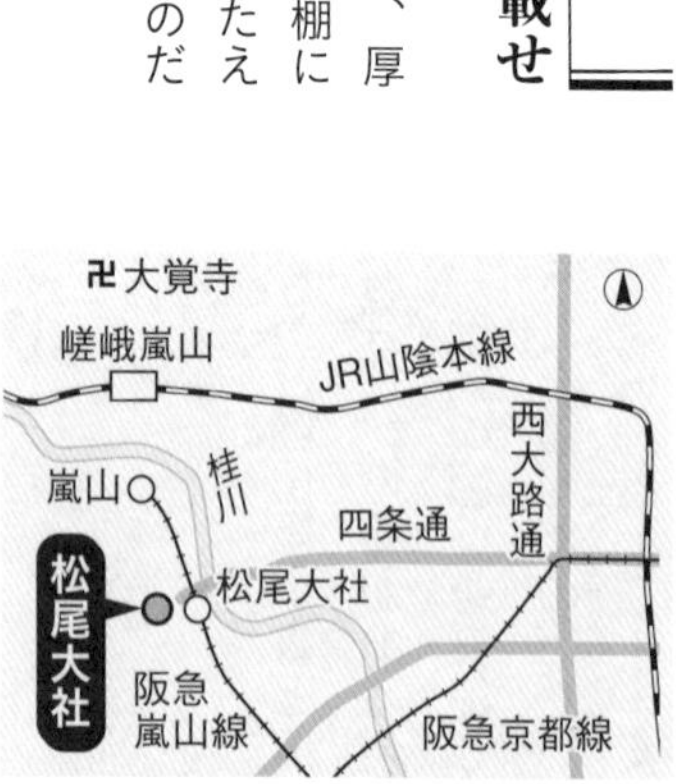

秦氏が社殿築く

初めは松尾山頂の岩が、神の鎮座する磐座《いわくら》として信仰されていた。701年（大宝1）、周辺一帯に住みついた渡来人の秦氏《はた》が山の麓の現在地に社殿を築き、秦氏の氏神とする。秦氏は稲作とともに醸造技術にも優れ、やがて酒造りの職人集団、蔵人《くらびと》が御利益を求めて参拝するようになった。

松尾大社禰宜《ねぎ》、竹内直道さんによれば、室町時代頃には酒の神という認識があったらしい。「松尾の神は松尾山から湧《わ》き出る水と地元の米を使って一夜で酒を造り、八百万《やおよろず》の神々をもてなした」「境内の『亀の井』の水を仕込み水に入れると、酒が腐らない」といった神話や伝説も広がった。

松尾大社の境内には全国の酒蔵から奉納された四斗樽（だる）が5段に積み重ねられている。

下り酒の談合場

蔵人に信仰される神社は各地に存在する。奈良県の大神《おおみわ》神社、愛知県の酒人《さかんど》神社。京都では他に北野天満宮、梅宮《うめのみや》大社など。その中で松尾様は「第一醸造之神」と呼ばれるようになった。理由の一つに竹内禰宜が挙げるのが「下《くだ》り酒」の流通経路だ。江戸時代、伏見や灘など上方の酒は、江戸に下って、下

その頃

「の」抜きの通称定着

松尾大社の正式な読み方は「まつのおたいしゃ」。清少納言の『枕草子』に「神は松の尾」という記述があり、他の複数の史料や古典文学も「松尾」を「まつのお」としている。ところが阪急電鉄の最寄り駅、松尾大社では「まつおたいしゃ」と表示。松尾神社など各地の分霊社も、ほぼ「まつお」と読む。「の」抜きの通称が徐々に定着してきたようだ。

竹内禰宜は「我々神職は『まつのお』と読むが、日本をニッポンともニホンとも言うようなもの。どちらで読んでも構いません」とおおらかだ。

り酒と呼ばれ、質の高さで人気があった。「上方の蔵元たちは松尾大社の祭りに合わせて境内に集まり、酒の値段を決めて、船で各地に送っていた」。酒と一緒に松尾様の評判も運ばれていったと竹内禰宜は推測する。

この頃から松尾大社の祭神の霊を分けてもらって祭る神社が各地に増えて、北海道から九州まで約1300社が確認されている。

杜氏ら唄伝承

〽酒の神様ヨー、松尾様じゃヨー、ドッコイ、ドッコイ――。

歌詞に松尾様が出てくる酒造り唄が、日本中の杜氏《とうじ》や蔵人によって歌われ、伝承されてきた。毎年11月初めの卯《う》の日に松尾大社で上卯祭が行われ、酒造関係者が集まって醸造安全を祈願する。この時、京都の茂山《しげやま》社中が狂言『福の神』を奉納。福の神は参詣人に「松の尾の大明神はナ、神々の酒奉行じゃによって」と教える。京都以外でも、岡山県の郷土芸能、備中神楽《びっちゅうかぐら》に、松尾大明神がヤマタノオロチを退治するための酒を造ったという物語が伝わる。

酒造り唄や狂言、神楽は、現代風に言うならCMソングであり、芸能人のPR活動だ。松尾様のブランド化に貢献したのだろう。

2015年1月8日付掲載

電気と電波の守り神　電電宮

元は雷神信仰　電力需要で再脚光

高天原《たかまがはら》の神、国土の神、生まれた土地の神、氏族の祖先、そして国家の功労者や、逆に怨念を残す犠牲者らをまつるのが日本の神社だ。そんな中、京都・嵐山、法輪寺《ほうりんじ》の鎮守社、電電宮《でんでんぐう》は電気と電波の守り神として業界関係者の信仰を集めてきた。なぜそんな近代的な神様が生まれたのか。

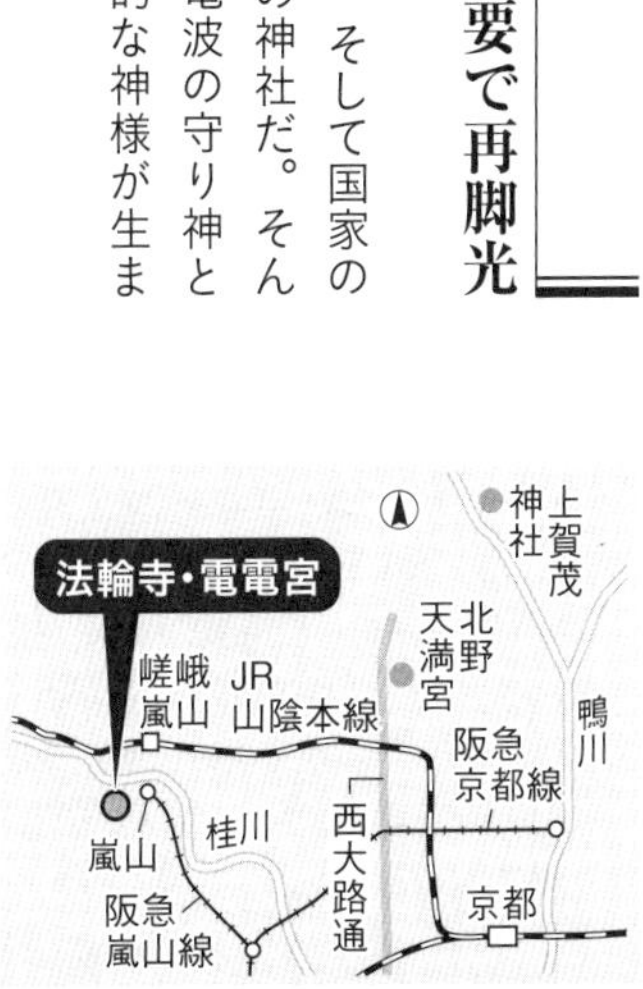

空から明星降る

地域や建物の守り神をまつる鎮守社は、神仏習合で寺にも建立された。

法輪寺では本堂に向かう石段の途中、左へ外れると、朱色の鳥居の奥に電電宮の建物が見えてくる。電気のイルミネーションも、電波を受けるアンテナもない、普通の神社だ。

寺のルーツは713年（和銅6）、行基が創建した木上山葛井寺《もくじょうざんかづのいでら》にさかのぼる。その約1世紀後、弘法大師の高弟、道昌《どうしょう》がここで記憶力増進のため真言を100万遍唱える虚空蔵求聞持《こくぞうぐもんじ》を行うと、100日目に明星《みょうじょう》が降って、道昌の衣の袖に虚空蔵菩薩が現れたという。

これを機に法輪寺は日・月・星・雨・雷の自然現象をつかさどる虚空蔵菩薩を本尊とし、鎮守社

1787年(天明7)秋に刊行された『拾遺都名所図会』には、後に電電宮となった明星社が描かれている。

では雷の神、電電明神をまつることになった。これが明星社、後の電電宮だ。ちなみにこの時代、「電」は「いなずま」を意味した。

鬼の姿の雷様

雷神は昔から庶民に近しい存在だった。鬼の姿で描かれた俵屋宗達『風神雷神図屏風《びょうぶ》』も知られて

その頃

健康治療のエレキテル

電電宮の前身、明星社は江戸時代の観光ガイド『拾遺都名所図会』(1787)にも掲載されていた。嵯峨・法輪寺のページで、寺の本堂の脇に描かれている。多くの人々が足を運んだはずだ。

この頃すでに電気の存在は知られていた。発明家の平賀源内が、箱形の静電気発生装置「エレキテル」を作製。ハンドルを回すと内部でガラスが摩擦《まさつ》、発生した電気が銅線へ伝わって放電し、かすかな火花が出る仕組みだった。ただ当時は眼病や肩こりの治療器具とされ、雷と同じという認識はなかった。

いる。京都には賀茂別雷神社《かもわけいかづち》（上賀茂神社）や、御所の清涼殿《せいりょうでん》に雷を落とした天神様、菅原道真をまつる北野天満宮といった有名神社もある。ところが近代以降、雷の正体が電気と知られ、人々の雷神に対する素朴な畏怖心《いふ》が失われる。

明星社も禁門の変（１８６４）で、近くの天龍寺に長州藩が陣を置いたため焼失。長く放置される。

復興期に再建

再建されたのは１９５６年（昭和31）。50年代の日本は戦後復興が急速に進み、電力不足に陥っていた。特に関西圏は深刻で、停電が頻発。関西電力は新たな電源確保のため、社運をかけて黒部ダムの建設に取り組む。50年代に次々開局した民間放送局も、いまだ前途を見通せない状況だった。

神に頼りたい気持ちだっただろう。電力会社と放送局関係者が神社を再建。「電電」の名があったからで、明星社ではなく電気と電波の電電宮とされた。

藤本高全《こうぜん》住職は「京都は伝統を守るが、近代化にもいち早く取り組んだ。電気と電波の電電宮に違和感はない」と語る。

バッテリーに電気をためて、電波を送受信する携帯電話、スマートフォンを片時も手放さない21世紀のわれわれも、電電宮の神様に見守られているのだろう。

２０１５年2月19日付掲載

天満宮　うずくまる牛の像

道真の使い　江戸以降に寄進

受験生や梅見客でにぎわう2月の北野天満宮（上京区）。「東風《こち》吹かば匂いおこせよ梅の花主《あるじ》なしとて春を忘るな」と詠んだ祭神の菅原道真を追って梅の木は、左遷《させん》先の九州・大宰府《だざいふ》まで飛んでいったというが、梅に劣らず目立つのが多数の牛の像だ。なぜかみな、うずくまっている。

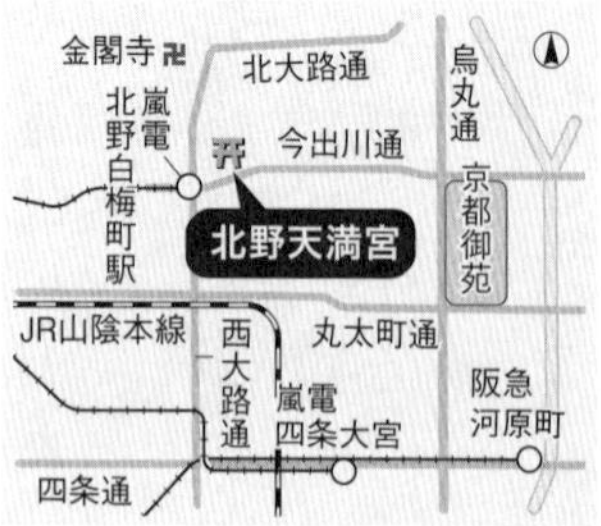

牛の像は参道の脇や梅の木の下にある。全部で20体ほど。見上げる高さの台座に載ったり、小さなお社の中に座ったり。ほのぼのした様子の親子牛もいる。

撫でると御利益

「撫《な》で牛」とも呼ばれる。撫でると願いがかなうと信じられているからだ。賢くなりたい人は牛の頭を、腰が痛い人は腰をさすり、手を合わせる。特に慕われているのが境内北西隅の小さな「お牛さま」で、傍らに掛けられたおびただしい数の絵馬に、合格したい学校や試験名が記されている。

撫でながら「これ、なんの牛?」と首をかしげる子供もいるが、権禰宜《ごんねぎ》の東川楠彦さんは、「牛は天満宮では神様のお使い」と説明する。

梅の木の下で「頭が良くなりますように」と牛の頭を撫でる。この牛だけ目が赤い。

亡きがら運ぶ

道真は845年（承和12）の丑《うし》年生まれとされる。そのためか、神社の由来を絵物語にした国宝『北野天神縁起絵巻』（承久本）のあちらこちらに牛が登場する。

903年（延喜3）、大宰府で59歳の道真は、不遇のうちに亡くなる。その亡きがらを牛車《ぎっしゃ》で運ぶ最中、

その頃

「東風吹かば」を再現

菅原道真の生涯や神社の由来を伝える『北野天神縁起絵巻』。国宝として北野天満宮が所蔵するのは、鎌倉時代、「承久元年（1219）己卯《つちのとう》今にいたるまで」と記された承久本だ。

道真の墓所が定まる場面では、動くことを拒んでうずくまる牛が、悲痛な表情で描かれている。大宰府に向かう前の道真が、都の邸宅で梅との別れを惜しみ、「東風吹かば」の歌を詠む場面もある。北野天満宮は、道真の没後1125年の半萬燈祭《はんまんとうさい》（2027）に向け、この場面を再現するため、境内の整備を進めている。

牛がうずくまって動かなくなった。そこが道真の墓所となり、後に太宰府天満宮が建てられた、と伝わる。かの地にも多数の牛の像があり、みなうずくまっている。

道真の死後、都では、道真の大宰府左遷を仕組んだ藤原時平や関係者が、若くして次々死んだ。宮中への落雷による死者まで出た。これは道真の怨霊《おんりょう》の仕業《しわざ》に違いない……。たたりが続くのを恐れた藤原氏の尽力によって、大内裏《だいだいり》北の北野に道真をまつる天満宮が立派に造営される。987年（永延1）には、当時の一條天皇から「北野天満天神」の神号を授かった。

寺子屋に付き物

恐ろしい怨霊神が学問の神様「天神さん」として広く親しまれるようになるのは江戸時代だ。全国に天満宮や天神社が建てられ、各地の寺子屋では、博識で知られた道真にあやかろうと、お札を神棚にまつり、道真を描いた掛け軸を掲げた。子供たちは遠足のように、近くの天神さんにお参りをしたという。

「天神さまは庶民の日常に密接にかかわる神さまとなり、そういった時代に、牛の像も数多く寄進されたようです」と、東川さん。

手で触れられる神様のお使い。牛たちは今も、多くの参拝者に囲まれている。

2015年2月26日付掲載

賀茂か鴨か　正解は？

カミの川　神社で取り決め

京都市の地図を見ると同じ川に「賀茂川」「鴨川」、あるいは「鴨川（賀茂川）」という異なる表記が使われている。右岸の通り名が「加茂街道」で、川のそばに「上賀茂神社」と「下鴨神社」がある。「賀茂」「鴨」「加茂」。読みは同じ「カモ」だが漢字が違う。なぜこうもまちまちなのか。

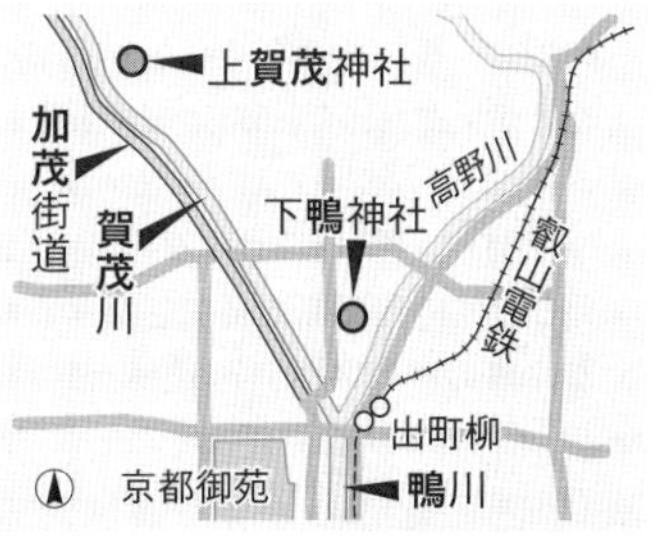

上流下流で区別

北山の桟敷《さじき》ヶ岳に発し、市街地を北から南へ流れて33キロ、桂川に合流する。京都府河川課によると、河川法上は「鴨川」で統一されている。だが一般的に、出町柳の高野川との合流点から上流を「賀茂川」、下流を「鴨川」と呼ぶことが多く、新聞もほとんどの場合、これにならっている。

「正しいのはどっち？　と頻繁に質問される」と京都市歴史資料館の伊東宗裕さん。「歴史的には『賀茂』も『鴨』も使われる。どちらも間違いではない」。その歴史をさかのぼるとどうなるのか。

古地図を研究する伊東さんによれば、近世京都の地図には川の名称があまり書かれていない。「わざわざ記す必要がないほど『カモガワ』は京都人には自明の存在だった」のだ。

夕暮れの鴨川で涼をとる人たち。三条大橋の向こうに北山が見える。

神さんがカモに

さらにさかのぼって「カモ」の語源について下鴨神社の新木直人宮司は「元々は『カミ』、つまり神さんのことだった」と説く。「カミ」が「カモ」に変化。その音に漢字を当てたという。だから「賀茂」のほか「迦毛」「賀毛」などと記す文献もある。川の表記が一つでないのもそのためだ。

その頃

賀茂の神　鎮めた葵祭

十二単《ひとえ》に身を包む斎王代《さいおうだい》を中心に平安装束の行列が古都を進む葵祭は賀茂祭とも呼ばれ、神事は上賀茂神社と下鴨神社で営まれる。

祇園祭、時代祭と並べて京都三大祭というが、歴史は最も古く、6世紀半ば、天候不順に苦しむ欽明《きんめい》天皇が馬を走らせ、賀茂の神を鎮めたのが始まりとされる。『続日本紀』698年の条に、馬の神事に人々が殺到するため禁止令が出たとある。それほどにぎわった。

平安時代、祭りと言えば葵祭だった。祭りの列の光源氏を見にきた女たちが牛車《ぎっしゃ》の駐車場所を争う『源氏物語』の「車争い」の話も有名だ。

平安京造営前から上賀茂一帯にいたカミを祭る氏族が「賀茂氏（鴨氏）」と呼ばれ、彼らが創建したのが上賀茂神社と下鴨神社というわけだ。

上賀茂神社は正式には「賀茂別雷《わけいかづち》神社」で、下鴨神社は「賀茂御祖《みおや》神社」と言い、昔は「賀茂社」と総称されることもあった。

神社は「賀茂」だが、平安時代の治水担当の役所が「防鴨河使《ぼうかし》」で、川には「鴨」の字も使われていた。

話し合いで決着

「賀茂」と「鴨」のどちらが古いのかは定かでないが、カモ川の上流を「賀茂川」、下流を「鴨川」と書き分けるようになったのは江戸時代、賀茂社内部の上社と下社の取り決めによるらしい。新木宮司は、江戸時代中期に編纂《へんさん》された『賀茂注進雑記』の内容から、「賀茂社はどちらを指すのか、などと幕府から問い合わせがあり、話し合いで上社は『賀茂』、下社は『鴨』を使うことに決めたようだ」と考える。そして上賀茂神社のそばを賀茂川、下鴨神社より下流を鴨川と書く習慣も次第に浸透したとみられる。

どう表記するにしろ、カモ川は両神社にゆかりの深いカミ（神）の川だった。そのおおらかな流れに古代人も心を洗われただろう。

２０１４年９月18日付掲載

清水の舞台　飛び降り伝説
江戸時代には234人

「清水の舞台から飛び降りる」という言い回しがある。崖の上に立つ清《きよ》水寺《みずでら》（東山区）本堂から前方にせり出した舞台は地上から13メートルの高さ。死んだつもりで思い切ったことをする、あるいは非常に重大な決意を固めることを意味する。なぜ「清水の舞台」なのか。それは本当に飛び降りた者が、江戸時代の記録だけでも200人以上いたからだ。ではどうして人々はそこから飛び降りたのか。

欄干上で蹴鞠

清水寺は8世紀創建だが、本堂に舞台が設けられたのは12世紀と考えられる。当時の貴族、藤原成通《なりみち》の『成通卿口伝日記』に、父の参籠《さんろう》に付いて来た成通が舞台の欄干《らんかん》に乗って蹴鞠《けまり》をした話が出てくる。

参籠とは寺に籠もって祈願する昔の信仰スタイルで、本堂に1週間、あるいはもっと長く居続けた。舞台は屋根がない。清水寺の坂井輝久学芸員は「お籠もりではなく信仰の証しとして芸能などを本尊の観音菩薩に奉納する場所だった」という。成通の蹴鞠は参籠の退屈しのぎだったが、観音

清水寺本堂。舞台は地上13メートルで、4階建てのビルとほぼ同じ高さ。

に名人芸を見せる気持ちもあったようだ。

最初に舞台から飛び降りた人物は『今昔物語集』や『宇治拾遺物語』に出てくる検非違使《けびいし》忠明だ。抜《ばっ》刀《とう》した若者たちと争いになり、本堂の蔀《しとみ》を外して脇に挟み、グライダーのようにして飛んだ。「観音助けたまへ」と祈って助かった。

その頃

男女の物語　大芝居に

人形浄瑠璃や歌舞伎に『清玄桜姫《せいげんさくらひめ》』という男女の物語がある。清水寺の清玄法師が桜姫に言い寄るが殺され、幽霊になって姫の前に現れる。この話単独ではなく別の話も絡めて大きな芝居に仕立てる。

古くは江戸時代前期の人形浄瑠璃太夫、土佐少掾《しょうじょう》が『一心二河白《いっしんにがびゃく》道《どう》』にこの話を取り入れ、歌舞伎でも近松門左衛門が同名の脚本を書いて1698年（元禄11）、京都の都万太《みやこまんだ》夫《ゆう》座（現南座）で上演した。桜姫が傘を開いて清水の舞台から飛び降りる宙乗りの演出も行われ、その場面が浮世絵になった。

補陀落に見立て

平安時代後期、仏教者が入水《じゅすい》、焼身などで極楽浄土に生まれ変わろうとする捨身《しゃしん》往生がはやる。観音が住むという補陀落山《ふだらくさん》を目指して海を渡る補陀落渡海《とかい》もその一例で、清水寺自体が補陀落に似ていると考え、往生を願って舞台から飛び降りる者が現れた。

宗教学者の山折哲雄さんも「なるほど舞台から南を見ると、うっそうとした森が海のようだ。補陀落渡海を連想させる」という。

200人生存

江戸時代になると詳しい記録が残っている。子院《しいん》の成就院《じょうじゅいん》の僧による『成就院日記』によれば、1694年から1864年までに235件、234人の飛び降りがあった。件数の方が多いのは2回飛んだ女性がいたから。このうち死者は34人。残る200人は大けがだったり、木に引っかかって軽傷だったり。2回飛んだ女性も死んでいない。死ななかった者に飛び降りの動機を聞いている。「奉公している店の主人の病気平癒《へいゆ》を祈って」「母の眼病を治したい」「奉公先から暇をもらって故郷で思う人と添いたい」。奉公人や雇われ人が多く、願いは往生ではなく、現世利益が大半だった。みな命がけの信心だが、寺は「迷信による願掛けだった」と否定的だ。「重大な決心は心の中で。ゆめゆめ行動に移されないように」と呼びかけている。

2013年8月22日付掲載

化野念仏寺　あの世と交わる

無数の石仏群　ゆらめく千灯供養

観光客でにぎわう嵯峨野の北に化野《あだしの》念仏寺（右京区）がある。境内には8000体を超えるといわれる石仏群。毎年、夏の終わりに「千灯供養」が行われ、無数のロウソクの明かりが石仏の間でゆらめく。化野という、何か意味ありげな地名からも想像がふくらんで、見る人を、この世とあの世の境へいざなうようだ。それほど大きくもない寺になぜ、これほど多くの石仏があるのか。

「死体を棄つる」

化野は京都で清水寺（東山区）の南の鳥辺野《とりべの》、船岡山（北区）あたりの蓮台野《れんだいの》と並ぶ葬送の地だった。葬送といっても現在の埋葬と違い、かつてはそこに死体を置いてくるだけ。つまり風葬の場所だった。郊外の葬送地まで運ぶのはまだ丁寧な方で、平安時代の人々は家族の遺体であっても鴨川の河原に放置したり、都の入り口だった羅城門《らじょうもん》の楼上《ろうじょう》に投げ込んだりもした。『今昔物語集』には死者を「棄《す》つる」という表現が出てくる。

化野念仏寺の千灯供養。

嵯峨野の人口増

化野念仏寺には平安初期に空海が付近で野ざらしになっていた遺骸を葬ったのが始まりという伝承がある。しかし都に近い鳥辺野や蓮台野ならともかく、西にはるか遠い化野まで死体を運ぶ人がいたのだろうか。

平安時代の歌や文献にも「あだし野」という言葉は出てくるが、一方で「あだし野の在りかを知っている

その頃

大覚寺　院政の舞台

平安時代初期の嵯峨天皇の離宮に始まる大覚寺は13世紀半ば、院政を敷いた後嵯峨上皇が出家して入寺したため、嵯峨御所と呼ばれるようになった。現在も旧嵯峨御所と称するゆえんだ。

後嵯峨上皇に続いて亀山法皇、後宇多法皇も嵯峨御所で院政を行った。この亀山法皇の系統が寺の名にちなんで大覚寺統と呼ばれ、その兄の後深草天皇の流れをくむ持明《じみょういん》院統と交代で帝位に就いた。両統の争いが南北朝の分裂へとつながる。大覚寺統が南朝だ。皇室ゆかりの寺院だが、応仁の乱ではほとんどの建物が焼失した。

人は少ない」という記述もある。それは特定の場所ではなく、人の世のはかなさを象徴する想像の世界だったと考える研究者もいる。

『死者たちの中世』の著者で京都光華女子大学非常勤講師の勝田至さんは、化野で集中して葬送が行われるのは嵯峨野が市街地化して以降とみる。「鎌倉時代の上皇が嵯峨御所（大覚寺《だいかくじ》）で院政を行って一帯は発展し、人も増えた」。化野の地名はその頃になって、平安時代の歌にちなんで付けられた可能性があると勝田さんはいう。嵯峨野の死者ならば、少し山に入っただけの化野は近い。「あだし野の露消ゆる時なく、鳥辺山の煙立ちも去らでのみ」（『徒然草』）。「露」とは涙のこと。亡くなった者に涙する人が絶えず、供養のために石仏を置いた。その数は鎌倉時代以降、増えていく。

世のはかなさ

平安時代末から鎌倉時代初期、この地に法然が常念仏道場を置く。これが現在の化野念仏寺につながる。ただ、寺に多数の石仏が置かれるのはずっと後だ。江戸時代の『拾遺都名所図会』には石仏群が描かれていない。明治時代の中頃、周辺に散乱していた石仏を寺が地元の人々とともに集め、改めて供養したのだ。

名前も分からない死者への弔《とむら》いと、命のはかなさを思う心が交錯《こうさく》する。人は死んでどこへ行くのかという問いに、石仏たちがヒントをくれるような気がする。

2013年9月5日付掲載

キリシタンの鐘が鳴る禅寺

あつい信仰心　弾圧くぐり抜け

臨済宗妙心寺の塔頭《たっちゅう》・春光院《しゅんこういん》（右京区）で使われている銅鐘に十字の印が入っている。普通、梵鐘《ぼんしょう》には漢文で由来が刻まれるが、その代わりにアルファベットと洋数字が読み取れる。形もずんぐりした中国や日本の鐘と違い、裾が広がったスカートのようだ。なぜこんな鐘が寺にあるのか。

南蛮寺完成祝う

鐘は高さ約60センチ。寺伝によれば1854年（安政1）、仁和寺《にんなじ》（右京区）から譲られた「朝鮮伝来の鐘」という。だが、「イエスは人類の救い主」を意味するラテン語の頭文字「IHS」が見え、デザインからイエズス会の紋章と分かる。十字は十字架、洋数字は「1577」で、鋳造年だろう。

その前年の1576年、イエズス会は当時の京都の支配者、織田信長の許可を得て下京の四条坊門姥柳《うばやなぎ》町に「被昇天の聖母教会」、通称・南蛮《なんばん》寺を完成している。鐘はこれを祝って鋳造されたと考えられる。『都の南蛮寺図』（狩野宗秀筆、神戸市立博物館蔵）に描かれた南蛮寺は和風の木造3階建て。

城を思わせる威容を今に伝える。しかし、豊臣秀吉の伴天連《ばてれん》追放令（1587）で寺は壊され、江戸幕府も禁教政策を徹底したため、キリシタンとその痕跡はほとんど失われた。

京都キリシタン史を研究する日本バプテスト連盟・京都洛西教会の杉野榮牧師は「都での弾圧は厳しかった。文献も乏しく、年代が特定できるキリシタン遺物はこの鐘と、十字などの印がある墓石約20基だけ。墓石は寺など市内各所で見つかっている」と話す。

妙心寺春光院の銅鐘。「IHS」の文字や洋数字「1577」（右側面）が見える。

その頃

秀吉指示で教会破壊

京都でのキリスト教布教は1561年（永禄4）、イエズス会のガスパル・ヴィレラ神父が小さな民家で行ったミサから始まる。仏教勢力へのけん制もあって宣教師を厚遇した織田信長の時代、信者は急増、南蛮寺を含むいくつかの教会と病院が建てられたが、豊臣秀吉の指示で全て破壊される。

長崎で97年（慶長2）に処刑された殉教の二十六聖人のうち24人が京都、大坂で捕縛《ほばく》後、左耳をそがれ、京都から主に陸路で、約900キロを連行された。江戸時代の1619年（元和5）、京都・六条河原で幼児を含む一般信者52人が火あぶりにされた「京都の大殉教《だいじゅんきょう》」も起きている。

鐘が残った経緯は不明だが、十字架のような聖具と違って仏教寺院でも使える。春光院の川上史朗住職は「禁教を意識して、朝鮮伝来と記した。寺には奉行所の探索も入りにくかった」と推測する。

法要開始の合図

鐘は本堂の廊下につるされ、法要の開始を告げる合図に使われてきた。戦時中は武器生産のため国から金属の供出を求められたが、当時の住職が地中に埋めて隠し、代わりに香炉などを差し出した。「他宗教から預かったものだからこそ守った」と川上住職は伝え聞いている。戦後、鐘のことを知ったアメリカのロックフェラー財団やキリスト教団体が〝返却〟を求めたが寺は断った。信仰のために使われることに変わりはないからだ。

国の重要文化財に指定され、杉野牧師の著書『京のキリシタン史跡を巡る』などで広く存在が知られるようになった。許可を得れば拝観もできる。宗教弾圧をくぐり抜けて生き残ったキリシタンの鐘の音に、宗派を超えた信仰心を思いやってみたい。

２０１４年５月29日付掲載

蛸薬師　海遠いのに　タコ

「病気吸い取る」参拝客にぎわう

京都市の中心部を東西に走るメインストリート、四条通の2本北が蛸薬《たこやく》師《し》通だ。病人を救う薬師如来にタコがくっついて、タコの姿をした仏様、という話ではないだろうが……。山に囲まれた京都の町とタコの取り合わせにも違和感がある。なぜタコの名を冠したお薬師さんの通りがあるのか。

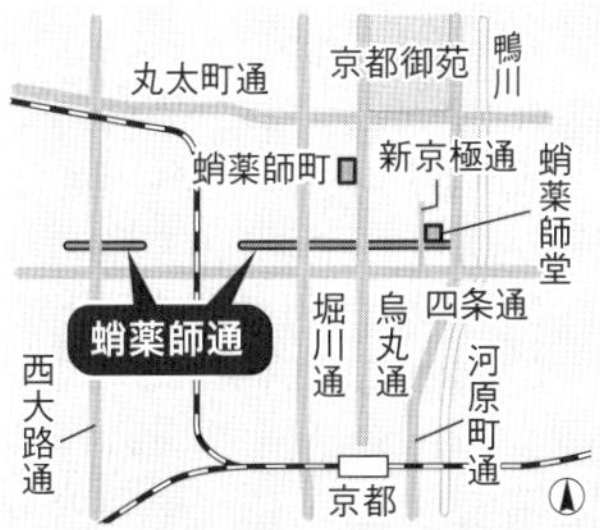

元は「四条坊門」

蛸薬師通は繁華街の河原町通あたりから西へ約3・5キロ。商店やマンション、民家が並ぶ。1本南が京の台所、錦市場の錦小路通。こちらにはタコを扱う鮮魚店やたこ焼き屋がある。

平安京では、蛸薬師通ではなく四条坊門小路《ぼうもんこうじ》と呼ばれた。他に三条坊門小路も、五条坊門小路もあった。

秀吉の都市改造

その何の変哲もない名が豊臣秀吉の都市改造後に変わる。土塁《どるい》「御土居《おどい》」で囲んで洛中の北と東

蛸薬師堂の前は新京極通。門前西に蛸薬師通が延びている。

に寺院を強制移転。東にできた寺院街が寺町で、平安京東端の東京極大路にほぼ重なる寺町通もこの時できた。その寺町通に四条坊門小路が交差する付近に移ってきたのが通称蛸薬師堂の永福寺だったのだ。17世紀後半の地誌『京雀《すずめ》』は「蛸薬師の堂があるので蛸薬師通」と説明している。ちなみに移転前の永福寺は二条室町にあり、そちらには蛸薬師町という町名が残っている。

その頃

敷地削られ新京極通に面する

蛸薬師堂が移転した寺町には本能寺もある。ただしこれは豊臣秀吉の命で移転した後の寺地だ。織田信長が明智光秀に討たれた「本能寺の変」の舞台は現在地の南西約1.5キロの元本能寺町付近。そこには本能寺跡を示す石碑も建てられ、変の名残を今に伝える。

明治時代、寺町の三条から四条間に並ぶ寺の境内を貫通するかたちで新京極通が新設された。蛸薬師堂も敷地が削られた結果、新京極通に面するようになった。新京極通は映画や演劇の興行の町としてにぎわった。現在は修学旅行生を迎える土産物屋が目立つ。

蛸薬師堂という通称の由来について住職の星川勝恵さんが教えてくれた。鎌倉時代、永福寺の僧、善光が病気の母のために市場でタコを買った。生魚を買う僧侶を怪しんだ人が隠し持った箱を開けるよう迫る。善光が祈るとタコは8巻の経典に変身。そして再びタコの姿に戻って門前の池に入ると、周囲に光を放ち、母も回復したという。郷土史家の刀禰勇太郎さんは著書『蛸』で異説を紹介している。「蛸屋という商人の家から薬師像が出てきたので蛸薬師と呼んだ」「本尊の薬師像があった場所に沢があり、沢《たく》薬師と呼ばれていたのが誤って蛸薬師になった」――。

生でなく加工

寺伝でタコは「生魚」とされる。昔の京都で生のタコが手に入ったのか。『タコと日本人　獲《と》る・食べる・祀《まつ》る』の著者、平川敬治さんは「干物か塩漬けだった」と推測する。

平安時代の法典「延喜式」にはタコの干物が四国の讃岐や日本海の隠岐などから朝廷に納められたと書かれている。「庶民の口に入ったのは時代を下ってからだろうが、保存加工されたタコは古い時代から京都に来ていた」と平川さん。

蛸薬師堂はタコの吸盤からの連想でタコやイボを取り、病気を吸い取ると信じられ、参拝客でにぎわった。「戦前は蛸薬師通に出店が並んだようです」と星川住職。蛸薬師は信仰の通りでもあったのだ。

２０１４年７月24日付掲載

「百万遍」も何しはった？

疫病鎮めた念仏　後醍醐天皇が命名

四条通と河原町通の交差点は四条河原町という。千本通と中立売《なかだちうり》通なら千本中立売、あるいは略して千中《せんなか》だ。碁盤の目に街路が整備された京都ならではの呼び方だが、わずかに例外が存在する。左京区の京都大学そばの百万遍《ひゃくまんべん》がそうだ。ここはなぜ百万遍なのか。いったい何が百万遍なのか。

東大路今出川？

百万遍の交差点南東は京都大学の本部構内で、キャンパスを囲う石垣に、学生らの部活動をＰＲする大きな看板が立てかけてある。授業が終わる時間には大勢の学生が交差点を行き交う。南北に走る東大路通と東西方向の今出川通の交差点なので、東大路今出川でもよさそうだが、京都人はそんな呼び方はしない。標識も百万遍となっている。

ヒントは知恩寺

その理由は、百万遍以外の例外の交差点名を挙げていくと見えてくる。東大路四条は祇園、ある

京大生らが行き交う百万遍交差点。道路標識は「東大路通」と「今出川通」。

いは祇園石段下で、西大路丸太町は円町。京都地名研究会事務局長の糸井通浩さんは「交差点周辺に存在感が強烈な何かがある」と指摘する。

祇園交差点の東側には八坂神社が鎮座する。旧称は祇園社だ。円町周辺には平安時代に獄舎《ごくしゃ》があったとされる。獄舎は員、すなわち人を囲うので圓（円の旧字）。それで円町とよばれるようになったと伝わる。

その頃

動乱の時代背景に

後醍醐天皇が知恩寺の上人に疫病鎮めの祈願を命じたのが鎌倉時代末期の1331年（元弘《げんこう》1）。天皇が鎌倉幕府を倒そうと企てた元弘の乱もこの年に起きている。

天皇は翌年、隠岐《おき》島へと流されるが、足利尊氏ら有力御家人を味方にして、幕府の実権を握る北条氏を滅ぼし、建武の新政を始めた。しかし尊氏の離反にあい、吉野（奈良県）に逃れ、この結果、北の京都と南の吉野に二つの朝廷が存在する南北朝時代が始まる。

天皇とゆかりの深い知恩寺も、足利義満の庇護《ひご》を受けた相国寺の建立に伴い、移転を余儀なくされた。

ならば百万遍は京大のことかと早とちりしそうだが、京大の創立は明治時代。名前もまったく関係ない。そこで、古くて目立つ建物はないのかと探すと、交差点北東の奥に大寺院があることに気付く。寺の名前は知恩寺《ちおんじ》。浄土宗の本山の一つで、「元は市中にあったが、何度かの移転を経て江戸時代初め、洛外のこの地に移ってきた」と総務部の加藤隆正さんが教えてくれた。

七日七夜も

かつて寺は京都御所の北、現在の相国寺付近にあった。後醍醐天皇の時、都に疫病《えきびょう》が広まり、天皇の命で知恩寺の上人が御所で七日七夜、念仏を百万遍唱えると疫病が治まったことから天皇が「百万遍」の名を下賜。正式名が長徳山《ちょうとくさん》功徳院《くどくいん》百万遍知恩寺となったのだという。

以来、この寺は後醍醐天皇に由来する「百万遍さん」の名で親しまれてきた。上京区元百万遍町は移転先の一つ。現在地に移った後、昭和になって、道路整備で寺の近くに交差点ができて、そこも百万遍と呼ばれるようになったのだ。

京大から見た百万遍については、元京大総長で地震学者の尾池和夫・京都造形芸術大学長に聞いた。「学生時代から長年、百万遍にいた自然科学者だから考えてみた。7日間で南無阿弥陀仏を百万遍唱えたとすると、念仏1回当たり何秒になるのか」と尾池学長。試しに計算すると約0・6秒だったという。

2014年10月23日付掲載

東福寺　眼下に織る錦

「修行の妨げ」桜禁じ楓に

京都の紅葉の名所は数々あるが、ひときわにぎわうのが東福寺（東山区）だ。ピーク時には1日3万5000人が訪れる。目指すのは境内の渓谷に架かる通天橋《つうてんきょう》。眼下に赤や黄に色づいた約2000本の木々を一望できるからだ。かつて、ここは桜の名所だったという。なぜ紅葉に変わったのか。

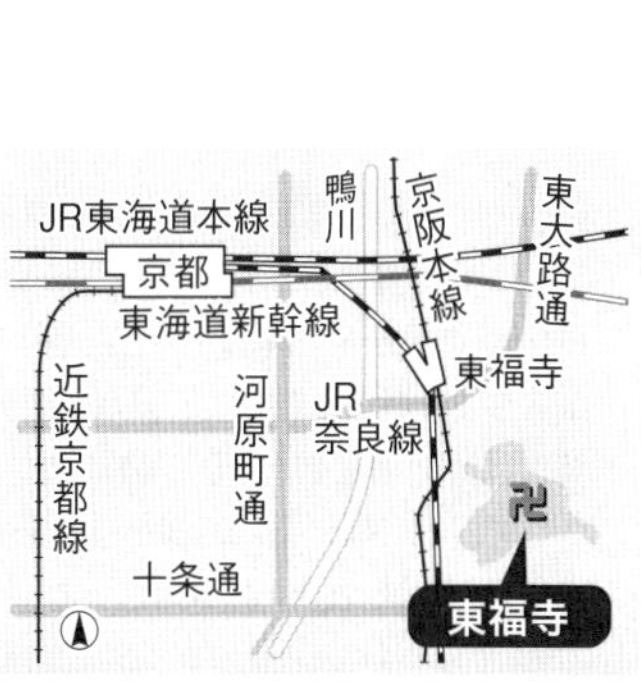

黄金色の唐楓

鎌倉時代中期、摂政九條道家が九條家の菩提寺《ぼだいじ》として創建し、19年かけて大伽藍《だいがらん》を造営。奈良の東大寺と興福寺から一字ずつ取って東福寺と名付けた。

初代住職として招かれた宋帰りの禅僧、円爾弁円《えんにべんねん》（1202〜80）は、宋から持ち帰った唐楓《とうかえで》を境内に植えたという。葉先が三つに分かれ、黄金色に色づくのが特徴で、「通天紅葉《もみじ》」とも呼ばれ、今もその子孫が約20本ほど残る。

室町時代までは

ところが「室町時代までは楓より桜が多く、桜の名所として知られていたらしい」と同寺広報主事の永井正俊《しょうしゅん》さんが教えてくれた。

桜はどこへ行ったのか。転機は１４０８年（応永15）。東福寺の画僧、明兆《みんちょう》が釈迦の死をテーマにした『大涅槃図《だいねはんず》』を完成。縦12メートル、横6メートルの大作で、これを見た室町幕府四代将軍、足利義持が「望みがあれば何でも申し出よ」と、明兆に褒美を取らせようとした。これに応えて明

1799年（寛政11）に刊行された『林泉名勝図会』には、通天橋の下で弁当を広げ楽しむ人々が描かれている。

その頃

「宋土産」各地で生きる

東福寺の初代住職、円爾弁円は駿河（現静岡県）生まれ。没後に天皇から贈られた聖一国師《しょういちこくし》の名でも知られる。

宋で6年学んで帰国。一時滞在した博多では、疫病退散のために棚に載って祈禱《きとう》水をまき、町を清めて回った。これが夏祭り「博多祇園山笠」の起源とされる。

宋から仏教書とともに水力で製粉する機械の構造図を持ち帰り、うどんやそばなどの製麵技術を広めた。また故郷の静岡には茶の種をもたらし、静岡茶の祖とされている。静岡市は円爾の誕生日、11月1日を「お茶の日」に定めている。

兆が「境内に桜が多すぎて、民衆が桜を愛するあまり、遊興の場となれば、修行の妨げになる。桜を禁じてほしい」と願い出た。心がけに感心した義持は桜を全部切らせたという。確かに今も境内に桜はほとんどない。

江戸時代にブーム

代わりに植えたのが楓の木。創建時に宋からもたらされた通天紅葉に合わせてのことだろう。戦国末期には上流貴族を中心に紅葉狩りの風習が広まる。白幡洋三郎・国際日本文化研究センター名誉教授は「色づいた紅葉もやがて枯れ、散る。それが人生に重なってみえる。花見の時の浮ついた気分と異なり、憂いが伴う。紅葉狩りは本来、しみじみとした雰囲気だった」と背景を解説する。

ところが太平の世になると庶民が行楽のため名所に押し寄せ、東福寺の紅葉狩りも京の年中行事となる。京都ガイドの先駆け『都名所図会』（1780）は、通天橋下に楓が多く、晩秋の紅葉は「洛陽の奇観」と紹介している。『都林泉名勝図会』（99）は、紅葉狩りの人々が渓谷に設けられた縁台で弁当を食べ、携帯式の燗酒《かんざけ》装置で酒を温める姿を描く。「ここなら都市住民も気軽に出かけられた。行楽シーズンを締めくくる大衆的なイベントになった」と白幡名誉教授はいう。

明兆には想定外だっただろう。冬枯れの季節に再訪する人がいれば、移ろいに無常を感じることもできるのだが、人影はまばらだ。

2014年11月27日付掲載

大鐘の音でゆく年忘れ

ありがたさ　遠くへ響き渡る

大みそかの浄土宗総本山・知恩院《ちおんいん》（東山区）。「え゛ーい、ひとーつ」「そーれ」の掛け声に合わせ、僧侶17人が力を合わせて撞木《しゅもく》でつくと、大鐘の重低音が約1分間、鳴り響く。これぞ京都の年越しの音色といえよう。鐘の重さは約70トン。なぜ、こんなに大きな鐘がここに造られたのか。

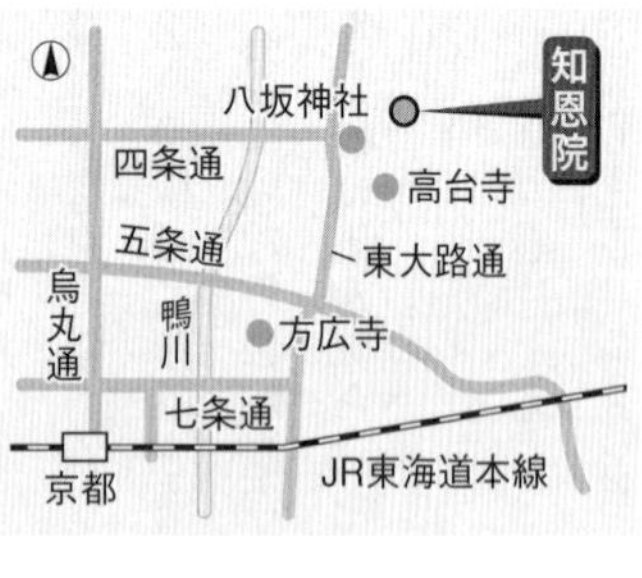

権威の象徴

鐘は高さ約3・3メートル、直径約2・8メートル。つくのは現在、除夜《じょや》の鐘とその試しづき、そして知恩院で最も重要な4月に行われる法然の忌日法要の3回だけだ。

「まさしく権威の象徴」と佛教大学名誉教授（浄土宗史）の平祐史《ゆうし》さんは言う。権威とは徳川幕府のこと。知恩院は徳川家の菩提《ぼだい》所なのだ。東山・華頂山《かちょうやま》のふもとの広大な寺域に立ち並ぶ100を超える堂舎の大半は家康、秀忠、家光の徳川三代によって整備された。大鐘の完成は家光時代の1636年（寛永13）だ。「徳川家の面目を立てるためにも大伽藍《だいがらん》と、それに見合った大鐘を造る必

重さ70トンの梵鐘。除夜の鐘は僧侶17人がかりでつく。

要があった」と平さんはみる。

鋳造の経緯を伝える文書は残っていないが、平さんは「原料の銅や錫《すず》が信徒から寄進され、現場に山のように積まれていた。それを露天で精錬して青銅にする。炉内に空気を送り込むため、たたらを踏む大勢の職人の歌声が山にこだました」と、当時の勇壮な光景を想像する。

その頃

簡素な銘文　災い避ける

知恩院から南西約2キロの方広寺《ほうこうじ》の梵鐘は1614年（慶長19）鋳造。高さ約4．2メートル、直径約2．8メートルで、近世までの鐘では現存最大とされる。鐘に刻まれた銘文のうち、「国家安康《こっかあんこう》」「君臣豊楽《くんしんほうらく》」の文言に、徳川家康が「家康の名が『安』の字で分断されている」「豊臣を君として楽しむ、と読める」と難癖をつけたのが大坂の陣のきっかけと伝わる。

その22年後に完成の知恩院の鐘には「南無阿弥陀佛」と、鋳造者の名前などが記されただけ。知恩院は「後の災いを避けようという心配りがあったのでは」と説明している。

求心力高めた？

鐘が大きいほど、音は遠くまで聞こえる。梵鐘製造会社「岩澤の梵鐘」（右京区）によると、1976年に熊本県玉名市の寺に納めた高さ約4・6メートルの鐘の音は、海を渡って約40キロ離れた長崎・雲仙まで聞こえることが実験で確認されている。

高台にある知恩院の大鐘の音も、かつては洛中洛外の全ての人の耳に響いていただろう。「大きな鐘は鳴らすといろんな音が混じり合うので響きが豊か。信者らの求心力を高める効果もあった」と音楽家の小松正史・京都精華大学教授（音響心理学）は推し量る。

供出免れる

太平洋戦争が始まり、金属不足のため全国の寺院が鐘の供出《きょうしゅつ》を強いられたが、知恩院の鐘は大きすぎて運搬が困難なため、免《まぬが》れたといわれている。

鐘の寿命は一説で200年といわれている。知恩院の大鐘は完成からすでに400年近くになり、「音は壮年期を過ぎた状態だ。金属疲労で余韻が当初より短くなったと考えられるが、いつまでも大切に使ってほしい」と岩澤の梵鐘の岩澤一廣《いっこう》社長も願っている。

鐘の音は古来、仏の声といわれる。荘厳な音に耳を澄ませ、安らかな気持ちで新春を迎えたい。

2014年12月25日付掲載

牛若、弁慶 どこで対決

その時、「五条の橋」は別の場所

「〽京の五条の橋の上　大のおとこの弁慶は　長い薙刀《なぎなた》ふりあげて　牛若めがけてきりかかる」。幼名牛若丸、後の源義経と武蔵坊弁慶との出会いを歌った唱歌の冒頭だ。今、五条大橋の西詰めには、斬りかかる弁慶をかわして牛若丸が欄干《らんかん》に跳び乗った場面を御所人形のセットのようにした石像まである。ところが二人が生きた平安時代末期、ここに橋はなかった。二人は別の場所で戦ったことになる。

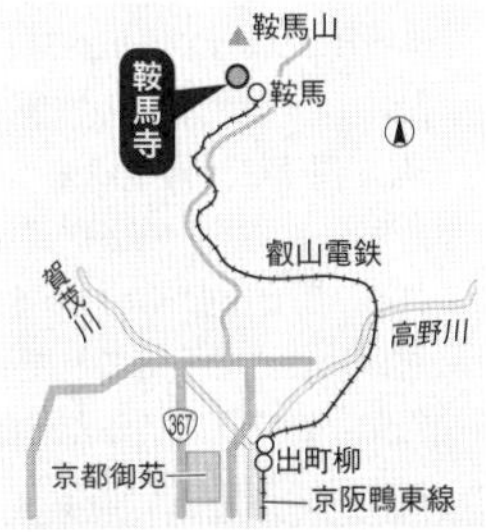

狙いは太刀千本

千本の太刀を集めようとした弁慶は毎晩、五条の橋を通り掛かる者を襲う。あと1本になって現れたのが牛若丸。鞍馬山《くらまやま》の大天狗《だいてんぐ》に仕込まれた腕前で、弁慶の薙刀をよけて宙を飛ぶ。打ち負かされた弁慶が牛若丸の家来となる名場面だ。

五条の橋とは五条大路が鴨川を渡る橋だが、当時の五条大路は今より300メートル余り北にあった。現在の松原通の場所だ。ところがその五条の橋を豊臣秀吉が南の六条坊門小路《ぼうもんこうじ》に付け替えさせたため、六条坊門小路が五条通と呼ばれ、元の五条大路は松原通と名前を変えたのだ。では現

五条大橋（奥）のたもとに置かれている牛若丸（右）と弁慶の像。

在の松原橋が対決の場所なのか。室町前期の軍記物語『義経記《ぎけいき》』には五条の橋が出てこない。五条大路（松原通）を西へ行った五条天神（下京区）で千本の太刀を与えよと祈った弁慶が、その後、堀川通で牛若丸に遭遇。斬りつけるがかわされてしまう。翌日、清水寺《きよみずでら》（東山区）の縁日に牛若丸が来るとみた弁慶は待ち伏せ、清水の舞台で戦って敗れる。

その頃

打倒平家へ心変わり

『義経記』によれば牛若丸は7歳で京都・北郊の鞍馬山にある鞍馬寺に預けられ、学問に励む。平治の乱（1159）に父、源義朝が敗れ、乳飲み子だった牛若丸は母、常磐御前と2人の兄とともに敵方の平清盛に捕らわれたが、成長したら出家するという条件で助命されたのだった。ところが15歳の秋頃、心変わりし、平家打倒を考える。京都・四条室町に住む「四条の聖」と呼ばれる法師と出会ったためで、法師は義朝に従って平治の乱で死んだ乳兄弟、鎌田正清の子だった。

小波の昔噺から

一方、能『橋弁慶』の舞台は五条橋だ。ただし橋で人を斬って回るのは牛若丸の方で、弁慶が受けて立つ設定になっている。

五条橋の東は平家の本拠、六波羅《ろくはら》で、清盛の屋敷もあった。牛若丸が平家の武者千人斬りを企てたという説明もある。

児童文学の上田信道・岡崎女子大学教授によれば、今、読まれている子ども向け牛若丸の物語の基になったのが明治の作家、巌谷《いわや》小波《さざなみ》の「牛若丸」（1896、『日本昔噺《むかしばなし》』所収）だ。「小波は『橋弁慶』あたりから着想を得たと思われる。おそらく『義経記』も参照しただろう」。1911年発表の唱歌「牛若丸」も、作詞・作曲者は不明だが、小波の「牛若丸」を踏襲している。

御所の橋説も

北区紫野には「御所の橋」で牛若丸と弁慶が出会ったという伝承がある（1976年刊『むらさきの50年史』）。大徳寺の南にあった門跡寺院、梶井御所の門前に「御所の橋」と呼ばれる橋が存在したという。「ごじょう」ではなく「ごしょ」というのが面白い。

義経の前半生は謎に包まれ、弁慶との出会いもどこまで本当か分からない。それでも京都の場所場所に刻まれたヒーローの記憶が消えることはないだろう。

2013年7月25日付掲載

誰が呼んだか「銀閣」寺

外壁の漆に光沢　金閣との対比

京都・東山のすそにたたずむ銀閣寺は、室町幕府八代将軍の足利義政が自らの美意識を投影して創建したと伝わる。金閣寺の金閣（舎利殿《しゃりでん》）は金箔《きんぱく》が施され、その名の通り豪華だが、銀閣（観音殿《かんのんでん》）は対照的な「枯淡《こたん》の美」。外観が銀色ではないのに、なぜ銀閣寺と呼ばれるのだろう。

引退将軍の山荘

正式には東山《とうざん》慈照寺《じしょうじ》という。金閣寺と同じ禅宗の一派、臨済宗相国寺派の大本山相国寺（上京区）の塔頭《たっちゅう》寺院だ。

将軍職を子の義尚《よしひさ》へ譲り、政治の中心から身を引いた義政は、応仁の乱後の１４８２年（文明14）、後に銀閣寺となる山荘の造営に着手した。自身は銀閣の完成を待たずに病死。遺命で山荘は寺に改められた。創建時に12棟あった建物のうち、こけら葺《ぶ》き木造２階建ての楼閣建築、銀閣と、和風住宅のルーツとされる東求堂が現存する。

『林泉名勝図会』に描かれた銀閣。

中国に倣う？

その「銀」を巡っては諸説あった。創建時には銀《ぎん》箔《ぱく》が貼られていた、いや、義政の死去で実現しなかったなど。ところが２０１０年完了の修理事業に伴い、外壁の一部を科学的に調査した結果、京都府教委文化財保護課によると、銀の成分は検出されず、銀箔がなかったことが確実になった。その一方で、外壁

その頃

東求堂　4畳半の起源

銀閣寺の東求堂は銀閣と並び、東山文化を代表する建築とされる。堂内の一室に義政が書斎とした「同仁斎《どうじんさい》」がある。現存最古の書院造りの遺構で、4畳半の間取りの起こりとされる。義政はここで花を飾り、香をたき、和歌を詠み、茶の湯をたしなんだ。さらに、茶道や華道などに秀でた同朋《どうぼう》衆《しゅう》と呼ばれる人々を集めた。こうしたことが東山文化を発展させる原動力になった。

義政の精神を継承するため銀閣寺が2011年に完成させた研修道場では、座禅や講話、香道などを体験することができる。

には漆塗りが施され、さらには軒回りに極彩色の文様が描かれていたことが分かったのだ。

義政は銀閣の建設前、祖父の三代将軍義満が建てた金閣を何度も視察した。「それでも戦乱に明け暮れた時代に、金箔を貼る意味が見いだせなかったのでしょう。銀箔を貼るつもりもなかったことが裏付けられた」と金閣、銀閣両寺の住職を兼ねる有馬頼底・相国寺派管長。義政には中国志向もあって、「中国の伽藍《がらん》に倣《なら》って、銀閣に奇麗な彩色を施した」と推測する。

「和」文化の結晶

江戸時代初期の『洛陽名所集』（１６５８）は慈照寺の項で「銀閣寺とも言うなり、北山は金閣に、ことならふとぞ」と説明している。「漆を塗った当初は光沢があって銀色に輝いてみえた可能性がある」（府教委文化財保護課）。しかし、庶民が拝観できるようになった江戸時代、輝きがそのままだったかどうか。「金閣があるから、その対比で、誰彼ともなく銀閣と呼ぶようになった」と有馬管長はみている。

政治的に無能だった義政だが、茶道や華道、香道など和の文化への貢献は計り知れない。銀閣はその結晶でもあった。辞世の句はこうだ。「何事も夢まぼろしと思い知る身には憂いも喜びもなし」。夢見た銀閣だが、その死後に現実になった。

２０１５年３月19日付掲載

「災い」転じて　苔寺となす

洪水で荒れ、高湿が成長に最適

京都西郊の西芳寺《さいほうじ》（西京区）は通称を苔寺《こけでら》という。門をくぐって境内に入っていくと目の前一面が苔だ。緑のじゅうたんを敷き詰めたみたいに地面を覆っている。広さ約3万平方メートル。そこに一から苔を植えるとなると、大変な労力が必要だろう。なぜこのような庭ができたのか。

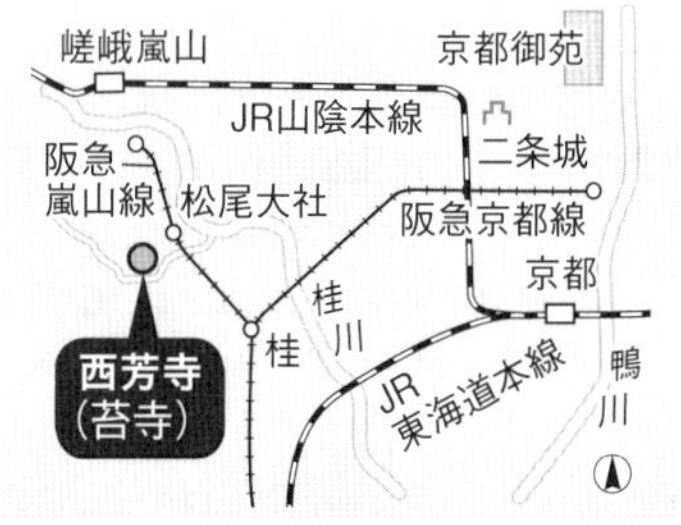

聖徳太子の別荘

聖徳太子の別荘地だったと寺伝『西方寺池庭縁起（西芳精舎縁起）』（1400）はいう。そこに奈良時代の僧、行基《ぎょうき》が西方浄土を思わせる西方寺を建立。浄土宗の開祖、法然が念仏道場にしたと伝わる。その後、荒廃した寺を再興したのが鎌倉・南北朝時代の禅僧、夢窓疎石《むそうそせき》で、その時、名前を西芳寺と改めた。この辺りから歴史は確かなものになってくる。

夢窓疎石は各地に寺を創建。庭造りの名手だった。西芳寺庭園はどうだったのか。山の中の谷間にある庭園は上下二段構えで、上段は枯れ山水、下段は池の周囲を巡る池泉回遊式《ちせんかいゆう》庭園だったことが近年の発掘調査でも確認されている。当初、一面の苔はなかった。枯れ山水には白砂が敷かれ、池泉回遊式庭園は桜や紅葉が美しかった。

桜めでた尊氏

夢窓疎石の歌集に「征夷将軍尊氏、西芳寺の花のさかりにおはして、法談之後歌よみける」として足利尊氏の歌が紹介されている。室町幕府の初代将軍は夢窓疎石の後援者だ。西芳寺を訪れてめでたのは桜だったのだ。（モリー・ヴァラー『苔より桜―西芳寺における夢窓疎石と禅宗』）

西芳寺下段庭園の池を囲んで緑の苔が広がっている。川も近く湿気がたまりやすい（撮影：井上隆雄）。

その頃

金閣・銀閣のモデルに

西芳寺は法然を迎えた頃は浄土信仰の寺だったが、夢窓疎石の再興で臨済禅寺になり、室町幕府歴代将軍が帰依《きえ》することになった。初代足利尊氏は、ある時は弟直義とともに、またある時は北朝初代の光厳《こうごん》天皇に従って寺を訪れた。三代義満は夢窓が座禅の場所としていた境内の指東庵《しとうあん》で自らも一人座禅を行い、西芳寺を模して金閣寺を造ったといわれている。応仁の乱で、東軍が陣を置いたため寺は西軍に攻められて焼失するが、八代将軍義政が指東庵を再建。義政は西芳寺とその庭園をモデルに銀閣寺を創建した。

早朝の湿度95%

１７８０年刊のガイドブック『都名所図会』も西芳寺の庭を「造花四時の風光玄妙」と紹介するだけ。「苔」の文字は見えない。

寺によれば庭園が苔に覆われるのは江戸中期以降。この頃、度々洪水で庭が荒れ、手入れが行き届かない間に苔で覆われたらしい。

苔を研究する信州大学の大石善隆助教が京都の庭園約30か所で湿度を測定。西芳寺の下段庭園中心付近は95%（10、11月の午前6時の平均値）で、市内の他の庭園より高湿と分かった。「山と森に囲まれた地形で、横を川が流れ、庭園内に池がある。湿気がたまりやすく、苔の生育にいい」と大石助教は説明する。苔の種類も多い。２０００年の調査で１２１種を確認。環境省レッドデータブックで絶滅危惧Ⅰ類のオオミズゴケなども見られる。寺では「草を引き、竹ぼうきで落ち葉を掃くが、肥料をやるなどの特別の世話はしていない」という。

観光客が殺到した時期もあったが現在は予約参拝制で人数を制限、落ち着いた雰囲気を取り戻している。人の手が造った庭に、自然が長い時間をかけて苔の衣を着せた。これこそ人間と自然の調和だろう。

２０１４年5月22日付掲載

謎解き その3

芸術・文化

龍谷大学　374年継ぐ精神

変革をいとわず論争を育む

「学生のまち京都」に数多くの大学がある中、ひときわ古い歴史を持つのが創立374年の龍谷大学《りゅうこく》（本部・伏見区）だ。江戸時代初期、浄土真宗本願寺派本山・西本願寺（下京区）が境内に設けた「学寮《がくりょう》」に始まる。明治時代の学制改革を経て現在は文系・理系合わせて8学部約2万人の学生が学ぶ総合大学。なぜ、近代化の荒波を乗り越え、ここまで発展することができたのか。

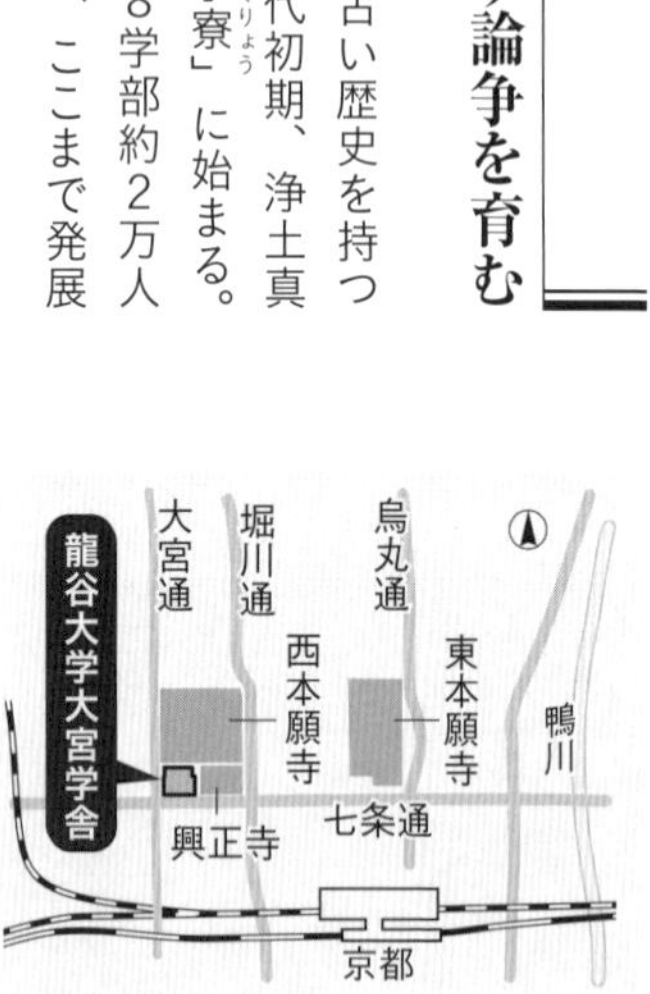

西本願寺に創設

京都で最古は空海が開いた教育機関「綜芸種智院《しゅげいしゅちいん》」の流れを汲《く》む種智院大学（伏見区）ともいわれる。ただ、平安時代の種智院は828年から約20年存続しただけ。現在の大学の基礎は明治期に改めて築かれた。これに対し龍谷大学は1639年（寛永16）、浄土真宗本願寺派十三代宗主・良如《りょうにょ》が創設した学寮から切れ目なく続く。その頃は一向一揆《いっこういっき》が続いた戦国時代も終わり、徳川幕府が各宗派に教義研究に力を注ぐよう促していた。真宗大谷派本山・東本願寺も遅れて65年、学寮を設け、

和風の意匠も交じる擬洋風建築の龍谷大学大宮学舎本館。

これが今日の大谷大学（北区）につながっている。

龍谷大学の平田厚志元教授（真宗史）は学寮の制度について「親鸞以来、少数エリート僧が口伝で継承してきた教義を多くの一般僧侶に公開した一大改革」と評価する。戦国末期、全国に約500だった本願寺系寺院は半世紀を経て西本願寺系だけで約900に。門信徒は僧侶に本山で学んでくるよう期待した。

その頃

米国最古、ハーバード大学創設

龍谷大学前身の学寮と同時期に創設されたのが米国最古の大学、ハーバードだ。日本と同様、国家としてのまとまりができつつある時代。ピューリタン（清教徒）の手で建設されたマサチューセッツ植民地の議会が1636年、牧師や政府高官、弁護士などの養成のため設置を決めた。

ボストン近郊に開校、牧師ジョン・ハーバード（1607〜38）が土地や蔵書を寄贈したので、その名を校名とし、キリスト教神学に基づく教育を行った。現大統領のバラク・オバマ氏に至るまで、多くの同国指導者を輩出してきた。

教学論争で休講

学寮が学林と名を変え、学長にあたる能化《のうけ》が七代を数えた18世紀末には学僧が創設時の約60人から1000人超に増加。そこに起きたのが教学論争「三業惑乱《さんごうわくらん》」だった。「ひたすらに念仏に帰依《きえ》することこそ大事」と主張する学僧らと礼拝《らいはい》の形式を重んじる能化側が対立。休講が3年続き、幕府が介入するまでになった。結局、能化側が敗れ、絶対的権威の封建的な能化制度は廃止、学林は集団指導体制に切り替わる。それは時代の先取りだった。

「中央公論」の前身

洋風化にも即応、明治時代の第二十一代宗主・明如《めいにょ》が若手僧侶をヨーロッパに派遣。帰国した彼らが仏教にとどまらずドイツ語やキリスト教学、心理学なども教える。さらに1885年（明治18）、一般門信徒の子弟にも門戸を開く「普通教校」を開設した。87年、普通教校生らの「反省会」が「反省会雑誌」を発刊。正しい青年の生き方を訴えた。今日の総合雑誌「中央公論」の前身だ。「変革をいとわず論争を育む土壌があった」と平田元教授は大学発展の背景を説明する。当時から龍谷大学のシンボルとされてきたのが79年建設の大宮学舎本館だ。和風のテイストも残す擬洋風建築。仏教をベースにグローバル化の波も受け止める大学の精神は今日、キャンパスを歩く学生たちにも受け継がれていくのだろう。

2013年4月18日付掲載

笑顔で難問 数学は「数楽」

和算発祥 解法で名を上げる

日本の数学である和算は江戸時代、京都から各地に広がった。西洋数学の導入後は数学参考書の先駆け「チャート式」が京都で刊行される。数学のノーベル賞といわれるフィールズ賞も日本人受賞者3人のうち2人が京都大学出身。京都の数学はなぜ、これほど盛んなのか。

算額に発表

和算は初歩的なねずみ算や鶴亀算に始まり、連立方程式、円周率、三角関数など、西洋数学が扱うのと同じ問題を、独特の用語や記号を使って解いた。中国伝来の算術が和算に進化したのが江戸初期。京都の和算家、吉田光由《みつよし》の和算書『塵劫記《じんこうき》』（1627）が本格的スタートとされる。吉田は豪商・角倉了以《すみのくらりょうい》の一族で、数の数え方と九九などの計算方法、面積や体積の求め方、さらには利息計算まで、商売に役立つ知識を伝授した。大坂の陣後は、荒廃した大坂ではなく京都が商業の中心になっていた。

和算家らは自ら創案した問題やその解法を、論文にする代わりに算額と呼ばれる絵馬に記して寺

和算家の算額にかわって現代は厄除けや合格祈願の絵馬を奉納（八坂神社）。

社に奉納した。寺社を舞台にした切磋琢磨《せっさたくま》が京都の和算を発展させる。八坂神社（東山区）の禰宜《ねぎ》、橋本正明文教部長は「多くの参拝者を前に名を上げたかったはず」と指摘する。

ユーモア参考書

『チャート式　幾何学』と『チャート式　代数学』は

その頃

八坂神社に絵馬奉納

京都・祇園の八坂神社には、江戸・元禄期の1691年、和算家の長谷川鄰完《りんかん》が奉納した重要文化財の算額が残されている。

長谷川はこの8年前に、伏見の御香宮《ごこうのみや》神社に掲げられた算額に出題されていた難問2問を解き、祇園社の西楼門近くにあった絵馬堂に掲げた。祇園社は神仏分離令（1868）によって仏教が排除される以前の八坂神社をいう。

1問目は三角形が内接する長方形の辺の長さ、2問目は3つの正方形の面積の計からそれぞれの辺の長さを求めていた。西洋数学でも連立多元高次方程式を使った高度な解法を使わないと解けない。

1929年（昭和4）初版。旧制第三高等学校（現京都大学）近くにあった数学研究社高等予備校の教師、星野華水《かすい》が高校受験生向けに書いた。類書がなかったこともあり、ロングセラーとなる。

予備校を母体とする出版社の数研出版は2013年『チャート式　幾何学』を復刻。「あ！　嬉《うれ》し」「意気消沈」などと一喜一憂する学生を描いたイラスト、「この答案では心細い」といった語り口調の注釈も入っている。同社の桜井仁事業本部長は「数学の楽しさを味わわせたいという熱意が伝わる」と話す。

若者たちの挑戦

京都大学理学部は広中平祐《へいすけ》（1970）、森重文（1990）の2氏のフィールズ賞受賞者を出した。広中氏は「よりいい仕事をするには、人の二倍、三倍と時間をかけるしかない」と著書『生きること　学ぶこと』に書いている。東京より時間がゆっくり流れる京都が数学に適した環境だった。

中学高校生向けの「京都数学オリンピック道場」が毎年、京都大学で開かれている。笑顔で難問に取り組む彼らを見ながら「京都人は楽しむことが得意」と主催の府教委・水口博史高校教育課指導主事はいう。

頭を抱える問題でさえも楽しむ。数学を〝数楽〟にする余裕を京都の風土が育んできた。

2013年12月26日付掲載

昔のままの場所に冷泉家

古典籍納める蔵多く、動けず

京都御苑《ぎょえん》の今出川門を北に出て、今出川通を渡ったところに立つのが冷《れい》泉《ぜい》家住宅だ。現存最古の公家住宅で、今も冷泉家の人々がそこで暮らす。明治維新後、公家の多くが天皇とともに東京に移り、公家町の跡は公園に整備されて御苑になったが、なぜ冷泉家だけが昔のまま残っているのか。

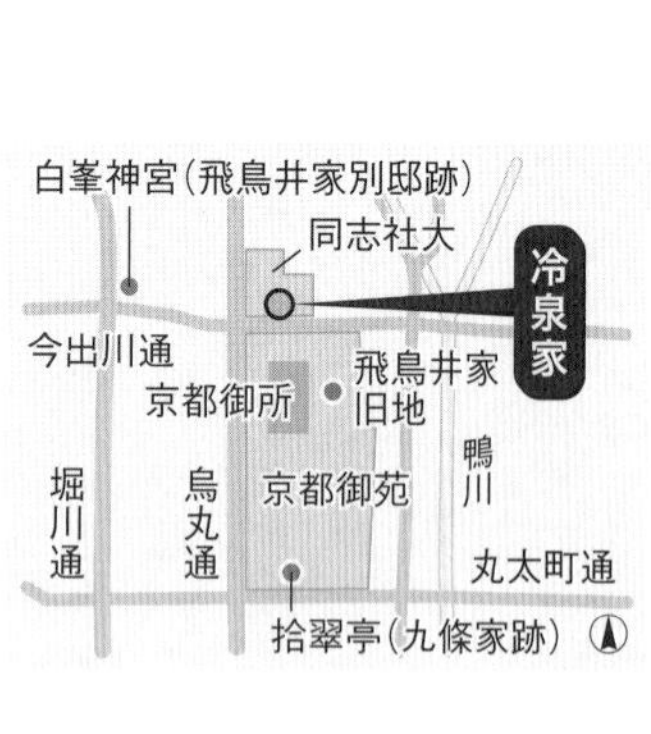

代々が歌道師範

今の冷泉家住宅は江戸時代中期、京都が天明の大火で焼かれた後の１７９０年（寛政２）の再建。同じ場所に江戸初期から屋敷があった。

宮廷や武家の歌道師範を務めた冷泉家の初代、為相《ためすけ》の祖父は歌人、藤原定家で曽祖父が俊成。冷泉小路（現在の夷川《えびすがわ》通）に住んだので冷泉が家名になった。その後、冷泉小路を離れ、戦国時代には地方に疎開。戦乱が収まるのを待って京都に戻る。豊臣秀吉が公家を集住させた公家町の北に、徳川家康のあっせんで土地を得たのだった。

同志社大学今出川校地に囲まれた冷泉家住宅。

御所の留守居役

徳川幕府が倒れ、明治新政府が東京に移ると、政府要職にあった三条実美《さねとみ》、岩倉具視《ともみ》を筆頭に、公家の多くが同行することになるが、冷泉家は「宮内省の殿掌《でんしょう》という職にあり、京都御所を守る留守居役を命じられた」と二十五代当主、為人《ためひと》さんは説明する。

刑部芳則著『京都に残った公家たち』によれば

その頃

煎茶関係の資料多数

明治時代、伯爵に列せられた冷泉家の当主は為紀《ためもと》。宮内省御用掛、伊勢神宮大宮司などを務めた。1890年から貴族院議員。

江戸後期から、公家や文人、幕末維新の志士ら、広い層に愛好されていたのが煎茶道で、為紀も小川流煎茶二代家元の其楽《きらく》に学び、94年、三代家元が早世すると、小川家から家元職を預かることになり、これを為紀の長男、為系《ためつぐ》に引き継いだ。冷泉家の蔵には煎茶関係の文書や茶道具も多数残されている。

小川流家元職は1919年（大正8）、小川家に戻され、現在の後楽家元が六代になる。

1876年（明治9）の「京都府華族」に冷泉家を含む56家が記載されている。天皇の東京行きは「東京奠都《てんと》」といい、東京を新たに都にしただけ。都を移す遷都《せんと》ではない。だから京都も西の都として維持される、という理解で京都の公家は天皇の帰りを待った。

旧地離れた55家

では冷泉家以外の55家の住宅はどうなったのか。

蹴鞠《けまり》の飛鳥井《あすかい》家跡は京都御所の東側で、今は御苑の中。少し離れて別邸があったが白峯《しらみね》神宮になった。当主の雅慶さんは橿原《かしはら》神宮宮司を務め、退職後は横浜市内に住んでいる。

御苑外では冷泉家の東隣に、かつて山科《やましな》家があったが、現在、左京区に住む当主の言泰《ときひろ》さんによれば「屋敷地は早くに売却。同志社が購入し、校舎が立っている。山科家は神戸に移っていた時期もある」。ただ家職の衣紋《えもん》道は守って、天皇代替わりの際は東京で、同じ衣紋道の公家、高倉家とともに儀式用装束の着付けを助けるという。

多くが旧地を離れる中、なぜ冷泉家は残ったのか。「動くに動けなかったというのが真実では。蔵が8棟（現在5棟）あり、俊成、定家以来の貴重な古典籍を納めていたので」と為人さんは推測している。蔵の歴史の重みが冷泉家を元のままにとどめ置いたといえるかもしれない。

２０１５年１月15日付掲載

落語ルーツ 誓願寺にあり

豪快・洒脱な高僧・策伝

江戸時代初めの慶長から元和《げんな》にかけて、長く続いた戦乱も終わり、太平の世を迎えたこの頃、京都誓願寺《せいがんじ》（中京区）に仏の教えを易しく、面白く話す住職がいた。都には様々な〝話芸〟があって、人々は琵琶法師が語る『平家物語』に涙する一方、巧みな説教も楽しんだ。そんな時代環境で落語は生まれるのだが、原型を形作ったのは、お笑い好きの大阪庶民ではなく、京都の高僧だった。

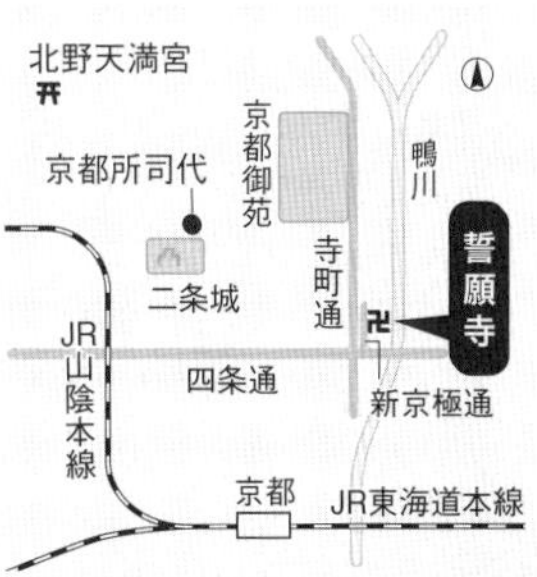

『醒睡笑』を執筆

「平林《ひょうりん》か平林《へいりん》か、平林《たいらばやし》か平林《ひらりん》か、一八十《いちはちじゅう》に木木《ぼくぼく》か」上方落語の古典「平林」の一節だ。平林という名字の家を探す丁稚《でっち》が字の読み方を忘れ、通行人に尋ねあぐね、揚げ句に平と林の字をバラバラにしてしまう。このほか「子褒《こほ》め」「牛褒《うしほ》め」など、現在も演じられる噺《はなし》を多数収録する書物『醒《せい》睡笑《すいしょう》』を執筆したのが誓願寺住職の安楽庵策伝《あんらくあんさくでん》（1554〜1642）だ。豊臣秀吉のお伽衆《とぎしゅう》も務めた飛騨高山城主金森長近の弟で、天下一の茶人、古田織部の門人。京都御所清涼殿で後水尾《ごみずのお》天皇に曼荼羅《まんだら》を進講したこともある文化エリートの高僧だが、寺での説教には滑稽《こっけい》話を採り入れた。豪

『都名所図会』に描かれた誓願寺の境内は広々としている。

快かつ洒脱《しゃだつ》な人物ということもあって、大きな評判を呼んだと伝わる。

『醒睡笑』は全8巻。京都所司代の板倉重宗が依頼して書かせた。京都の武家トップだから、庶民に交じって寺で説教を聞くわけにもいかなかった。

内容のほとんどが終わりに落ちを付ける「落し噺」で、後世、落語のネタ本となった。策伝が「落語の祖」と呼ばれるゆえんだ。

その頃

豊臣家滅亡　太平の世到来

1615年（慶長20）5月、大坂夏の陣で豊臣家が滅亡して、戦国以来の戦乱が終わりを告げた。同年7月、元号を元和に改めることによって、戦乱のない平和な時代の到来を宣言。これ以降、太平の世の中が続くことから、「元和偃武《えんぶ》」という言葉が生まれた。偃武とは武器を伏せ収めるという意味だ。

社会の安定とともに京都の町人たちは、経済力だけでなく、文化的な実力も蓄えた。次の寛永年間には公家や武家、寺を拠点とする複数のサロンが形成され、本阿弥光悦《ほんあみこうえつ》ら町人も出入り、「寛永文化」が花開く。

民衆の娯楽に

現在は繁華街、新京極の一角に押し込められたような誓願寺だが、最盛期には6500坪の広大な敷地があり、境内に見せ物小屋が並んでいたという。「京都誓願寺は元和の頃は恐らく、説話を業とする人々の重要な拠《よ》り所であり、あらゆる『笑い』の材料を旅先から持ち帰ったりして、互いに交流せしめた」（関山和夫著『安楽庵策伝和尚の生涯』）。

そんな「笑い」を使って策伝は説教をした。だから説教の形態が落語に色濃く残ったと宗教学の釈《しゃく》徹宗《てっしゅう》・相愛大学教授は指摘する。「当時の寺参りは民衆の娯楽の一つ。博学でユーモアたっぷりの坊さんの話に魅了された。男女のきわどい話もしたはず。時代は救いと笑いを求めていた」策伝の笑いは、上級武士にも庶民にも、垣根を越えて広がっていった。

没後　辻咄で人気

策伝が89歳で没した翌年に生まれた露《つゆ》の五郎兵衛《ごろべえ》は、北野天満宮や四条河原など、人の集まる場で『醒睡笑』から取ったネタを演じる辻咄《つじばなし》をして人気を博し、上方落語の祖とたたえられる。300年後の2005年、落語家の露の五郎さんが二代目を襲名したが、今は空き名跡となっている。

2013年9月12日付掲載

歌舞伎発祥は四条河原？・

出雲の阿国　奇抜な格好もてはやされ

鴨川に架かる四条大橋の東に出雲の阿国《おくに》像が立っている。四条通の交差点をはさんで向き合う南座（東山区）には「阿国歌舞伎発祥の地」の石碑もある。阿国歌舞伎は出雲の阿国が始めた舞踊劇で、今の歌舞伎のルーツだ。橋付近の四条河原は、江戸時代に南座をはじめとする幕府公認の芝居小屋が7座もあって、歌舞伎の興行を行った場所。ただ、初演に限っては不明の点も多いという。

異風なる男装

阿国歌舞伎初演は1603年（慶長8）。江戸初期の年代記『当代記』に出てくる。徳川家康が京都の二条城で征夷大将軍拝賀の礼を行い、居城としていた伏見城に戻ったという4月16日付の記事に続き、「このころかぶき躍《おどり》と云《い》う事有り」とある。「縦《たとえ》ば異風なる男のまねをして、刀脇差《わきざし》衣装以下殊《こと》に異相、彼《か》の男茶屋の女と戯る体《てい》有難くしたり」、つまり、男装して茶屋女と遊び興じる様子を踊りで見せ、京中の人々にもてはやされたのだ。奇抜な格好のかぶき者をまねたから、かぶき踊りと呼ばれた。

出雲の阿国像は、江戸時代から歌舞伎が上演されてきた鴨川・四条河原に立つ。

国母もファン

『当代記』によれば阿国らは伏見城へも行った。将軍家康も最初の年に歌舞伎を見たことになる。

阿国一座は宮廷にも呼ばれた。公家の舟橋秀賢《ひでかた》が残した日記『慶長日件録《にっけんろく》』5月6日の項に「女院《にょいん》御所でかぶき踊りがあった。出雲の国の人とか」と書かれている。女院とは後陽成天皇の母。その御所は京都御所

その頃

『ハムレット』初版本と誕生同じ

シェークスピア作品『ハムレット』の初版本は、阿国歌舞伎誕生と同じ1603年に出版された。初演はこれに先立ち、ロンドンのグローブ座で行われた。大英帝国に繁栄をもたらしたエリザベス一世の死去も1603年。続くジェームズ一世はシェークスピアの劇団の保護者になる。

日本初のシェークスピア上演は1885年の大阪戎《えびす》座といわれる。中村宗十郎一座による『ヴェニスの商人』の翻案『何桜彼桜銭世中《さくらどきぜにのよのなか》』(脚本・勝諺《げん》蔵《ぞう》)だった。その後も日本では多くの歌舞伎俳優がシェークスピアを上演してきた。

の東北隅にあった。残念なことに「この年の歌舞伎踊りについて多少とも具体的に書いた史料はこれだけ」と阿国研究の小笠原恭子・武蔵大学名誉教授はいう。『当代記』に初めて出てくる4月16日以前に、京都のどこで踊ったのか明示した文書はないのだ。

そこで、京都の歌舞伎といえば四条河原、初演地もそこだったと長く信じられ、阿国歌舞伎350年の1953年には松竹が南座に「発祥」碑を建てた。

しかし、これは後世の思い込みだった。同時代の事件や風俗を織り込んだ仮名草子『恨《うらみ》の介《すけ》』には「くにがかぶき」を見に北野へ行くという一節がある。相国寺鹿苑院《ろくおんいん》の僧の日記『鹿苑日録』にも、翌04年正月になるが、やはり北野での目撃談が出てくるのだ。

「天下一」の女

こうした断片的記録を総合して、初演は北野天満宮（上京区）境内だと小笠原名誉教授は結論づける。実際、北野は室町時代以来、様々な芸能の興行が行われていた。阿国歌舞伎がデビューしても決しておかしくない。天満宮の能舞台で踊る阿国を描いた屛風《びょうぶ》絵も、年代ははっきりしないが、複数存在する。

歌舞伎踊りの成功で阿国は「天下一」の女と称された。それは家康が天下一の男、将軍になったのと同じ年の出来事だった。

2013年9月19日付掲載

光悦 追放と優遇の洛外

師・織部切腹 鷹峯へ所払いか

京都盆地北西端の鷹峯《たかがみね》に光悦寺がある。今からちょうど400年前の1615年（元和1）、徳川家康からここに土地を与えられた本阿弥光悦《ほんあみこうえつ》の位牌《いはい》所が起こりで、後に寺になった。当時は都の外れ。辻斬りや追い剝ぎも出たという。超一流芸術家の光悦がなぜ、そんな物騒な場所をあてがわれたのか。

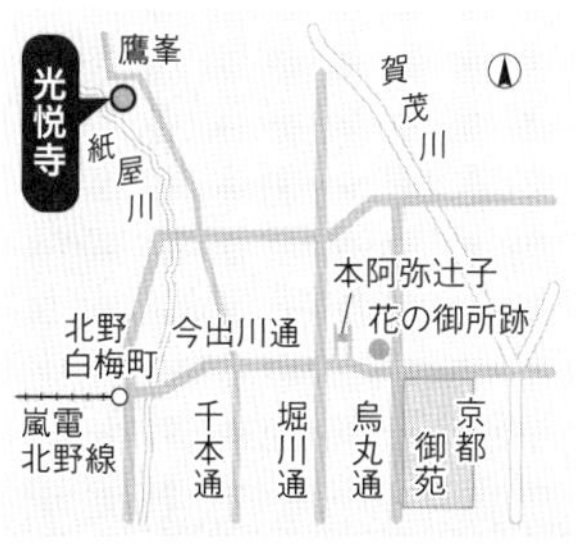

マルチタレント

書家で画家、漆芸家で陶芸家、茶人で作庭家。光悦はマルチな芸術家だった。

光悦寺には光悦が好んだ光悦垣がある。「鷹峯の山を借景とした遊び心がうかがえる」と山下智昭住職はデザイン性を評価する。

刀剣の鑑定・研磨が家業の本阿弥家の生まれ。代々が足利将軍家に仕え、徳川の世でも上級武士を顧客に持ち、「京都三長者」の後藤、茶屋、角倉《すみのくら》に比肩する富豪だったと伝わる。

角倉素庵《そあん》に協力して出版した木活字の豪華本「嵯峨本」や、俵屋宗達の下絵に揮毫《きごう》した歌巻、色紙にその美的センスが表れている。

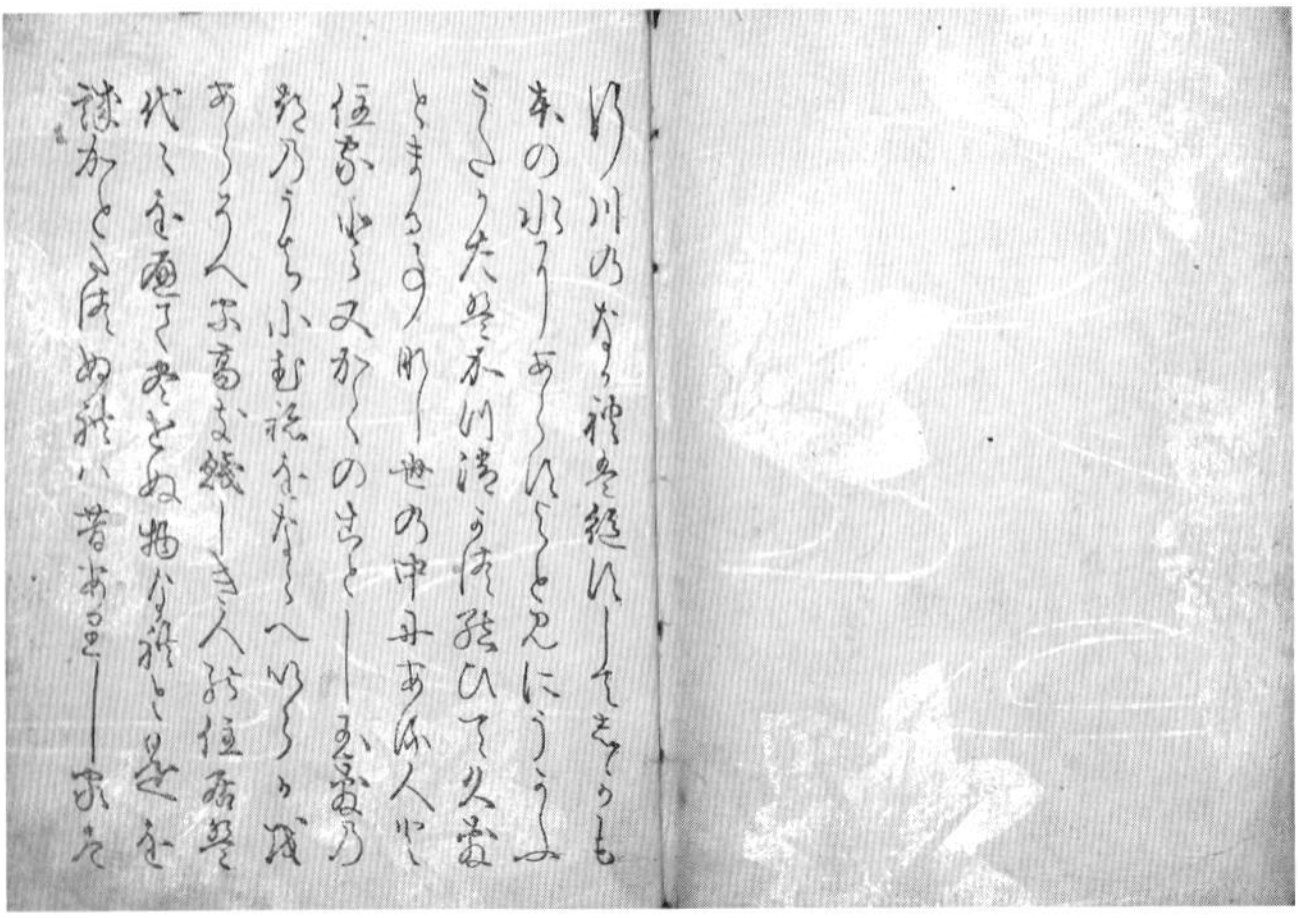

雲母刷の用紙を使った豪華な古活字本である「嵯峨本 方丈記」（国文学研究資料館蔵）。

書では「寛永の三筆」と呼ばれて、人々から高く評価され、楽焼の楽家二代、三代の指導で制作した楽茶碗は現存6点が国宝、重要文化財に指定されている。

芸術村の建設

本拠は室町幕府の花の御所があった場所から西へ200メートルほどの油小路通今出川上る本阿弥辻子《ずし》。

その頃

足利将軍の刀剣担当

本阿弥光悦の祖先は妙本《みょうほん》といい、足利尊氏《たかうじ》の下で刀剣の研《と》ぎと拭《ぬぐ》い、目《め》利《き》きをしていた。尊氏に従い東国から京都に来たと伝わる。

漢字1字の下に阿弥を付ける名前は、将軍の近くで芸能や茶事、雑役を行った同朋衆《どうぼうしゅう》の習わし。水墨画家で茶の名手の相阿弥《そうあみ》、立花《りっか》の文阿弥《もんあみ》らが知られる。猿楽能の観世元清も足利義満に仕えて世阿弥《ぜあみ》と称した。阿弥を名乗る習慣は時宗から来ていて、同朋衆も頭をそった僧の姿をしていた。ただし本阿弥家は、光悦の曽祖父の代に日蓮宗に帰依《きえ》し、阿弥の名だけ、その後も使い続けた。

ここで上層町衆や公家らと交遊していた光悦が、洛中から離れた鷹峯へ移る理由はあったのだろうか。日本史家の奈良本辰也は著書『光悦』で土地拝領のタイミングに着目した。それは大坂夏の陣直後。光悦の茶の師匠、古田織部が豊臣への内通を疑われ、切腹させられていたのだ。交友関係が幅広い光悦も危険視された。「洛中所払《ところばらい》の意味と、芸術家への優遇という一石二鳥の方途」と奈良本は推測している。

確かに優遇でもあった。鷹峯の光悦の居宅の間口60間(109メートル)。本阿弥一族のほか茶屋四郎次郎や尾形宗柏ら豪商、文化人も家を建てたので、鷹峯は一種の芸術村になったのだ。

不受不施派？

当時、光悦を始めとする京都の上層町衆、芸術家の多くが日蓮宗の信者だった。現世を重視する教えが彼らのライフスタイルとマッチしていた。

その中でも光悦は不受不施派《ふじゅふせ》だったと見るのが俳諧研究の西村真砂子だ。「公表はできないが、不受不施内信者であったことは確かであろう」(『西武撰《さいむせん》「鷹筑波」試論』)とした。

日蓮宗の法華経信者でない者からは布施を受けず、与えないのが不受不施派で、その非妥協的態度のせいで、幕府の弾圧を受けた。そうすると光悦の鷹峯行きはやはり一種の所払いだったのかもしれない。

2015年1月29日付掲載

千変万化　陶工の心意気

清水焼　細やか要望応え全国へ

年間500万人が訪れる清水寺《きよみずでら》（東山区）の門前600メートルほどの〈茶わん坂〉には茶わんや皿など色とりどりの清水焼の器を並べる約30軒の店がある。陶磁器を焼く窯元もある。京都の焼き物といえば清水近辺で焼いた清水焼とされる。京の陶工はなぜ、ここ清水に集中したのか。

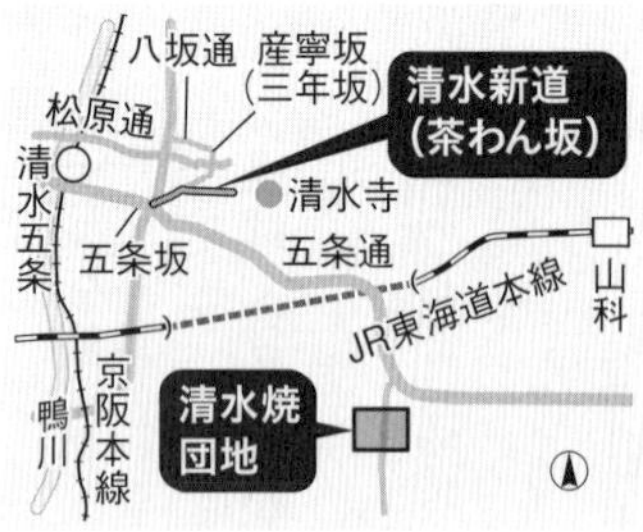

京焼　色絵で飛躍

京都の焼き物を総称して京焼という。清水焼はその一つで江戸時代前期には弱小生産地に過ぎなかった。清水焼の名が初めて出てくるのが金閣寺住職・鳳林承章《ほうりんじょうしょう》の日記『隔冥記《かくめいき》』で、1643年（寛永20）。同じ頃、粟田焼や八坂焼、御室《おむろ》焼も登場、京都の東西にいくつも窯があったことが分かる。

信楽焼（滋賀県甲賀市）や丹波焼（兵庫県篠山市）に比べ後発だった京焼だが、御室（右京区）に窯を開いて色絵の陶器を作った野々村仁清《にんせい》と、鳴滝《なるたき》（同区）でその技術を発展させた尾形乾山のおかげで飛躍する。

茶の湯やいけばなが盛んになり、華やかな京焼の人気が上昇、中でも今の岡崎公園（左京区）周

清水寺から市中へ向かう「茶わん坂」。

辺で焼かれた粟田焼はいち早く仁清・乾山《けんざん》の手法を取り入れ、公家や大名に愛好された。18世紀初頭、粟田焼の窯元13軒に対し、清水焼は3軒前後しかなかったという。

五条焼物仲間

「清水焼の発展は1782年、五条焼物仲間がで

その頃

煎茶の普及　売茶翁が始祖

問屋組合「五条焼物仲間」が結成された18世紀後半、庶民が気軽に煎《せん》茶《ちゃ》を飲む習慣が定着。そのきっかけの一つをつくったのが日本の煎茶道の始祖ともいわれる江戸中期の禅僧・売茶翁《ばいさおう》だ。茶道具を担いで京都の名所旧跡や風光明媚《めいび》な場所に出かけ、道行く人々に煎茶を飲ませた。支払いは小銭でもいいし、ただ飲みも勝手と呼びかけたという。

同じ頃、宇治茶の名を高めたのが永谷宗円《そうえん》だ。蒸した生葉を温めながら手もみで乾燥させる製法を考案。味や香りを向上させ、透き通るような黄緑色の煎茶を生み出した。

きて以降」と中ノ堂一信・京都造形芸術大学客員教授は説明する。清水五条坂周辺の問屋が一体となって江戸や四国、中国へ販路を拡張。買い手の要望を陶工に伝えることもしたという。

この時期、煎茶が普及。濃い緑の抹茶と違って色の薄い煎茶は白主体の磁器に注ぐと美しく見える。その需要に応えて磁器生産に力を入れた清水焼の窯元は15軒に。1822年の取扱額は7500両で、粟田焼6500両と逆転する。御室焼などの窯が次々消える中、巻き返しを図る粟田焼は明治以降、輸出向け大量生産を始める。しかし欧米人の日本趣味も一時のもの。長続きしなかった。結局、少量多品種生産を守った清水焼が勝ち残ることになったのだ。

山科に「団地」

1960年頃から清水にも住宅が立ち並ぶ。登り窯の出すばい煙が迷惑がられ64年、山科区に「清水焼団地」を造成し、陶芸家や窯元の一部が移住する。

現在では山科や宇治市炭山地区などで制作される焼き物も合わせた「京焼・清水焼」として国の指定伝統的工芸品になっている。

陶芸家や窯元、販売店の「五条坂・茶わん坂ネットワーク」理事で陶芸家の猪飼祐一さんは清水焼の成功について「様々な表現があり、使う人のニーズに細やかに応じてきたから」と話している。

2014年1月16日付掲載

マネキン誕生は和装の聖地

進化支えた京人形の技術と美意識

平面構成の和服と違って洋服は、凹凸のある体のラインに沿って立体的に作られている。だから人体を模した、スタイルのいいマネキンに着せると見栄《みば》えがする。日本で最初のマネキンは、女性に洋装ブームが起きた大正時代の末、理化学機器メーカーの島津製作所（中京区）が制作した。西陣織や友禅染で栄えてきた和装文化の中心地、京都でなぜ、国産マネキンは生まれたのか。

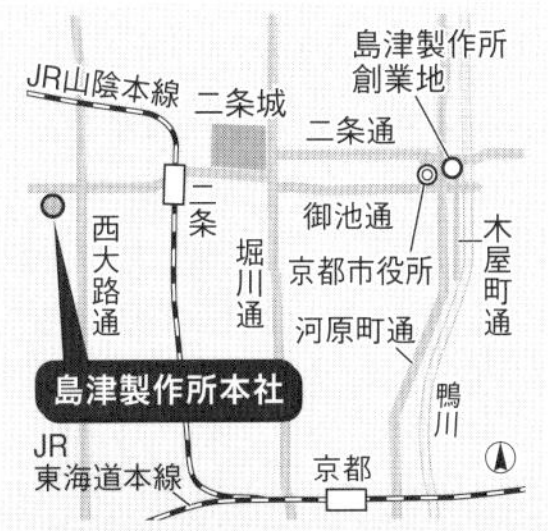

初めは人体模型

マネキンの歴史は16世紀フランスに始まる。フランス語はマヌカンだが、日本では英語読みのマネキンが一般的だ。「招《まね》かん」では客を呼べない。「招き」猫との語呂合わせでもある。

島津製作所は1875年（明治8）、京都の仏具職人、島津源蔵が創業。教育用理化学器械の製造から始め、95年に標本部を新設、人体模型を手がけるようになった。源蔵の「命も科学の領域なのだ」という考えから大学教授を顧問に迎え、精巧な模型作りに挑んだ。

社に転機をもたらしたのは源蔵の孫、良蔵だった。家業を離れて彫刻の道に進むが、マネキンの

ショーウインドーに並ぶマネキンが、その時代の最新流行を発信してきた。

将来性に目をつけ1925年（大正14）、標本部に先輩の彫刻家、荻島安二を招いて、国産第1号のマネキンを作らせた。「島津マネキン」の誕生だ。子どもの姉妹という高さ1メートル30センチと90センチの2体で、頭は断髪スタイル、当時流行のショートボブだった。

彫刻家は石こうで制作したが、やがて社は、人体模型と同じで扱いやすい蠟《ろう》製マネキンに切り替えた。蠟を扱う高い技術もあった。

その頃

モボやモガ　銀座を闊歩

日本のアパレル産業の基礎は大正時代にできた。第1次世界大戦で戦場にならなかった日本は綿製品や生糸の輸出を増やしたが、戦後は供給先を国内に振り向けざるをえず、結果的に既製服の製造・卸しが活発化したのだ。さらに1923年の関東大震災で女性に動きやすい洋服が普及。紳士服でも背広やワイシャツ、ネクタイ、コートなどのスタイルが確立された。

大正から昭和初期、流行の洋服で東京･銀座を闊歩《かっぽ》する「モボ(モダンボーイ)」や「モガ（モダンガール)」が注目を集めた。

和製「生き人形」

日本には京人形をルーツとする独自の和製マネキン「生き人形」も存在し、幕末から明治にかけ大阪や東京の見せ物小屋で人気を博した。これが衰退した後は、百貨店などの着物のディスプレーで使われていた。島津はその制作技術も取り入れ30年、軽い紙繊維素材のマネキンを開発する。生き人形や京人形のように白色顔料の胡粉《ごふん》を繰り返し塗って磨いて化粧した。元京都造形芸術大学の藤井秀雪教授は「京人形の技術と美意識があったからこそ、マネキンは京都で発展した」と指摘する。和洋の技術を集めたマネキンだったが、戦時中は「西洋文化の象徴」「ぜいたく品への憧れをかき立てる」などと非難され、製造を中止。43年、「島津マネキン」は短い歴史に幕を下ろした。

戦後は御三家

戦後、島津ブランドのマネキンが復活することはなかったが、技術者たちが分かれて七彩工芸（現七彩、南区）、吉忠（現吉忠マネキン、中京区）、大和製作所（現ヤマトマネキン、東京都江東区）を設立した。この3社は「マネキン御三家」と呼ばれる。

吉忠常務で日本マネキンディスプレイ商工組合の竹本克己理事は「世界で注目される日本のファッション文化を、京都生まれのマネキンが支えた」と胸を張る。「人々が洋服を着る限り、そして美を求める心を持ち続けるならば、マネキンはこれからも進化し続けます」。

２０１３年８月15日付掲載

花街の「島原」 九州ゆかり？

移転騒動 天草四郎の乱に例え

江戸時代、京都の花街といえば島原（下京区）だった。最盛期には20軒以上あった大型宴会場の揚屋《あげや》で、華やかに着飾った太夫《たゆう》と呼ばれる女性らが男客らをもてなした。この有名な島原という地名は俗称であって、正式には西新屋敷という。なぜ島原の名で広く知られるのか。

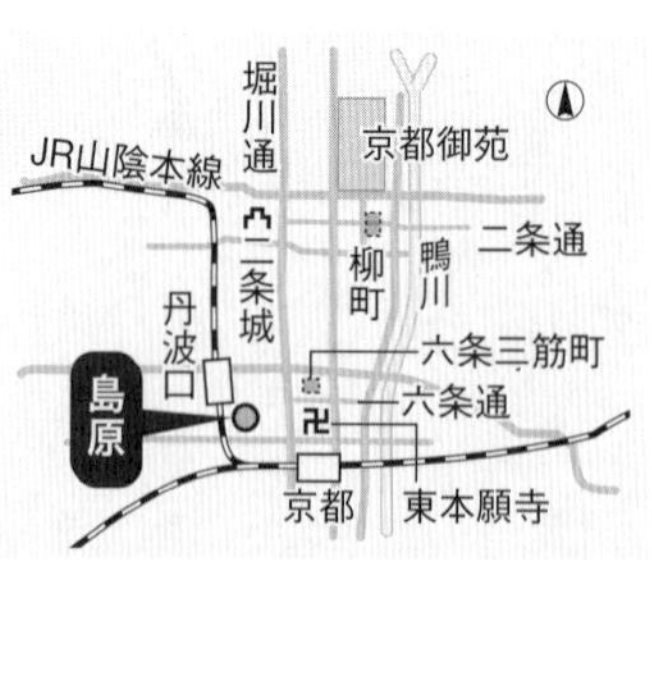

関白秀吉が許す

起源は1589年（天正17）、関白豊臣秀吉の公許で柳馬場二条にできた花街・柳町だが、京都御所に近いと東本願寺北側に移転させられる。ここを六条三筋町といった。

接待女性を傾城《けいせい》といい、技芸と教養に優れた人材を太夫と呼ぶようになった。

この時代の名妓に吉野太夫がいて、豪商、灰屋紹益《はいやじょうえき》は公家の近衛信尋《のぶひろ》と争って妻にする。彼女は井原西鶴の『好色一代男』でも「いかなる人の嫁子にもはづかしからず」と称賛された。

六条三筋町は繁盛したが1640年（寛永17）、京都所司代板倉重宗が風紀の乱れを理由に再移転を命じた。行き先は朱雀野《しゅしゃかの》と呼ばれた現在地。畑しかない場所だった。旧揚屋「角屋《すみや》」の十五代目、

角屋2階の「扇の間」。客の絵師や歌人による書画の扇58枚が天井に貼り交ぜてある。

中川清生《きよお》さんによれば「重宗の個人的感情も絡んでいた」。ある時、立派なかご（牛車《ぎっしゃ》説もある）で町中を行く太夫を高位の公家女性と勘違いしてあいさつ。後で傾城と知ってプライドが傷ついた、という。

引っ越し混乱

揚屋や、太夫らが住む傾城屋は東西194メート

その頃

幕末の歴史舞台に

島原は幕末、政治の舞台になった。西郷隆盛や久坂玄瑞《くさかげんずい》ら勤王の志士が資金調達のため豪商を招いて接待。角屋には二人の他、坂本龍馬が訪れたことも記憶する仲居が昭和初めまでいた。

志士を追って新撰組も来た。角屋では隊士が刀を振り回して暴れ、営業休止になったこともあった。刀傷が今も柱などに残っている。新撰組局長だった芹沢鴨は1863年（文久3）9月、角屋で行われた組の宴会に出た後、宿所の壬生・八木家（中京区）に戻って寝ていたところを対立する近藤勇《いさみ》派に襲われて死んだ。

ル、南北242メートルの新しい廓《くるわ》に新しい屋敷を建築。そこは西新屋敷と名付けられた。

あわただしい引っ越しが41年完了。「37年に九州で起きた島原の乱に例えられた」と中川さん。江戸初期刊行の『浮世物語』に「肥前の天草一揆のとりこもりし嶋原の城《じょう》のごとく、三方はふさがりて一方に口ある故に、かやうに名づけ侍《はべ》り」とある。天草四郎率いるキリシタンらの農民一揆軍が立てこもった原城が堀と塀に囲まれた廓の構造と似ていると人々は思ったのだ。さらに移転の混乱ぶりも乱を連想させた。ちなみに鎮圧の幕府軍を指揮した重宗の弟重昌は討ち死にしている。

考証随筆『嬉遊笑覧《きゆうしょうらん》』は「島原とはその初《はじめ》、わる口に嘲《あざけ》りし異名と聞ゆ」と伝える。悪口の方が広がりやすいのは世の常だ。

往時の面影

揚屋21軒、中小規模のお茶屋18軒、傾城屋31軒を数えた島原だが、市中に近い祇園などの台頭で徐々に衰微。曲亭馬琴は「京都の人は島原へゆかず、道遠くして往来わづらはしきゆえなり」と旅行記に記した。

武家を主な客としていたこともあり、揚屋は明治初期、角屋1軒に。現在の島原は民家が立ち並ぶ住宅街だ。廓の入り口だった島原大門と角屋、1軒残った置屋兼お茶屋の輪違《わちがい》屋だけが往時の面影をとどめる。

2014年5月15日付掲載

「だらりの帯」は舞妓の誇り

踊ればフワリ　愛らしく

〽月はおぼろに東山（中略）祇園《ぎおん》恋しやだらりの帯よ。

「祇園小唄」に合わせて舞妓《まいこ》が舞う。京都の花街《かがい》のお座敷ではおなじみの成り行き。歌詞の中に繰り返し出てくるのが「だらりの帯」だ。舞妓の代名詞ともなっている帯の締め方で、西陣織の帯が足元まで垂れ下がるように整える。立って後ろ姿が愛らしく、舞えば帯もフワリと弧を描く。それにしても舞妓はなぜ、だらりの帯なのか。

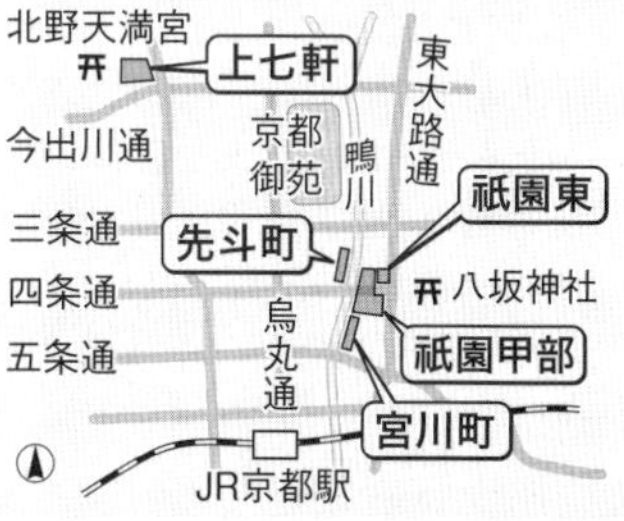

帯の長さは1・4倍

京都の五花街《ごかがい》、すなわち祇園甲部《こうぶ》、祇園東、宮川町、先斗町《ぽんとちょう》、上七軒《かみしちけん》にはお茶屋が141軒あり、舞妓が66人いる（2013年4月末現在）。彼女らのだらりの帯は長さ6・6メートル、幅32・9センチ。長さは一般の袋帯の1・4倍、幅も2センチほど広い。最高級生糸を使い京都・西陣で糸染めから織り上がりまで約20人の職人が携わる。

特徴の一つが帯の端の家紋だ。幕末・明治期に撮影された写真でも、舞妓のだらりの帯に家紋が見える。宮川町のお茶屋兼置屋「駒屋」（東山区）女将の駒井文恵さんによれば「所属する置屋の家

だらりの帯を締め、あでやかな踊りを最前列で披露する舞妓ら（東山区の宮川町歌舞練場で）。

紋を入れる」。戦前までは新人舞妓は10歳くらい。迷子になっても家紋で置屋がわかったと伝わる。呉服店「おか善」（中京区）の岡本晃社長は「新米舞妓の履物は鈴が入っている。これも昔は居場所を知らせるため」と解説。

江戸後期、京都を訪れた読本作者、曲亭馬琴は見聞記に「しとやかにたち舞ふさまいとしほらし」と「舞子」を紹介している。「十から十八、九」のいじらしさ

その頃

「都をどり」花街に新風

春と秋、各花街で舞踊公演が行われる。祇園甲部の「都をどり」が始まったのは1872年（明治5）。東京遷都《せんと》で衰退した京都を活性化しようと京都博覧会が開かれ、その余興として芸舞妓の公演を開催。お座敷とは異なる多人数の群舞や、お茶席に外国人を迎えられるよう椅子に座る「立礼式《りゅうれい》」のお点前《てまえ》を工夫するなど、革新的な取り組みで花街の近代化を図った。先斗町の「鴨川をどり」も同年スタート。戦後に宮川町の「京おどり」と上七軒の「北野をどり」、祇園東の「祇園をどり」が続いた。

がお気に召したようだ。

女形が工夫

だらりの帯はいつ生まれたのか。近世の服飾に詳しい馬場まみ・京都華頂大学教授によると江戸中期の歌舞伎女形《おんながた》、上村吉弥《うえむらきちや》が帯の両端を垂らす「吉弥結《むすび》」を流行させた。角張った体を隠すための結び方で、片側を輪にしていた。これをアレンジして今のだらりの帯と似た結び方を始めたのが元禄期の女形、水木辰之助。「水木結」と呼ばれ、馬場教授は「だらりの帯の直接の起源」とみる。背を低く見せて女性的に装う工夫だったらしい。江戸時代後期の美容読本では同様の結び方が「だらり結」と紹介され、こちらの名称が一般化していく。

重くてきつい

服飾評論家の市田ひろみさんは「江戸時代の流行は歌舞伎役者から町娘や花柳界《かりゅうかい》の女性に伝わった。長く垂らした結び方が過剰になって、今日のだらりの帯に発展した」と推測する。

駒屋の舞妓とし桃さんは「重たくてきつい。最初は座るとなかなか立てしまへんどした」と打ち明けるが、「この格好が許されるのは舞妓だけと、仕事を誇りに思う」と胸を張る。140年以上変わらないだらりの帯を支えているのは京舞妓のプライドなのだろう。

2013年5月9日付掲載

あぶらとり紙「再利用」の美

舞妓さんの秘密　一般に普及

京都土産として人気なのが「あぶらとり紙」だ。顔に押し当てて皮脂や汗を吸い取る和紙で、化粧をしたままでも使えるため、若い女性が重宝している。祇園《ぎおん》（東山区）の専門店では修学旅行の女子高生らがグループで買い物する姿も見かける。なぜか京都のものがいいらしい。

元は箔打ち紙

元々は金箔《きんぱく》の製造に用いた箔《はく》打ち紙を再利用したもの。金箔は昔は木づちで、今は箔打ち機でたたいて1万分の1ミリの薄さまで延ばすが、滑らかに仕上げるため柿渋などに浸した極上の和紙の間にはさむ。繰り返すうち箔打ち紙は繊維が壊れ、使えなくなるが、それで顔の脂《あぶら》が拭えることに江戸時代の人々は気付く。

江戸後期の国学者、北静廬《せいろ》の随筆『梅園日記』に「金銀の箔打たる紙を、風呂屋《ふろや》紙といふは、これにて面を拭へば、よくあぶらけをされば、浴したるにひとしとの意にて、名付しにや」とある。風呂に入ったのと同じくらい脂気が取れるので「風呂屋紙」と呼んだ。

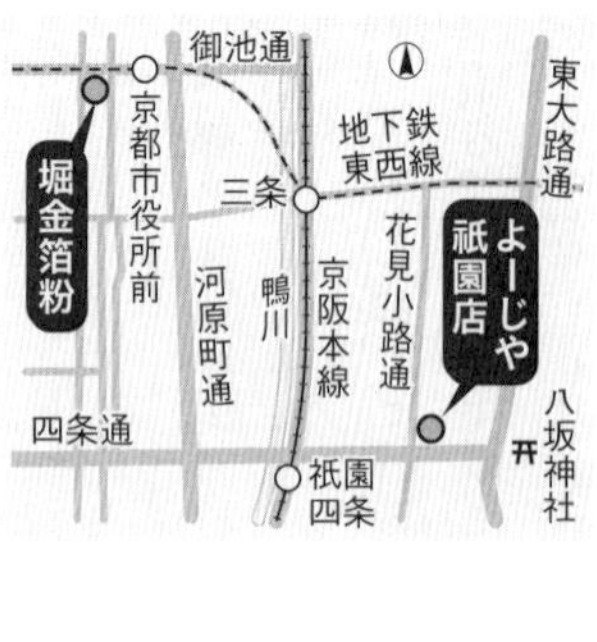

「あぶらとり紙」を顔に当て、脂の取れ具合を試す女性たち（よーじや祇園店）。

花街の御用達

京都では西陣織や仏具に金箔が使われ、使用済みの箔打ち紙を手に入れることも簡単だった。それが花街の芸舞妓《げいまいこ》の愛用品となる。「堀金箔粉」の堀智行社長は「先々代は使い古しの箔打ち紙の束を持って祇園に行ったとか。金箔屋が持ってくるのが一番と喜ばれ、もてたらしい」と教えてくれた。元芸妓《げいこ》の安田繁子さ

その頃

金座・銀座以外で禁止

江戸初期、金銀を扱う金座、銀座を京都と江戸に設けた幕府は他都市での箔打ちを禁じた。京都では両替町通周辺に箔打ち職人が多く住み、仏像や仏具、西陣織を飾る金箔を製造した。

明治に入って禁制が解かれると、それまで幕府の目を逃れる“隠し打ち”で金箔を作っていた金沢が産地として台頭。今では全国の99%以上を生産する。京都の職人は15年ほど前に姿を消してしまった。

現在、「あぶらとり紙」の多くは箔打ちの機械で製造された新品。昔ながらの使い古しの「ふろや紙」は出回る数が少なく高価だ。

んも「長時間お座敷に出ていると、若い時分は脂がよう浮きます。箔打ち紙なら化粧を崩さず脂だけ取れた」と証言する。

歌舞伎化粧の歴史に詳しい松竹演劇製作部の松岡亮さんによれば、舞台を勤める役者は箔打ち紙を使わなかったが、顔をクローズアップされる映画俳優は、これは便利と飛びついた。京都に撮影所が立ち並んだ1920年代、照明が熱くて顔の脂浮きに悩む俳優に、出入りの化粧品屋が提供し、後に「ふろや紙」の名で商品化された。

女性誌で人気

金箔屋から仕入れるため値段が高く、映画界や各地の花街が主な販路だったが70年代後半、初めから脂取り用に製造した「あぶらとり紙」が登場、一般女性にも普及する。「アンアン」「ノンノ」などの女性誌が京都の化粧紙として取り上げたのも大きかった。

「あぶらとり紙」を主力商品とする「よーじや」(中京区)のマーケティングディレクター、入江裕司さんは「箔打ちの職人さん、芸妓さん舞妓さん、俳優さんがそろっていた京都だから生まれた」と話す。

捨てるはずの紙によって美を演出する。京都の歴史と文化が生んだマジックといえるだろう。

2013年11月21日付掲載

節分の花街「おばけ」現る

春への変わり目　変装し厄除け

節分の夜、祇園《ぎおん》（東山区）や上七軒（上京区）など京都の花街《かがい》に「おばけ」が出る。その正体は侍や僧侶、アジアの踊り子といった思い思いの仮装をした芸妓《げいこ》たち。こちらのお茶屋からあちらのお茶屋へと忙しく行き来する。なぜ節分になると、彼女らは「ばけて」出かけるのか。

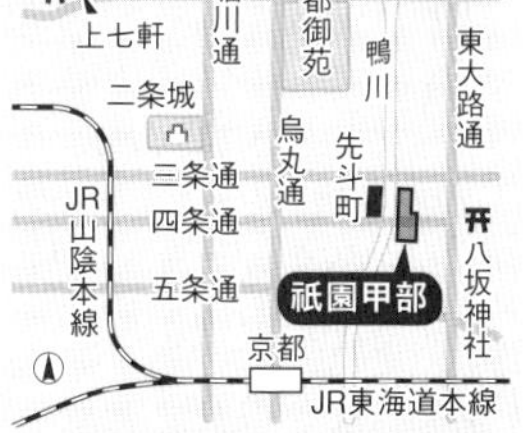

寸劇や舞踊披露

今年もその日、祇園の一角に、おばけに繰り出そうと芸妓らが集まっていた。老夫婦に扮《ふん》した2人は森鷗外原作の歌舞伎『ぢいさんばあさん』の主人公という。一目でわかる牛若丸と烏天狗《からすてんぐ》や一休さんもいる。

江戸時代の遊女見習い少女、禿《かむろ》に変身したのが祇園甲部《こうぶ》の芸妓満友葉《まゆは》さん。目尻を赤く塗り、直毛のカツラで幼さを強調するが、かえって妖艶だ。「毎年何しようってワクワクしますえ」と笑顔を見せる。古典芸能や民話の登場人物になることが多く、舞台専門の業者に発注した衣装やカツラでお座敷に上がり、寸劇や舞踊を披露する。祇園甲部なら京舞井上流といったように花街ごとに決

「おばけ」の準備をする芸妓ら。左が一休さんで右の2人は禿（「八木源かづら」にて）。

まった流派があるが、この日はわざわざ別の流派の師匠に習った踊りを見せる。

神の移動の隙に

節分とは立春の前日で、昔は立春から新年が始まると考えられていた。「中世陰陽道の世界では、節分の夜に京都の周囲を守護する神々が、次の年に守護する

その頃

方違えの逸話　枕草子にも

平安時代、『枕草子《まくらのそうし》』の清少納言は「すさまじきもの」、すなわち興ざめなものとして「方違《かたたが》へにいきたるにあるじせぬところ。まいて節分などはいとすさまじ」と、方違えで訪問したのにもてなしてくれない相手への不満を書いている。

方違えとは外出の際、凶となる方角を避け、別の方角に行って1泊してから目的地へ向かう風習だ。特に節分の夜には用がなくても外出し、泊まってきた。方違えで訪問された側はもてなすのが一般的だった。清少納言は、ましてや節分の日にもてなさないとはひどい、と非難したのだ。

方角に大移動する。その隙をついて魔物が現れる」と真下美弥子・京都精華大学教授は解説する。「だから身を守るために変装する。姿を変えることで魔物の目をくらませ、厄を除《よ》けたのです」。

復活の試みも

近世になると変装は庶民の楽しみになった。真下教授によれば、江戸時代後期には花街だけでなく、町のあちこちでおばけが行われ、1970年頃までその風習が残っていた。

「冬から春への変わり目で、ハレの日だった」と八木透・佛教大学教授（民俗学）はみる。「商家の娘だった1893年生まれの祖母は節分には髪形を変えたりいい着物を着たり、おしゃれをしたそうです」。

生活の合理化や近代化で季節感も変わり、「古くからのしきたりや験担《げんかつ》ぎを大切にする京都の花街」（真下教授）を残して、ほとんど見かけなくなったおばけだが、復活の試みもある。

江戸時代に栄えた花街、島原（下京区）の太夫《たゆう》、司《つかさ》太夫さんは15年前から、島原の情報紙の読者に呼びかけておばけの会を開催。扮装は女優マリリン・モンローから妖怪まで様々で、厄除けの寺院などを巡る。「厄が落とせて楽しめて、こんな楽しい風習、残さんとあかしまへん」と司太夫さん。

日本版ハロウィーンとして若い世代も加わってみたらどうだろう。

2014年2月13日付掲載

謎解き　その4

伝説・地名

「丸」で始まるわらべ歌

通り名を歌う歌詞はいつごろ生まれたのか？

「〽丸竹《まるたけ》夷《えびす》二《に》押《おし》御池《おいけ》　姉《あね》三《さん》六角《ろっかく》蛸《たこ》錦《にしき》」。京都市を東西に走る通りの名前を順に歌うわらべ歌だ。京都御苑《ぎょえん》（上京区）南の丸太町通を先頭に竹屋町通、夷川通と南下。終わりは「〽十条東寺でとどめさす」など、いくつかバージョンがある。通り名を覚えるための歌で、子どもたちが口ずさんできた。しかし、丸太町以北にも一条や今出川などの通りがある。それなのになぜ、丸太町以南しか歌わないのか。

通り名を記憶

通りが碁盤《ごばん》の目状の京都では寺町通御池上るというように縦横の通り名で所在地を示す。寺町通と御池通交差点を北へ上がった所は京都市役所だが、そこを町名番地で上本能寺前町488ということはほとんどない。通り名さえ知っていればたどり着けるからだ。

南北の通り名の歌もある。「〽寺《てら》御《ご》幸《こ》麩《ふ》屋《や》富《とみ》柳《やなぎ》堺《さかい》」と、寺町通から始まる。現在と平安京の通りにはズレも多いが寺町通は京の東端、東京極大路。理屈にかなう。

では平安京北端はというと、平安時代には春日小路と呼ばれていた丸太町通ではなく、一条大路、すなわち現在の一条通だ。

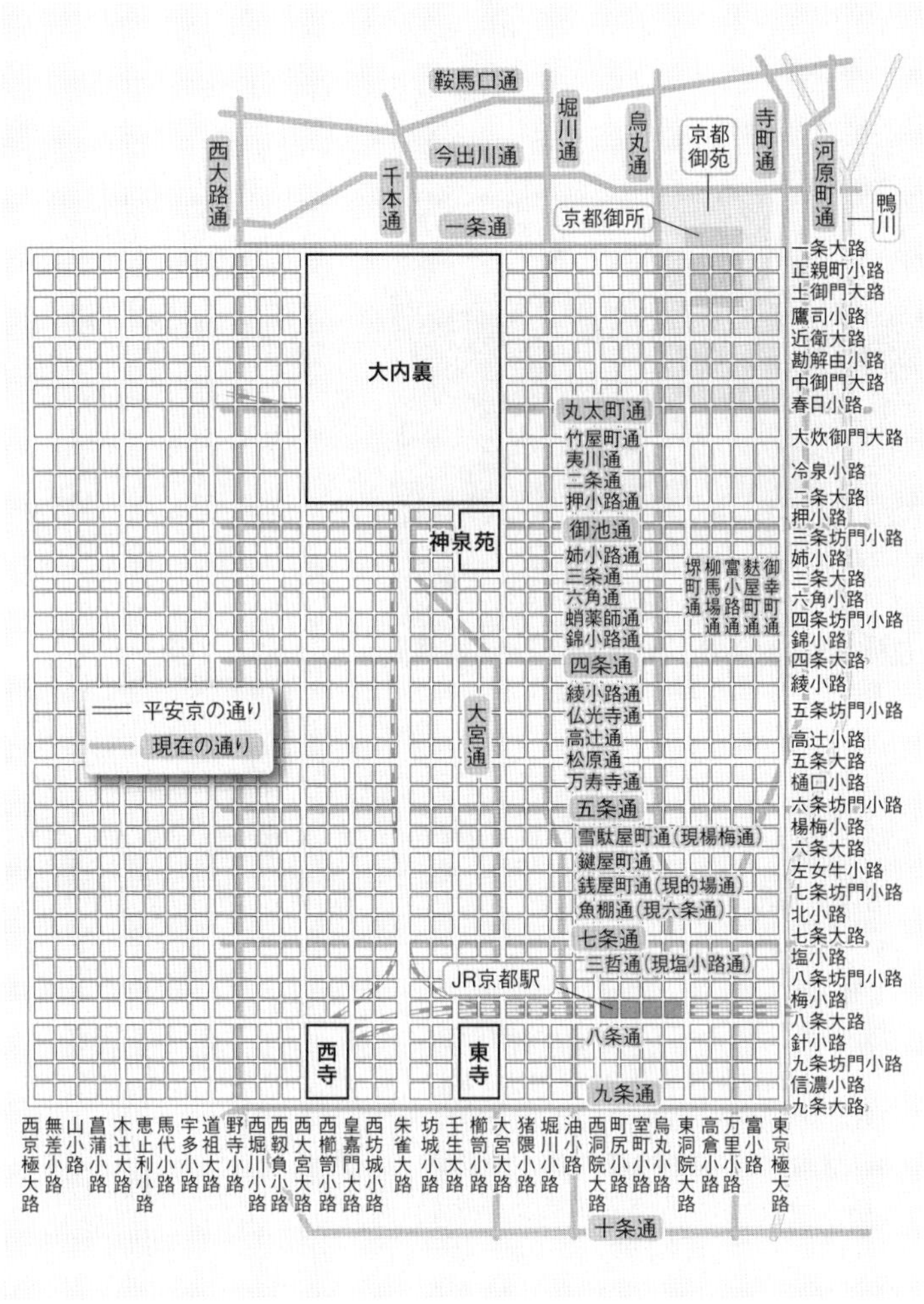

鞍馬口通
今出川通
一条通
西大路通
千本通
堀川通
烏丸通
京都御苑
寺町通
河原町通
鴨川
京都御所
大内裏
神泉苑
丸太町通
竹屋町通
夷川通
二条通
押小路通
御池通
姉小路通
三条通
六角通
蛸薬師通
錦小路通
四条通
綾小路通
仏光寺通
高辻通
松原通
万寿寺通
五条通
雪駄屋町通（現楊梅通）
鍵屋町通
銭屋町通（現的場通）
魚棚通（現六条通）
七条通
三哲通（現塩小路通）
JR京都駅
八条通
九条通
十条通
堺町通
柳馬場通
富小路通
麩屋町通
御幸町通
大宮通
西寺
東寺
平安京の通り
現在の通り
一条大路
正親町小路
土御門大路
鷹司小路
近衛大路
勘解由小路
中御門大路
春日小路
大炊御門大路
冷泉小路
二条大路
押小路
三条坊門小路
姉小路
三条大路
六角小路
四条坊門小路
錦小路
四条大路
綾小路
五条坊門小路
高辻小路
五条大路
樋口小路
六条坊門小路
楊梅小路
六条大路
左女牛小路
七条坊門小路
北小路
七条大路
塩小路
八条坊門小路
梅小路
八条大路
針小路
九条坊門小路
信濃小路
九条大路
西京極大路
無差小路
山小路
菖蒲小路
木辻大路
恵止利小路
馬代小路
宇多小路
道祖大路
野寺小路
西堀川小路
西靱負小路
西大宮大路
西櫛笥小路
皇嘉門大路
西坊城小路
朱雀大路
坊城小路
壬生大路
櫛笥小路
大宮大路
猪隈小路
堀川小路
油小路
西洞院大路
町尻小路
室町小路
烏丸小路
東洞院大路
高倉小路
万里小路
富小路
東京極大路

江戸期は鞍馬口

昭和初期に町で歌われていた「丸竹夷」のメロディーを採譜した上京区の高橋美智子さんは「祖父母から道に迷わんようにって、覚えさせられた」。出だしが丸太町通の歌詞は、高橋さんの祖父母世代が生まれた幕末・明治期までさかのぼれそうだ。

実は、江戸時代に寺子屋で用いられたテキスト『便用謡《べんようよううたい》』（1723）に京都の通り名を列挙した謡曲『九重《ここのえ》』が収められている。これが「丸竹夷」の原型といわれる。佛教大学の西岡正子教授は「日

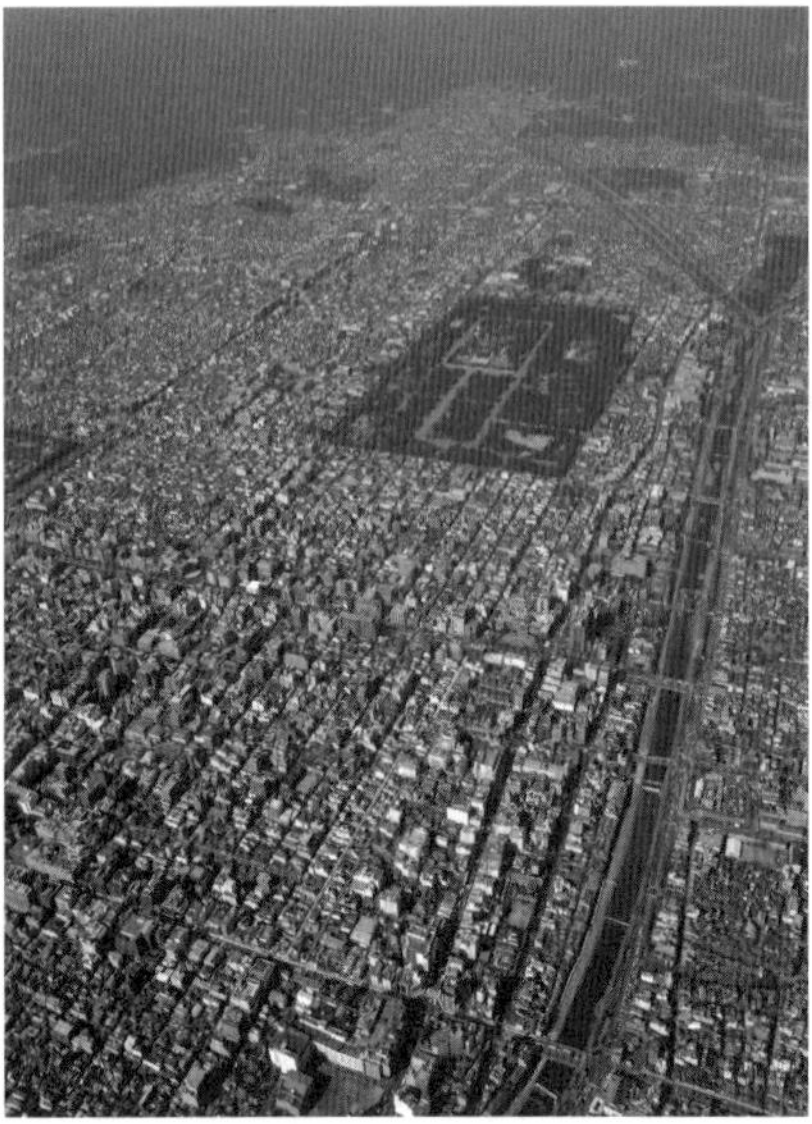

緑に覆われた京都御苑の真下が丸太町通（本社ヘリから）。

その頃

秀吉が南北一体化

天下を統一し、京都に君臨した豊臣秀吉はなぜ、町を大改造したのか。

応仁の乱（1467〜77）で京都は焼け野原。1536年には天文法華の乱で再び京都は焼かれる。平安京の面影は失われ、通り名も丸太町など、現在の呼称に改まる。再建は南半分の下京が早く、商工業者の町として発展。一方、北半分の上京は足利義昭を支持して73年、織田信長軍によって焼き打ちされる。

こうして上京、下京に分裂していた京都を一体化、再興したのが秀吉の大改造だった。

常生活に便利な、様々な教えを謡曲にして覚えさせた。今のメロディーとは違うが、当時はそれだけ謡が親しまれていた」と説明する。

ところがその『九重』は「〽鞍社寺上立ち五辻や」、と丸太町より17本も北の鞍馬口《くらまぐち》通から始める。

公家町、庶民の町

鞍馬口と聞いてピンと来る人は、かなりの歴史通だ。安土桃山時代、豊臣秀吉が京都の都市改造を行った際、町の出入り口とした複数の「口」の一つが鞍馬口。ここに通じる鞍馬口通は江戸時代に洛中、すなわち京都市中の北限となった。

秀吉は大内裏《だいだいり》跡に聚楽第《じゅらくだい》を設け、周辺を武家町とした。その東、京都御所を囲む今出川から丸太町通までの間に公家の邸宅を集めた。「これにより丸太町以北は公家町となり、庶民が出入りするようなエリアではなくなった」と指摘するのが『京都の大路小路』の著者、武庫川女子大学名誉教授、森谷尅久さん。『九重』は北限の鞍馬口通から始めたが「子どもが道に迷わないための歌。庶民が行き来する範囲で歌い継がれるうち丸太町から始まるようになったのでは」。それは江戸時代後期のことと考えていいだろう。

他県からの訪問者も歌えると心強い。関東出身の近藤勇《いさみ》や土方歳三《ひじかたとしぞう》が四条を下がった新撰組屯所《とんしょ》へ「〽四綾仏高松万五条《しあやぶったかまつまんごじょう》」と口ずさみながら歩いたかもしれない。

2013年4月4日付掲載

闇で遭遇 異形の恐怖

百鬼夜行は怨霊？ 不安の具現化？

平安京の夜は今よりずっと暗かった。道の両側には固く門を閉ざした邸宅が続くばかり。それでも愛する女性に会うため出かける若殿がいた。御所で政務を終えた大臣の帰宅時間はかなり遅かった。闇の中、彼らが遭遇したのが、ガヤガヤと大勢で来るえたいの知れない者たちだ。人はそれを「百鬼夜行《ひゃっきやぎょう》」と呼んだ。なぜか、ほとんどの現場が都のメーンストリート二条大路か一条大路だった。

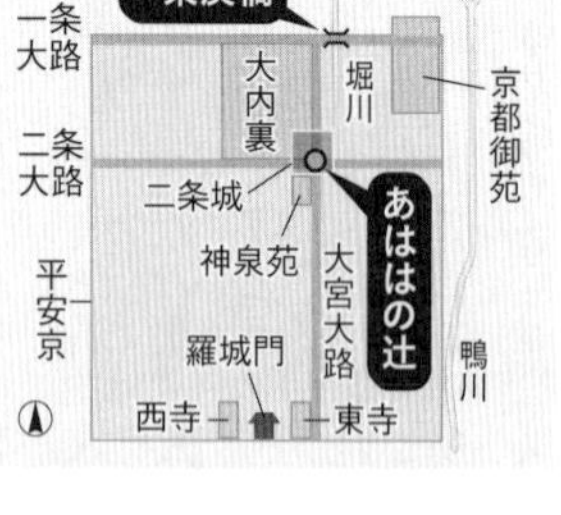

姿見えぬ存在

都に出没する鬼といえばまず酒呑童子《しゅてんどうじ》が思い浮かぶ。大江山（京都府北西部）を根城《ねじろ》に女性の誘拐、財宝強奪を繰り返した。だが彼は鬼を装う盗賊だったのだろう。源頼光に退治されてしまう。妖怪の一種である鬼は本来、人間の目に見えない存在だ。当時の辞書『和名類聚抄《わみょうるいじゅしょう》』は「隠《おん》」が「鬼」になったと説明する。

後の大納言、藤原常行が若い頃、恋人の家を目指して二条大路を東へ進んで行くと、火を煌々《こうこう》とともしてザワザワ騒がしい一団がやって来る。脇の神泉苑《しんせんえん》に逃げ込み、門からのぞくと、「人には

平安時代には鬼たちの出没ルートだった一条大路（現一条通）の「戻橋」。下を流れるのは堀川。

あらで鬼共なりけり」（『今昔物語集』）。ここには姿形の描写がなく、かえって恐怖心が増す。

地獄の役人

一方『宇治拾遺物語』には夜中、何者かが「諸行無常」と詠じて一条大路を行くので見ると馬の頭をした鬼だったという話が出てくる。馬頭人身は地獄

その頃

あの世から戻る

一条大路が堀川をまたぐ「一条堀川の橋」は「一条戻橋《もどりばし》」と呼ばれる。918年（延喜18）、文章博士兼大学頭の三善清行《みよしきよゆき》の葬列が橋を渡っていると息子の僧、浄蔵が修行先の熊野から駆け戻り、父を一時、生き返らせた。あの世から戻ったから「戻橋」というのだ。渡辺綱《つな》が橋で出会った鬼の腕を切り落としたという伝承がある。後に、切腹した千利休《せんりきゅう》の首がさらされるのもこの橋のたもと。

二条大宮交差点を「あははの辻」と呼ぶ理由は不明。「あわわ」は驚きの言葉とか、「逢《あ》ふ」に「は」が付いたとか、諸説ある。

の役人だ。現世に現れるはずはないのだが、恐怖心が呼び出したイメージなのだろう。我々が知る角を生やし、虎皮のふんどしの鬼が造形されるのは後の時代。室町から江戸時代に多くの『百鬼夜行絵巻』が制作されたが、そこに描かれた様々な化け物は平安時代の人々の想像の鬼とは別物だ。

「百鬼夜行」のルートは一、二の例外を除いて一条大路と二条大路だった。特に大内裏北東の鬼門に近い一条戻橋《もどりはし》と、大内裏南東角の二条大宮交差点、通称あははの辻付近だ。

歌人の馬場あき子さんは著書『鬼の研究』で、大内裏内の政争が生んだ怨霊が鬼の正体だと考えた。

王権崩壊の予兆

これに対し田中貴子・甲南大学教授は平安後期、大内裏が荒れ果て、天皇もよそへ移ってしまった後に百鬼夜行が多発する点に注目、「古代王権の崩壊の予兆に人々は不安を抱いた」と解釈する。武士の世である中世が間近に迫っていた。小松和彦・国際日本文化研究センター所長は「人間の心の闇、恐怖心から妖怪が生まれ、社会情勢が不安定になると必ずブームになる」と指摘している。

今、何度目かの妖怪ブームらしい。しかしあははの辻は二条城造営で消え、戻橋は夜も明るく、下を流れる堀川がコンクリートの水路に変じて、妖しい雰囲気がない。現代の京都で妖怪に会うのは難しい。

２０１３年６月27日付掲載

妖怪、自然……深泥池の怪

丑の刻参り、都市伝説　異界との境界

「深泥池《みどろがいけ》まで」と告げてタクシーに乗り込んできた女性が、到着すると消えていて、水にぬれた後部座席に運転手がゾッとした。そんな幽霊話で知られるのが京都市北部の深泥池だ。能『鉄輪《かなわ》』では丑《うし》の刻参りの女がこの池のほとりを通って貴船《きふね》神社を目指す。古くから不気味な話には事欠かない場所だ。多様な水生植物に覆われた景観は美しいが、なぜミステリースポットになったのか。

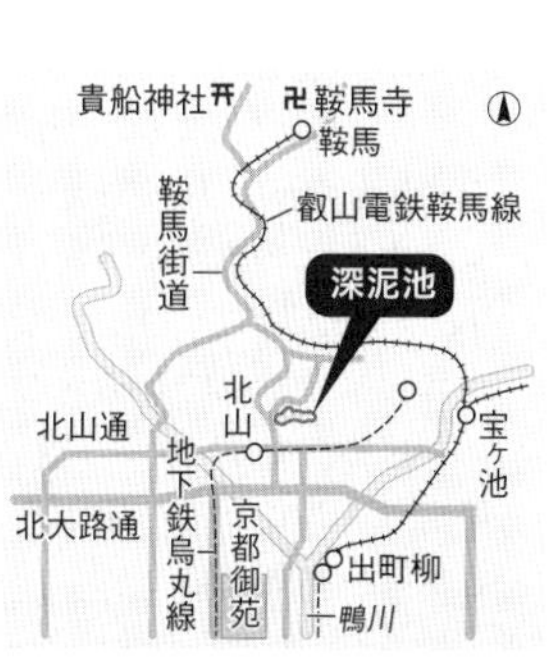

和泉式部も詠む

周囲1・5キロ、面積9ヘクタールの深泥池は北、東、南の三方を小高い山に囲まれ、西には鞍馬寺や貴船神社に通じる街道が走っている。「人里離れているが、都の貴族が参詣や狩猟のため訪れることがあった」と井上満郎・京都市歴史資料館長。そこは山の陰にあって湿っぽく、気配の怪しい空間だった。文献に現れた最初は平安時代前期の829年（天長6）。淳和《じゅんな》天皇が水鳥を狩った。平安中期の歌人、和泉式部は「名を聞けば影だにみえじみどろ池すむ水鳥のあるぞあやしき」と詠んだ。名を聞くと、もの影さえ見えないほどの寂しげな深泥池という。そこに水鳥がすむのも不思

夕闇が迫る深泥池。何かが現れそうな気配がする。

議だ、と。

小栗判官の大蛇

怪談に詳しい堤邦彦・京都精華大学教授は「妖怪の領域である山と、人間が暮らす平地の境界に深泥池はある。昔話で人が妖怪に遭遇するのはそういう場所だ」と指摘する。

女の幽霊が乗るタクシーの都市伝説は１９６０年代以降に広まったが、堤教授は、そのルーツとして中世から伝わ

その頃

魯山人も激賞　ジュンサイ

深泥池産のジュンサイは京料理の具材として知られた。水草の一種で、ぬめぬめとした新芽の先端が吸い物や酢の物に使われる。食通の北大路魯山人《きたおおじろさんじん》も随筆に、「どこのじゅんさいが一番よいかと言うと、京の洛北深泥池の産が飛切りである」とつづった。

地元農家の人が小舟に乗ってジュンサイ採りをしていたが、近くの浄水場から流していた水道水の影響や他の水草の繁茂で1960年頃、採取が中止された。近年、施設整備で水道水の流入を止め、ジュンサイが復活、適切な管理の下での採取再開も要望されている。

る「小栗判官《おぐりはんがん》」の物語を挙げる。都の貴族の息子を主人公にした波乱万丈の冒険譚《たん》だ。小栗が妻を得られるよう鞍馬寺に祈願に向かう途中、横笛を吹くと、笛の音に聞きほれた深泥池の大蛇が美しい姫に化けて現れ、二人は結ばれる。しかし大蛇と契ったとうわさになり、小栗は都から追放になり、冒険が始まる。

江戸時代には浄瑠璃や歌舞伎に脚色され、人気を呼んだ。堤教授は「深泥池の妖女は、中世から近世にかけ、人々の記憶に刷り込まれていった。その古層が顔を出した結果がタクシーの怪談」と分析する。

絶滅危惧100種超

深泥池の自然もミステリーじみている。14万年前から湿地として存在し、池面の3分の1を「浮島」が占める。これは枯死したミズゴケの塊で、西日本では通常、腐るはずなのに、固まって浮いている。寒冷地だけの植物、ミツガシワも氷河期から生える。その仕組みは解明されていないが、1927年（昭和2）に水生植物群落が天然記念物に指定された。

深泥池を調査する竹門康弘・京都大学准教授によると、絶滅の恐れがある動植物が100種類以上生息する。「生物多様性のホットスポットだ。それが大都市に残っていることの方が驚異的でミステリー」と語る。

2013年8月1日付掲載

鍾馗さん　なぜ多いの？

屋根の上　邪気悪病払う姿　親しみ

京町家の屋根に瓦製の人形が載っている。剣を携えたひげ面の男で、目をむき、道行く人をにらみつけている。「鍾馗《しょうき》さん」と親しみを込めて呼ばれ、他府県でも見掛けなくはないが、京都には3000体以上あるといい、全国で最多とみられる。なぜ鍾馗は京都に多いのか。

玄宗皇帝が起源

鍾馗は中国の厄除《やくよ》けの神だ。唐の玄宗《げんそう》皇帝が病気で寝ていた時、夢に小さな鬼が現れ、「災いをもたらす者だ」と言う。そこに登場した大きな鬼がその小鬼を食べ、鍾馗と名乗る。初代皇帝高祖《こうそ》の時代、科挙《かきょ》に落第して自殺したが、哀れんだ高祖が丁重に葬ってくれたので今回、恩義に報いたと自己紹介するのだった。病気が治った玄宗は画家に鍾馗を描かせ、以来、鍾馗は邪気悪病除けの神とされる。井波律子・国際日本文化研究センター名誉教授（中国文学）は「端午の節句に肖像画を掛け、年末には鍾馗に扮《ふん》した人々が鬼払いをした」と話す。日本でも鍾馗の五月人形を飾り、「鍾馗札」というお札を玄関などに貼った。

その鍾馗がなぜ屋根の上に載るようになったのか。

江戸後期広まる

手掛かりが江戸時代後期に巷《ちまた》の話題を集めた『街談文々集要《がいだんぶんぶんしゅうよう》』にある。京都三条の薬屋が屋根に大きな鬼瓦を据えると、向かいの家の女房が病気になった。女房を診察した医者が「瓦で鍾馗の像を作り、屋根に出すように」と助言。その通りにすると回復した、と。鬼瓦は邪気をはね返す。

花街の宮川町通を歩くと数多くの鍾馗さん（右上）を見かける。

その頃

浮世絵画題にも人気

鍾馗は厄除けとされただけでなく、浮世絵の画題としても人気だった。喜多川歌麿や葛飾北斎ら大物絵師が取り上げている。幕末から明治の河鍋暁斎《かわなべきょうさい》は虎に乗った勇壮な姿や、邪心を抱く美女の頭をつかむ鍾馗を描いている。鍾馗信仰は12世紀頃には中国から日本に伝わり、国宝「辟邪絵《へきじゃえ》」（奈良国立博物館所蔵）に、悪鬼を退治する他の神々とともに登場する。

能にも『鍾馗』という演目がある。シテ（主役）の鍾馗の霊が宝剣を持って御殿の隅々まで鬼神を追いかけて捜し出し、追い払う。

それを鍾馗が対抗してはね返したのだ。

魔除け好き気質

鍾馗を25年間研究する京都市西京区のデザイナー服部正実さんによると、他府県では大きな鬼瓦がある寺院の周囲に鍾馗を置く家がある。しかし京都では寺院周辺以外にも多い。「京都人は魔除け好きだから」と服部さん。「お向かいがするならうちも」という心理を、家々が密集する昔からの都市構造が助長したと分析する。ただし、近所同士で角が立たないよう、多くの鍾馗は高さ20センチ前後で目立たない。少し横を向かせる工夫も見られる。瓦製の「おたふく」を対面させ、邪気をほほ笑みで受け流す、という気遣いをアピールする家もある。

バブルの1990年前後、京都で多くの町家が取り壊され、鍾馗も減った。しかし近年、新しいマンションが京都らしい飾りとして鍾馗を置く例も見られる。

花街、宮川町のお茶屋「よし冨美」は鍾馗を3体配置する。「無事過ごせているのは鍾馗さんのお陰どす」と女将の小坂ふ美恵さんはいう。女所帯には最高のボディーガードのようだ。

2013年10月24日付掲載

冥途に通じる六道の辻

小野篁　井戸の暗闇で宗教儀式

「六道《ろくどう》さん」と呼ばれる六道珍皇寺《ちんのうじ》（東山区）の門前に「六道の辻」と書かれた石碑が立つ。古来、ここはこの世とあの世の境と考えられてきた。能の『熊野《ゆや》』でも「げに恐ろしやこの道は　冥途《めいど》に通ふなるものを」と謡われる。なぜ「六道の辻」があの世へ通じる入り口とされたのか。

閻魔大王を補佐

六道珍皇寺は平安時代初め頃の創建。公卿《くぎょう》の小野篁《たかむら》が彫ったとされる閻魔《えんま》大王坐像《ざぞう》が閻魔堂に安置されている。クワッと目を見開き、口を大きく開いた恐ろしげな形相《ぎょうそう》だ。

伝説では篁は昼、朝廷に仕え、夜は六道珍皇寺の井戸から冥界に通い、閻魔大王を補佐した。「直接見たから閻魔大王の表情を再現できた」と二十五世住職の坂井田良宏《りょうこう》さんは話す。右大臣藤原良相《よしみ》が死後、閻魔王宮で篁に会った話が説話集『今昔物語集』に出てくる。良相は罪を犯した篁をかばったことがあり、篁が「この大臣は心正しく、人に親切な人です」と閻魔大王に言ってくれたため生き返った。その後、宮中で篁に再会、「人には仰《おっしゃ》らないように」と口止めされる。

小野篁はこの井戸を下りて毎夜、冥界に通ったという（六道珍皇寺）。

六つの世界

六道珍皇寺は平安京の東の埋葬地、鳥辺野《とりべの》の入り口にあった。洛中《らくちゅう》の死者は三途《さんず》の川に見立てた鴨川を越えて寺へ運ばれ、引導を渡された後、葬られた。坂井田住職は「門前のあたりがこの世の最終地点、冥界の入り口と信じられた」と説明する。付近が「六道の辻」と呼ばれるようになったのは中

その頃

赤ん坊　あめで育てた幽霊

六道珍皇寺の近くに老舗あめ屋「みなとや幽霊子《こ》育《そだて》飴《あめ》本舗」がある。店名は、かつて店を女の幽霊が訪れたという言い伝えによる。

約400年前のこと、女が夜ごと水あめを買いに来るので、不思議に思った店主が後を追うと、鳥辺野の墓地で姿を消し、土の中から赤ん坊の泣き声が聞こえる。掘り返すと、あめをしゃぶる赤ん坊が現れた。身ごもったまま葬られた女が死後に生まれた赤ん坊をあめで育てていたのだ。幽霊は姿を消したが赤ん坊は成長して高僧となり、68歳で亡くなったと伝わる。

世の頃から。六道とは仏教でいう「地獄道・餓鬼《がき》道・畜生《ちくしょう》道・修羅道・人間道・天道」の六つの世界。死者は閻魔大王に生前の行いを裁かれ、行き先を決められるのだ。

見つかった出口

冥界の入り口は「ピンポイントでは境内の井戸」と八木透・佛教大学教授（民俗学）は指摘する。地中という未知の世界につながる真っ暗な、不思議な空間に、人々は冥界をイメージしたのだ。

ではなぜ篁の冥界通いがうわさになったのか。宗教民俗学者の五来重《ごらいしげる》は著書『宗教歳時記』に、篁が井戸の中で密教の修法や陰陽道の祭りを行ったのだろうと書いている。身長が190センチ近く、文武に優れた才人で目立ったため「この世とあの世を行き来できる特殊な人物と見なされた」と八木教授も推測する。

明治時代初期まで六道珍皇寺の境内だった隣接地で2011年、水をたたえた古井戸が見つかった。篁が冥界からの出口とした井戸が別にあるという言い伝えがあり、それに合致した格好だ。

夜、井戸をのぞき込むと、そこは深い闇の中。底までの距離感がつかめず、吸い込まれそうな気がする。

2014年2月27日付掲載

神聖な森で何をただす

嫉妬心　女性に二股の真偽迫る

賀茂川と高野川の合流地の州に「糺《ただす》の森」（左京区）が広がる。面積12万4000平方メートル。「ただす」は森に覆《おお》われた州の地形を意味したという説がある。ところが平安時代になると、これに漢字の「糺」が当てられ、真偽をはっきりさせるという別の意味に変わる。なぜか。

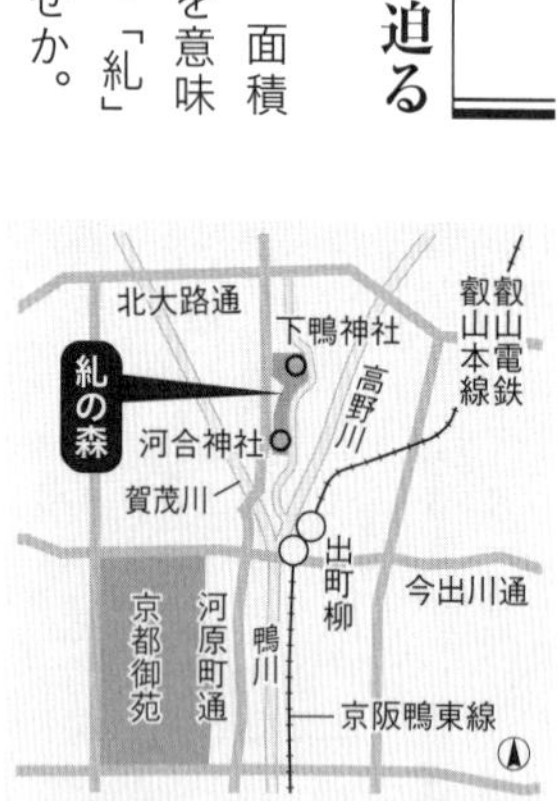

「只洲」「直澄」

平安京造営前から存在する下鴨神社の鎮守の森で、本殿へ向かう表参道のそばを泉川と瀬見《せみ》の小川が流れる。

1970年代から森を調査する森本幸裕・京都学園大学教授（景観生態学）によると「古代の原野の面影をとどめている」。樹木3600本以上。樹齢200年超の古木も多い。しばしば洪水に遭う州なので、水辺を好み成長が早いムクノキやケヤキなどニレ科の落葉広葉樹が優勢になった。新緑に紅葉に、季節ごとに色を変える。

明治時代前期の地形図を見ると、伏流して地上にほとんど水がない高野川と賀茂川がここで合流

平安京以前の原野の面影をとどめる「糺の森」。

し、地上に水が湧き出している。「水に恵まれた神聖な場所で祭祀《さいし》が行われるようになった」と森本教授は解説する。

「洲《す》」に強調の意味の「只《ただ》」を付けて「只洲《ただす》」と書いた。澄んだ水が直《じか》に湧《わ》くことから「直澄《ただす》」とも書いた。植物のタデが群生するタデの州で「ただす」など、だじゃれっぽい語源説も伝わる。

その頃

鴨長明　下鴨神社ゆかりの庵

「ゆく河の流れは絶えずして、しかももとの水にあらず」の書き出しで知られる随筆『方丈記』の著者、鴨長明は下鴨神社の神職の家に生まれた。歌人として活躍したが、父親を早く亡くし、糺の森の西南にある摂社・河合《かわい》神社の禰宜《ねぎ》になる念願が一族の反対でかなわず、50歳で出家。点々と居場所を変えた後、京都・日野に結んだ一丈（約3メートル）四方の庵《いおり》で『方丈記』をつづった。河合神社境内に復元された庵がある。移動に便利な組み立て式で、21年ごとに社殿を建て替えた下鴨神社の遷宮の例に着想を得たとされる。

歌の掛けことば

平安時代、ウグイスの鳴き声や森林浴を楽しむ貴族が森を「歌の題材にした」と山本淳子・京都学園大学教授（平安文学）はいう。色好みの平中《へいちゅう》を主人公にした『平中物語』に「いつはりをただすの森の木綿《ゆふ》だすきかけて誓へよわれを思はば」という歌がある。女の二股を疑い、うそを「糺す」森の神に、背く心はないと誓うよう迫ったのだ。結局、女は別の男になびくが、「ただす」の森に「糺す」を掛けた表現がしゃれていると流行する。

清少納言の『枕草子』に一条天皇の皇后定子が詠んだ「いかにしていかに知らまし偽りを空に糺の神なかりせば」という歌がある。和泉式部や『源氏物語』の主人公光源氏も「偽りを糺す」森の神を歌にした。

山本教授は「数々の歌があって、森は人間が悪さをしないか見ている神が宿る、精神的な空間と考えられるようになり、糺の森の地名も根付いた」とみる。平中の嫉妬心が生んだ地名だったわけだ。

パワースポット

近年、糺の森は不思議な力を授かる「パワースポット」として人気だ。同神社の新木直人宮司は「森に入ると気分がすっとして、心が落ち着く。古代人が見いだした感覚を、現代人も求めている」と話す。

２０１４年３月27日付掲載

御所が欠けているのは……

鬼門の東北角に猿の木像

京都御所（上京区）は、公園として整備された京都御苑内にある旧皇居で、南北が約450メートル、東西約250メートル。長方形の敷地を築地《ついじ》塀が囲うが、その東北角が90度、内側に折れ曲がり、角が切り取られた形になっている。伝統日本の顔である御所になぜ、欠けた所があるのか。

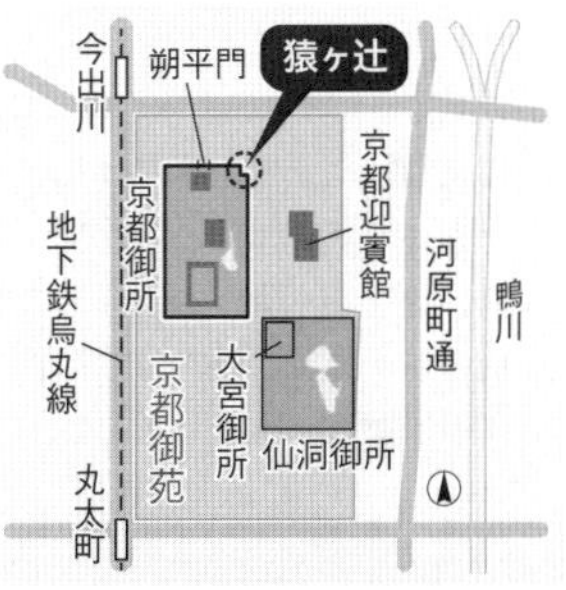

もとは里内裏

今の京都御所と同じ場所に平安時代、土御門洞院《つちみかどとういん》殿という邸宅があった。鎌倉時代にかけて、天皇が一時的に内裏《だいり》として使う里《さと》内裏の一つだったが、南北朝時代に北朝の天皇がここに定着。皇居にふさわしく足利義満が敷地を拡張した。その東北角がへこんでいたという記録はない。以降、織田信長や豊臣秀吉ら、時の権力者によって整備、拡張が重ねられてきたが、京都市歴史資料館の伊東宗裕さんによれば、御所の敷地の形状が図面で分かるのは江戸時代から。

江戸時代、京都御所は火事などで8回建て替え。造営時の元号で慶長度、寛永度、承応度、寛文

東北角が欠けた京都御所。この付近を「猿ヶ辻」という。右奥に朔平門が見える。

度、延宝度、宝永度、寛政度、安政度の内裏と呼ばれる。幕府で内裏の造営を担当した中井家に伝わった『中井家文書』を確かめると、1613年造営の慶長度内裏から東北角が欠けている。以降の内裏も同様だ。欠けの起源は「慶長、あるいはその前の戦国時代」と伊東さんはいう。ただし「平安京内裏にまでさかのぼることはない」とみる。

その頃

「朔平門外の変」が「猿ヶ辻」に

1863年（文久3）5月20日深夜、尊王攘夷《そんのうじょうい》派の公卿《くぎょう》、姉小路公知《あねがこうじきんとも》が京都御所からの帰宅途中、朔平《さくへい》門外で暗殺されるという事件があった。「朔平門外の変」だ。その後、変事と鬼門が連想を誘うのか、「猿ヶ辻の変」という呼び方が広まる。

ただ猿ヶ辻は朔平門の東約100メートル。地理的にこの呼び名は不自然に見える。これには訳があって、事件当時、猿ヶ辻と門の距離は12メートル。その3年後に御所の東北部が拡張され、猿ヶ辻も東へ移動したのだ。以前の猿ヶ辻は、目の前に有栖川《ありすがわ》宮邸が迫り、今より見通しが悪かった。

鬼の侵入防ぐ

現在の京都御所は1855年造営の安政度内裏だ。欠けた東北角の軒下に猿の木像が置かれ、京都御苑《ぎょえん》管理事務所が立てた駒札《こまふだ》によれば「御所の鬼門を守る日吉山王神社（日吉大社）の使者」という。付近は「猿ヶ辻」と呼ばれる。

鬼門《きもん》は陰陽道《おんみょうどう》で鬼が出入りするとされる艮《うしとら》の方角（東北）。日吉大社は京都の東北に位置する比叡山延暦寺の護法神で、都への鬼の侵入を防いでいる。さらに御所では鬼が中に入らないように敷地の東北角をカットした、と伝わる。

魔除けの猿が夜中にうろついていたずらをするのが「帝のお耳にまで入ったので、釘づけにして金網をかむせたら、そのことが止《や》んだ」という話もある（井上頼寿『京都民俗志』）。

江戸期の伝承か

鬼門にまつわる話の多くは言い伝えだ。国文学者の田中貴子・甲南大学教授は「京都の話というと、すぐ平安時代にさかのぼろうとする人が多い。しかし実は秀吉以降、江戸時代に生まれた伝承が多い」と指摘している。

猿の木像は江戸初期の伝説の名工、左甚五郎作という。敷地の東北角カットが確認できる最初が江戸初期の慶長度内裏なので、時期的には話が合っている。

2014年4月3日付掲載

あ、雷「くわばらくわばら」

菅原道真のたたり　桑原はセーフ？

ピカッと空が光り、鳴り響く激しいとどろき。あ、雷、と思った瞬間に口をついて出る言葉が「くわばらくわばら」だ。「自分の所に落ちないで」と願って唱える呪文で、雷以外にも、災い全般に通用するという。この言葉は京都から始まったという説が有力。ではなぜ「くわばら」なのか。

菅原家の桑原

雷に関係して歴史に名をとどめるのが菅原道真だ。「くわばら」という言葉も道真から出たといわれる。平安時代前期の貴族で学者でもあった道真は天皇の信任厚く、臣下ナンバー2の右大臣に上り詰める。しかし左大臣藤原時平《ときひら》の中傷で九州の大宰府《だざいふ》に左遷《させん》。失意のまま翌々年没する。その直後から都を災いが襲う。時平ら藤原氏が次々病死。天皇が住む清涼殿に落雷があって死傷者を出し、ショックを受けた醍醐天皇も亡くなる。これはたたりに違いないと朝廷は北野天満宮（上京区）を建て、道真をまつる。以降、道真は雷を落とす天神として信仰される。

天神信仰には様々な民間信仰が付け加わる。一つが「くわばらくわばら」だった。道真は領地の

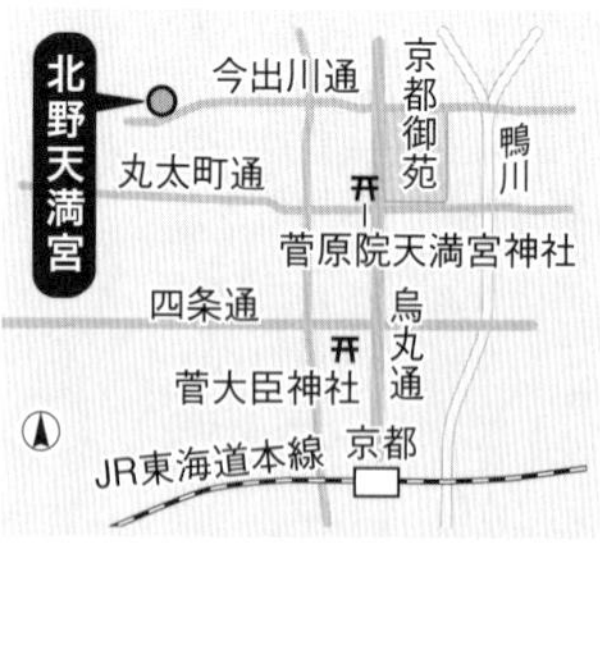

菅原道真をまつった北野天満宮。毎年6月1日には雷除大祭が営まれる。

桑原には雷を落とさない。だから「くわばらくわばら」と唱えればよい、と。

江戸中期、小野高尚の随筆『夏山雑談』に「桑原といふ所は、むかし菅（原）家のしろしめたる處《ところ》なり……雷の堕《おち》たりし時、此《この》桑原には一度もおちず。これによって京中の児女子、雷土《いかづち》の鳴《なる》時は桑原桑原といひて呪《まじない》しけるとなり」とある。

その頃

出生地も諸説あり

菅原道真の出生地については諸説ある。

現在の京都御苑《ぎょえん》に隣接する菅原院天満宮神社（上京区）は菅原氏の邸宅があったとされる場所。道真の祖父の代から居住していたが道真没後、その菩提《ぼだい》を弔《とむら》うため歓喜《かんき》光寺《こうじ》が建立され、寺はその後、別の場所に移されたという。菅大臣神社（下京区）も菅原氏の邸宅跡で、学問所があったという話も伝わる。このほか奈良県、島根県にも伝承がある。また全国の菅生という地名が、しばしば菅原氏が生まれたという意味にとられ、道真誕生と結びつけて語られる。

桑原は地名のようだが、江戸時代より古い文献がないため、それが具体的にどこなのか、本当に領地だったのかも分からない。

後世の人物説

論文「『クワバラクワバラ（桑原桑原）』考」を発表した同志社大学の竹居明男教授（日本文化史）は「菅原家の子孫に桑原と名乗る人物がいて、人々は道真のつもりで桑原と唱えた」と推測。「くわばら」が広がったのは江戸時代とみる。

桑原という名の地方では道真から離れた伝承も生まれた。大阪府和泉市桑原町の西福寺には「雷井戸」がある。この中に落ちた雷様が閉じ込められ、この地には二度と落ちないと約束した。だから「くわばら」だと。兵庫県三田市桑原の欣勝寺にも同様の話がある。

全国では天神様

民俗学の柳田国男が著書『赤子塚の話』で「クハバラクハバラと唱へることは、ほとんど日本一般の風習であると見えて、何処《どこ》に往《い》っても……似たやうな説明をする」と紹介している。

ただ、神様として全国どこでも信仰されるのは菅原道真だ。雷が鳴ったら、それがどこでも、天神様のことを思い、「くわばらくわばら」と唱えたい。

２０１４年４月17日付掲載

町の中心地「へ、そう」 六角堂

「へそ石」 中世後 存在感

JR京都駅と京都御所を結ぶ道路が烏丸通で、六角通との交差点を東に入ったところが六角堂（中京区）だ。六角形の堂の手前、地面に六角形の「へそ石」がある。直径約45センチの中央に丸いくぼみ。確かにへそにも見えるが、これが京都の町の「へそ」だという。どういうことか。

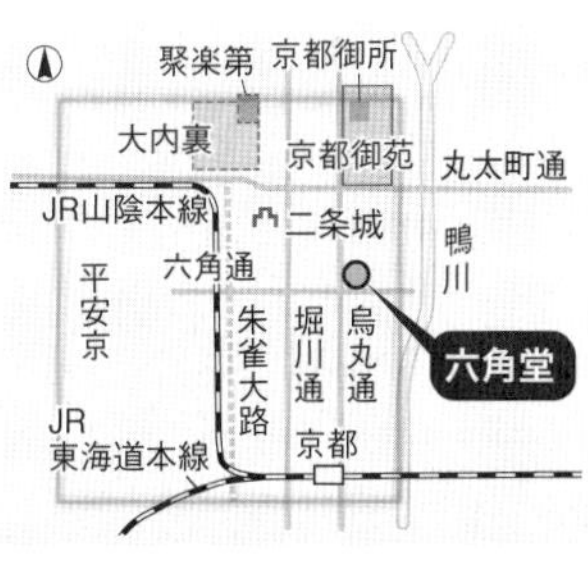

寺建物の礎石か

六角堂は正式名称を頂法寺《ちょうほうじ》といい、587年、聖徳太子が四天王寺（大阪市天王寺区）を造るため用材を求めてこの地を訪れた際、観音菩薩《ぼさつ》のお告げがあって建立したとされる。いけばなの池坊発祥の地で、代々、住職が家元を務めている。

へそ石はへそをかたどったわけではなく、寺の建物の礎石《そせき》、あるいは灯籠の台座と見られる。鎌倉時代の仏教書『元亨釈書《げんこうしゃくしょ》』によれば、平安京造営時、六角堂が立つ場所を道路にしたいと桓武《かんむ》天皇の勅使《ちょくし》が祈願。すると暗雲が立ちこめ、堂が5丈（約15メートル）ほど北へ移ったという。元の堂の跡がへそ石というわけだ。

実際、明治時代まで石は六角通の真ん中にあった。車の通行に邪魔で、境内に移したのだ。大正時代の『京都坊目誌《ぼうもくし》』には「俗に臍《へそ》石と云《い》ふ……土俗之《これ》を京の中心《まんなか》と呼べり」とある。

平安京は大内裏

同寺の田中良宜《りょうぎ》執事は「寺伝にへそ石は出てこないが、人体の中心のへそに似ていることもあっ

へそのように見える「へそ石」。京都の中心といわれている。

その頃

何度も火災で焼失

豊臣秀吉は平安京の大内裏があった場所に聚楽第《じゅらくだい》を築き、京都を自らの城下町にしようとした。江戸幕府を開いた徳川家康は京都での滞在場所として二条城を造った。
しかし町衆が心を寄せたのは六角堂だった。応仁の乱以降、何度も火災で焼失するが、その度、町衆の寄付で再建された。資金集めに本尊のご開帳もたびたび行われた。それでも資金が足りず、堂が四角形だった時期もあるという。
現在の本堂は1877年（明治10）再建。その後方の池坊会館は京都市内で最初の高層ビルとして1977年完工。

て、近辺の人々がそう呼ぶようになった」と推測する。ではなぜ、そこが「京都の中心」になったのか。

平安京の時代、真ん中は北辺の大内裏《だいだいり》から南に延びる朱雀《すざく》大路だったが、人々が意識した中心は「天皇が政務を執った大内裏だった」と山田邦和・同志社女子大学教授（文化史学）はいう。

町衆集まる場に

六角堂の存在感が高まるのは平安中期以降のこと。平安京の西半分の右京が衰退、東半分の左京が北と東へ拡張して中世京都に生まれ変わる。六角堂はそのほぼ真ん中に位置した。一方、天皇は摂関《せっかん》政治、院政、そして武家政権によって政治の中心から外され、大内裏も荒れ地に成りはてる。

応仁の乱以降、六角堂は町を復興した下京の町衆が集まる「町堂《ちょうどう》」となる。年中行事の町ごとの費用割り当てをここで行い、日蓮宗徒の町衆が一向宗と戦った天文法華一揆（1532）では出撃場所にもなった。地理的に大勢が集まりやすい六角堂が町の中心という意識が高まっていく。

江戸時代の名所案内『都名所図会《ずえ》』は六角堂の門前にへそ石らしきものを描く。京都市歴史資料館の井上幸治さんは「へそ石に近い呼び名が付いたのがこの頃。当時の人々がこの石を中心と見たのでは」と話す。

本来、へそ石は信仰の対象ではないが、さい銭を投げ、手を合わせていく人が今も後を絶たない。

2014年6月5日付掲載

路傍の地蔵　町衆と暮らす

町内安全、子どもの成長見守る

京都の町を歩くと、行く先々でお地蔵さんに出合う。市内に1万4000体以上。数十メートル置きに並ぶ通りもある。民家の軒先や路地奥の祠《ほこら》に納められた石の地蔵に近所の人がそっと手を合わせ、8月下旬には、町内ごとに「地蔵盆」も行われる。なぜ京都に地蔵は多いのか。

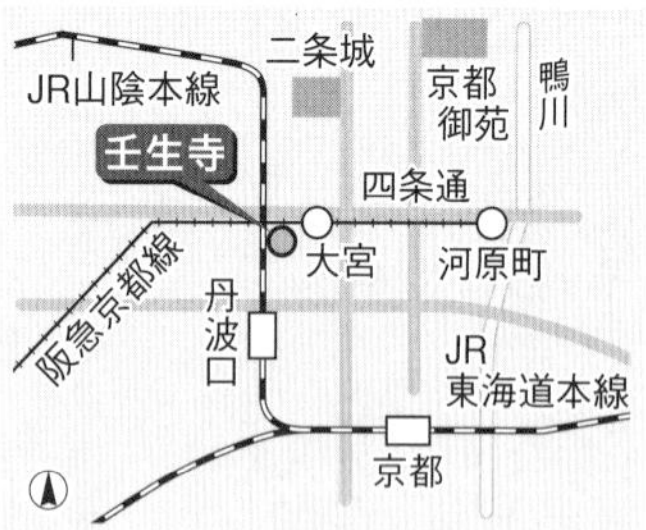

自治会7割保有

1体以上の地蔵がある自治会・町内会は京都市の調査で2632。全体の71%に当たる。西陣の中心部、26町内の地蔵や地蔵盆を調べた成逸住民福祉協議会の川田雄司副会長によると、お供えの水や花の交換は役員の持ち回りだったり、町内によっては有志が行ったり。祠が設置される軒先などは土地所有者の提供であることが多い。「親はお地蔵さんに『子供が病気せず賢くなりますように』と祈り、子供も自然と手を合わせる。それが生活の一部になっている」と川田さん。

釈迦の死から56億7千万年後に弥勒菩薩《みろくぼさつ》が出現するまでの間、地獄・餓鬼《がき》・畜生《ちくしょう》・修羅《しゅら》・人間・

地蔵盆を前に祠の掃除をする町内の住民ら（下京区）。

天上の六道《ろくどう》に地蔵菩薩が現れて人々を救う。賽《さい》の河原で石を積む子供を助けるので、子供の守り仏ともされる。

平安時代から信仰

地蔵信仰は平安時代の京都で広まった。地蔵菩薩を本尊とする壬生寺《みぶでら》（中京区）の松浦俊昭《しゅんしょう》副住職は「慈

その頃

狂言でも地蔵菩薩が主要

壬生寺では春、秋、節分に壬生狂言が上演される。仮面をつけ、かねや太鼓、笛のはやしに合わせて無言で演じる。鎌倉時代の住職、円覚《えんかく》上人が仏の教えを身ぶり手ぶりで説いたのが始まりとされる。

30演目のうち、地蔵菩薩が主要な役で登場するのが2演目。「餓鬼角力《すもう》」では、地獄の鬼と相撲を取る弱い餓鬼（死者）が地蔵菩薩に力をもらって勝つ。「賽の河原」は、閻魔《えんま》大王のさばきで釜ゆでにされ、舌を抜かれた罪人が地蔵菩薩の祈りで改心し、人間界に生まれ変わる物語。地蔵菩薩はいつも人間の味方だ。

悲深い仏として庶民に浸透し、お堂の奥ではなく路傍に祭られた」と説明する。中近世京都で町が住民自治の単位となり、職業ごとに集住した。真下美弥子・京都精華大学元教授（京都学）は「町には門があり、夜間は閉じられた。そこに地蔵が町内安全の守り仏として設置された」という。

地蔵盆は地蔵の前で行う。集まった町内の子供たちに菓子を配ったり福引をしたり。僧侶の読経もある。そのルーツは地蔵祭といい、やはり京都発祥とされる。江戸時代初期の『山城四季物語』が書いている。「童子の業として、道のはた辻々の石仏をとりあつめて、地蔵と名付、顔白く色どり、花を手折、供物をささげて地蔵祭をなすなり」。

壬生寺900体保管

明治初めの廃仏毀釈《はいぶつきしゃく》で地蔵は廃棄《はいき》されるが、ほとぼりがさめた頃、地中に埋めていた地蔵を掘り出すなどして地蔵盆も復活する。現在、壬生寺は都市開発で撤去された地蔵など、約900体を保管。地蔵盆の時期には、地蔵を持たないマンションや新興住宅地の町内会に貸し出す。

八木透・佛教大学教授（民俗学）は「地蔵盆は町内結束の手段として見直されている」とみる。京都に暮らす人々は長い歴史と、そして今も街角に息づく地蔵信仰によって固く結ばれている。

2014年8月14日付掲載

太秦はなぜ「うずまさ」?

渡来系・秦氏の偉大な功績

京都市西部の右京区に太秦《うずまさ》という地名がある。太秦○○町というように、その名を冠する町は80以上。その大半は住宅地となっているが、国宝・弥勒菩薩半跏《みろくぼさつはんか》像で有名な広隆寺《こうりゅうじ》があり、嵯峨野、嵐山の観光地にも近く、全国から観光客が訪れる。地図や表示板の「太秦」を「うずまさ」と読むことができる人もきっと多いだろう。それでもこの2字でなぜ「うずまさ」なのか。

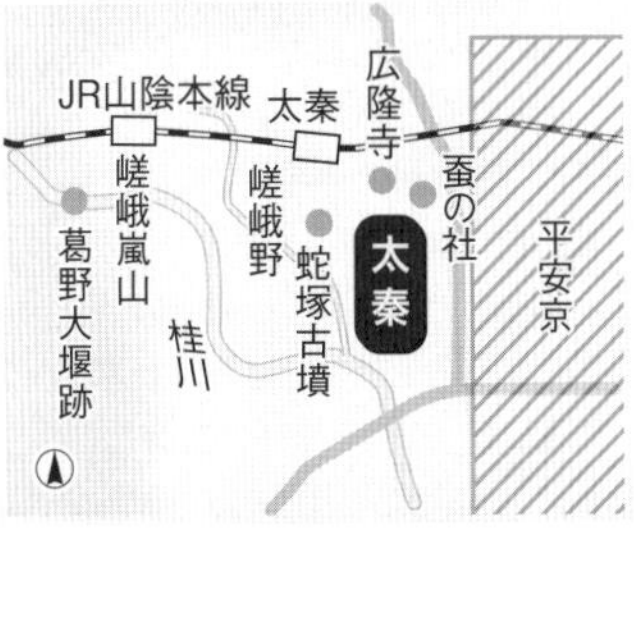

進んだ技術

「秦」の字が示す通り、このあたりは渡来系の秦《はた》氏の拠点だった。彼らは進んだ技術によって太秦を含む嵯峨野一帯を開発した。葛野《かどの》川（桂川）の渡月橋が現在あるあたりに大堰《おおい》、つまりダムを築き、用水によって土地を農地化していく。

広隆寺は6世紀から7世紀前半にかけて朝廷に仕え、財政を支えた秦河勝《かわかつ》が建立した。秦氏の養蚕技術との関係から蚕《かいこ》の社《やしろ》の名前で親しまれる木嶋《このしま》神社も太秦にある。

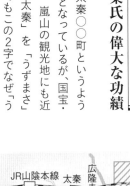

石で組んだ神座を中心に据えた蚕の社の三柱鳥居。秦氏の姿を謎めかして見せる。

語源には諸説

「うずまさ」という言葉はどこから来たのだろう。▽ウズは秦氏の出身地とされる朝鮮半島の地名、蔚珍《ウルチン》がなまった。マサは朝鮮語で村を指す▽古い日本語で族長的な人物を「うず（づ）まさ」と呼んだ——など諸説ある。秦氏の祖先をユダヤ人とする話まであって、古代ヘブライ語で光を指す「ウズ」と賜物《たまもの》を意味する「マサ」を組み合わせたというのだ。蚕の社には3本柱の「三柱鳥《みはしらのとり》

その頃

全長75メートルの蛇塚古墳

京都・嵯峨野に古墳が現れるのは古墳時代中期の5世紀後半になってから。居住に適さなかった地域が豪族によって開発され始めた時期を示し、それは秦氏のものとされる。

近年の宅地開発などで壊されたものもあるが、そのスケールに息をのむのが太秦面影町にある6世紀の蛇塚古墳だ。巨石をいくつも組み合わせた丘のような姿で、石室がむき出しになっているが、元は全長75ートルの前方後円墳だったと考えられる。今、石室の周囲をぐるりと家々が取り囲んでいる。不思議な空間だ。

居《い》」があり、これがユダヤ・キリスト教の三位一体を表す、と。

『謎の渡来人　秦氏』の著者、水谷千秋・堺女子短期大学准教授によれば「確かなのはうずまさが最初、個人の尊称として登場したこと」。『日本書紀』の雄略天皇15年（471）、秦酒公《さけのきみ》が上質の絹地をうずたかく積み上げて献上し、朝廷から「禹都《うず》（豆）麻佐《まさ》」の姓を賜った、とある。

その後、酒公の子孫が本家本流をアピールするため偉大を意味する「太」を「秦」の前に付けて「うずまさ」と読ませたのだろう。一族の河勝も東国の土着宗教勢力を討伐した功績をたたえる歌の中で「うずまさ＝太秦」と呼ばれた。

尊称から地名に

それが地名になった。『日本書紀』の推古天皇31年（623）、広隆寺のことを「葛野秦寺《うずまさでら》」と書いている。井上満郎・京都市歴史博物館長は「河勝の生活地だから地名としても使われた可能性が高い」という。京都が「京」と呼ばれる前から秦氏は繁栄した。「秦氏をはじめとする大陸からの渡来民がいなければ、日本の発展は100年遅れていた」と井上館長。

作家、司馬遼太郎は旅行記『街道をゆく』で「嵯峨野を歩いて古代の秦氏を考えないというのは（中略）鈍感なこと」と注目を促した。平安京以前の京都盆地を想像しながら太秦、嵯峨野巡りをしてみたい。

2013年5月16日付掲載

ぽんとの語源　どれがホント

橋のたもとか、カルタの賭けか

「〽富士の高嶺《たかね》に降る雪も、京都先斗町《ぽんと》に降る雪も、雪に変わりはないじゃなし、とけて流れりゃ皆同じ」。花街の恋を歌った１９６４年の流行歌『お座敷小唄』を覚えていて、その町名を正しく「ぽんと」と言える人も多いだろう。鴨川の四条大橋西詰めから北、全長５００メートルの狭い通りの両側に、料理屋やお茶屋など、京都らしい情緒の店が並ぶ町になぜ「ぽんと」という風変わりな名前が付いたのか。

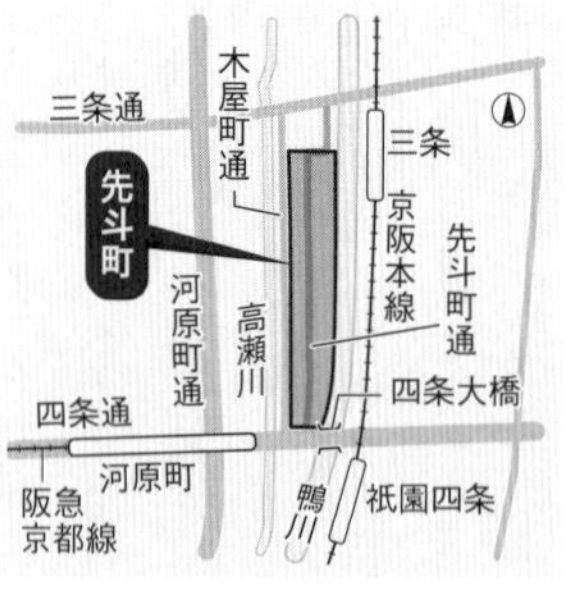

昔は鴨川の河原

昔の鴨川は今より川幅が広く、この付近は河原だった。洪水防止のため江戸幕府は１６７０年（寛文10）、石垣を築く。出来上がった堤防部分を、当初は新河原町通といい、やがて先斗町通と呼ぶようになった。早い例では82年に刊行された井原西鶴の『好色一代男』に「ぽんと町の。小宿にかへりぬ」という記述が見える。色好みの男が訪れたような「宿」が増え、町は江戸後期、花街《かがい》として認可される。奥座敷が鴨川に面し、向こうに東山が見えるという抜群の立地だ。今もこの季節、川に張り出す納涼床で客を楽しませている。

夕刻の京都・先斗町。おこぼの音を響かせ、舞妓がお座敷に向かう。

ポルトガル語説

『広辞苑』の編者で言語学者の新村出は「先斗」の語源を探った。随筆『ぽんと町称呼考』(1925)で様々な説を紹介している。

橋のたもとなのでポルトガル語の「ポンテ(橋)」から名付けた。なるほど江戸時代に入った外来語にはポルトガル語が多い。

その頃

布教と共に来日

カステラ、テンプラ、タバコにカルタ。いずれもポルトガル語から日本語に入った。近世初期にヨーロッパから来日したキリスト教徒がもたらした、それまでの日本人が見たことのない文物の名前だ。

彼らが布教の拠点としたのが南蛮寺だ。織田信長の保護の下、1576年(天正4)、京都市中京区蛸薬師通室町西入る姥柳《うばやなぎ》町に建設された。日本初の本格的な教会だったが、11年後、豊臣秀吉のバテレン追放令によって破壊された。

1973年、発掘調査が行われ、ミサの光景を刻んだすずりが出土した。

鴨川と高瀬川の二つの「川」に挟まれた町が、両側に「皮」がある楽器の鼓に似ている。鼓を鳴らした「ポン」という音が町名に。こちらはこじつけの「奇説」と新村は注釈を加える。

賭博用語から

『広辞苑』に採用したのがカルタ賭博の用語「先斗（ポント）」説だ。「真っ先に金を賭ける」という意味で、これも元はポルトガル語だ。転じて鴨川に突き出した地形を指したとする。遊び客がしゃれ混じりに命名したのでは、と新村は推測した。

２０１３年４月、「ポントを解く」を出版した元銀行員の杉本重雄さんは「原語のポントには『即座』という意味があって、お金を後先に分けず、１枚目の札、つまり先ばかりに全額賭けることをいった」と説明する。そして江戸時代、「先ばかり」に「先斗」という漢字を当てた。「川沿いの先ばかりに家々が軒を連ねた様子を表した地名では」。

一方、歴史地理が専門の天野太郎・同志社女子大学准教授は「橋＝ポンテ」説支持だ。「江戸中期の地図を見ると、先斗町は橋を渡らないと到達できなかった。秘密めいた遊興空間に通う人々を見て、外来語を使った隠語的な地名を付けたのでは」。

決定打といえる史料はない。しかしそのミステリアスなところがかえって町の魅力を深めている。

２０１３年７月４日付掲載

天狗といえば……鞍馬でしょ

牛若丸に武芸指南の話　有名に

京都盆地の北、鞍馬山（左京区）は天狗《てんぐ》の本拠地とされる。平安時代末、山中の鞍馬《くらま》寺に預けられた牛若丸、後の源義経に平家打倒の兵法を授けたのが天狗で、幕末には鞍馬天狗と名乗る勤王の志士が町に現れ、新撰組と戦った。創作ではあるが、天狗といえば鞍馬なのだ。それはなぜか。

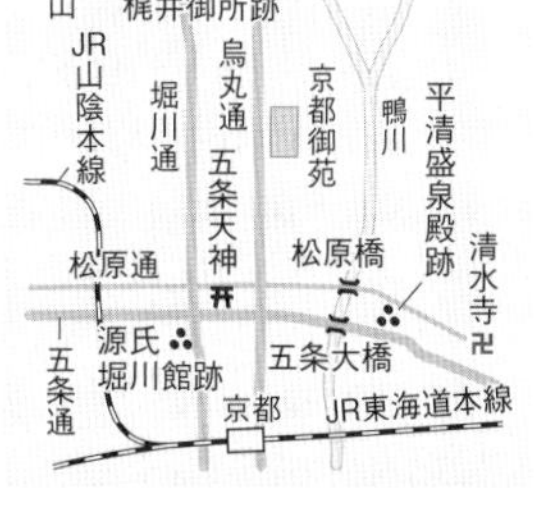

山伏姿の魔物

赤い顔で鼻が高く伸びている高《たか》天狗と、鳥のようなくちばしがある烏《からす》天狗がいて、ともに山伏の姿をしていることが多い。高下駄《たかげた》を履《は》き、手には羽うちわ。元は中国のもののけで、轟音《ごうおん》を発する流星を見た人が天でほえるイヌ（狗）、またはキツネと想像した。日本では鳶《とび》の化け物とみなされた。国際日本文化研究センターの小松和彦所長によれば「時代が下がるにつれ、山に住む魔物として、山伏や修験者ともオーバーラップ。修験道の聖地では魔除《よ》けの神としてまつるところまで現れた」。

金星から降臨？

平安初期に創建され、長く天台宗系の寺院だった鞍馬寺は戦後に独立、鞍馬弘教の総本山として、千手観音、毘沙門天《びしゃもんてん》、護法《ごほう》魔王尊の三身が一体となった「尊天」を本尊とする。このうち大地の力を象徴するのが護法魔王尊で、鞍馬寺の信楽香仁貫主は「変幻自在、常住不変。様々な姿で常に私たちを見守ってくださっている」と話す。650万年前、金星から降ってきたという伝承もある。寺は鞍馬天狗をその配下と位置付けるが、両者は同一視されることも多い。

境内の本殿金堂から奥の院へ向かう途中を僧正ガ谷といい、牛若丸はここで天狗から武芸を習っ

鞍馬山の木の根道で跳躍の修行をした牛若丸は、後に壇ノ浦で「八艘跳び」をしたと伝わる。

その頃

アラカンでおなじみ

時は幕末。風雲急を告げる京洛の巷《ちまた》。近藤勇《いさみ》率いる新撰組の行く手を阻むのは神出鬼没、謎の勤王の志士――。「鞍馬天狗」は大佛次郎が1924年から戦後60年代まで書き続けた時代小説シリーズだ。

主人公は「鞍馬天狗」と自称するが、鞍馬山の天狗と直接の関係はない。水戸藩で1864年に挙兵した尊王攘夷派の天狗党の生き残りという話もあったが、正体は明かされずじまい。

繰り返し映画化され、アラカンこと嵐寛寿郎が作り出した、黒頭巾に黒紋付き羽織の鞍馬天狗の姿が人々の記憶に焼き付いている。

た。『平治物語』や『太平記』に出てくる物語で、後に謡曲『鞍馬天狗』や『御伽草子《おとぎぞうし》』の「天狗の内裏」になる。義経伝説と相まって、鞍馬の天狗は鞍馬山僧正坊という名前の、日本一有名な天狗になったのだ。

秘仏隆鼻の絵

鞍馬山博物館の学芸員、曽根祥子さんによれば、鞍馬天狗を堂々たる隆鼻の天狗の姿に描いたのが室町時代の狩野元信筆と伝わる『鞍馬大僧正坊図』（鞍馬寺蔵）だ。ただしこれは秘仏とされていて、60年に1度の開帳でしか見ることができない。

昔の人は鞍馬寺に願掛けに参り、山中でものを拾うと、それが願いがかなうしるしと考えた。室町時代から続く和菓子の老舗「虎屋」（上京区）の二代目店主、黒川吉右衛門も参詣の帰り道、「黒川、黒川」と呼ばれ、草むらの中から毘沙門天像を見つけた。持ち帰って拝んだので店はその後500年近く繁盛している。

毘沙門天は今も秘仏とされ、店主の代替わりのときだけ開帳される。

2015年3月5日付掲載

八瀬童子　皇室と固い「絆」

山里の集落　明治、大正、昭和の大喪参列

比叡山西麓の集落、八瀬《やせ》に暮らす人々を古来、八瀬童子《どうじ》という。現在も120世帯がその名で呼ばれる。彼らは天皇の葬送で重要な役目を果たすことで知られる。明治、大正、昭和天皇の大喪《たいそう》に参列して、明治、大正両天皇の柩《ひつぎ》を担《かつ》ぎ、昭和天皇の代には担ぎ手が皇宮警察に替わったが、葱華輦《そうかれん》という特別の輿《こし》や霊柩車《れいきゅうしゃ》への柩の移動には侍従と共に手を添えた。なぜ彼ら山里の人々が選ばれたのか。

延暦寺の領地

比叡山《ひえいざん》と瓢簞崩山《ひょうたんくずれやま》の間を高野川が流れ、かつて若狭（福井県）から京都へ魚を運んだ鯖《さば》街道が走る南北5キロメートルに集落が点在する。

平安時代中期、八瀬は延暦寺《えんりゃくじ》の領地で、住民は寺の雑用を請け負った。童子は一般的に寺院の労働者をいう。延暦寺には皇室の子弟も僧侶として多く入り、八瀬童子が山中の道案内や警護を務めていた。「八瀬は京都市中から比叡山延暦寺への最短ルートに位置する」と、地元に残る古文書

を調べてきた京都市歴史資料館の宇野日出生さんは指摘する。

鎌倉幕府滅亡後に天皇親政を行った後醍醐《ごだいご》天皇は武家の足利尊氏《あしかがたかうじ》と対立し、1336年（建武3）に2度、京都市中から比叡山へ逃げている。その際も八瀬童子が弓矢を携え、同行したという。

八瀬童子が天皇との間に直接の関係を築くきっかけで、「伝説ではあるが、信ぴょう性は極めて高い」と宇野さん。

比叡山の麓、高野川に沿って家々が並ぶ八瀬の集落。

その頃

大海人皇子も癒やした「かまぶろ」

八瀬の「かまぶろ」は古代のサウナだ。壬申《じんしん》の乱（672）で矢を背に受けた大海人皇子《おおあまのおうじ》がかまぶろで傷を癒《い》やしたとされ、「八瀬（矢背）」の地名が付いたとの説もある。

土や石で作ったかまの中で青松葉をたき、火を引いてから、塩水をまいて蒸気を発生させる。むしろを敷いて横たわると神経痛やリウマチ、肩こりに効果があるという。京都の公家や茶人らが療養に出かけた。江戸時代中期には16軒の店があり、八瀬は湯治場《とうじば》として知られた。現在も地元や近隣の旅館でかまぶろを体験できる。

年貢免除の綸旨

後醍醐天皇が同年、八瀬に出した綸旨《りんじ》がその根拠だ。「年貢《ねんぐ》・公事課役《くじかえき》を免除する」と定め、八瀬童子の助力に報いる内容なのだ。年貢などの免除は歴代天皇も踏襲した。明治天皇のものまで、計25通の同内容の綸旨が残る。

八瀬童子も朝廷に恩義を感じ、御所で折々に天皇の輿を担ぎ、労働奉仕をした。明治維新後、明治天皇が1868年（明治1）と69年の2度、東京へ赴いた際は、八瀬童子108人が輿を担いだ。

輿担ぐ大役に

明治新政府により八瀬にも納税義務が課せられるが、宮内省が納税額分を下賜することで相殺した。また皇居内で天皇の輿を担ぐ輿丁《よちょう》に八瀬童子を採用し、交代で16人が東京の宿舎に住み込んだ。以降、天皇の即位や大喪で八瀬童子が輿丁の大役を務めることになったのだ。地元120世帯でつくる「八瀬童子会」理事の玉川勝太郎さんの父は農業と林業を営む傍ら3、4年皇居に単身赴任した。玉川さんも昭和天皇、香淳《こうじゅん》皇后の葬儀に参列。「皇室を身近に感じる」という。

戦後、無税などの恩恵は失ったが、感謝の念は変わらない。今も天皇、皇后両陛下が京都を訪れる度に代表者4人が送迎に出向き、交わされた会話は会員に伝える。「皇室と八瀬との特別な関係を、次の世代にも伝えていきたい」と語る。

2013年8月29日付掲載

「天使突抜」町名の由来は

古くは江戸時代の『洛中絵図』に登場

「天使突抜《てんしつきぬけ》」という町名が京都にある。天使と聞いてまず思い浮かべるのはキリスト教などのエンゼルだろう。しかし、この町の天使はキリスト教伝来よりはるかに古く、平安遷都《せんと》の頃から存在する。では突抜は何なのか。天使をグサリと突き刺すようで、みやびな都に似合わない気もするが、実は「○○突抜町」は市内に多数存在する。その多くは豊臣秀吉による京都の都市改造に由来するという。

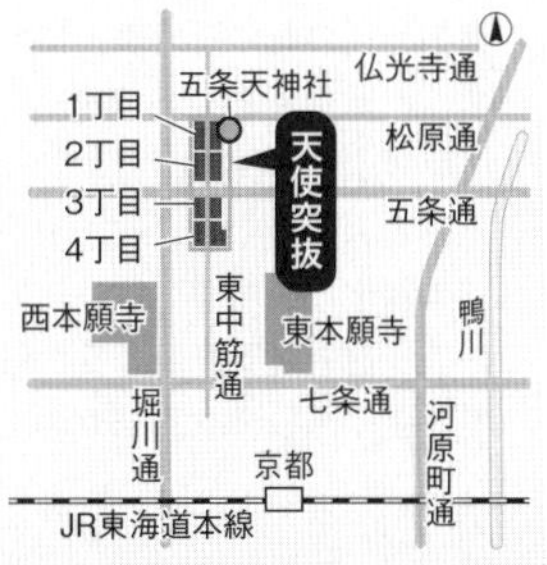

五条天神ゆかり

天使突抜1丁目から4丁目まで、北から順に四つの町が並び、その中央を東中筋通が南北に走る。町内には木造2階建ての民家が多いが、最近建ったマンションや、駐車場になっている地所もポツポツある。古くは江戸時代初めの『洛中絵図』(1637)に「天使壱丁目」から「天使四丁目」まで、突抜を欠いた名前で出てくる。少し後の観光案内書『京雀《すずめ》』(65)になると「天子のつきぬけ」や「天子の衝抜《つきぬけ》二町め」など、表記は違うが現在と同じ町名が見える。

町名の起こりとなった天使とは近所の五条天神社《ごじょうてんじんしゃ》(下京区松原通西洞院西入る)のこと。「天神さ

五条天神社の境内に道路を新設してできた〈天使突抜〉の町。その中央を東中筋通（奥が南方向）が走る。

ん」は一般に菅原道真をいうが、こちらの創建は道真以前で、社伝によれば空海が勧請《かんじょう》。祭神が少彦名命《すくなひこなのみこと》など3神で、天から使わされた神なのでかつては天使社などと呼ばれていたのだ。キリスト教以前の日本には別の天使がいたことになる。ついでにいうと、道真の天神さんは「てんじん」と読むが、こちらは「てんしん」。神職の和田武さんは「『てんじん』でも構わないが祝詞をあげる

その頃

木賊山　当時から商工業者

天使突抜1丁目を出発して、かつて天使突抜通と呼ばれていた東中筋通を北上すると、東西方向の仏光寺通に出たところで道が途切れる。そこは、木賊山《とくさやま》町といい、祇園祭の山鉾《やまほこ》巡行に木賊山を参加させる鉾町の一つ。木賊山は戦国末期に存在が確認できるので、当時から商工業者が住んでいたとみられる。

東中筋通の北の延長線上に小川通がある。錦小路通から出発して、上京の紫明《しめい》通に達する。小川という川の東岸を人が歩くうち道になり、豊臣秀吉の都市改造で整備された。道沿いに表千家と裏千家がある。利休切腹後、養子の少庵《しょうあん》に秀吉が与えた居宅が起こりだ。

時は濁らずに『てんしんしゃ』って言います」。
一方、突抜が付いた町名は、上京区に大原口突抜町、木下突抜町、真如堂突抜町、社《やしろ》突抜町。中京区には越後突抜町、仁王門突抜町。頭に何も付かない単なる突抜町も上京区に三つ、中京区に二つある。

秀吉が「串刺し」

これらの多くは秀吉の指示によって京都の碁盤の目の1区画を縦断、または横断して真ん中にもう1本新設した道路の名前だった。平安京の1区画は広い。貴族の屋敷や寺社が丸々使うならいいが、道路沿いに小さな民家が連なると、道路に接しない中央部分が死に地になりがち。そこで新しい道をつけたのだ。五条天神社の場合は、区画の中央部分まで境内だったが、「下京の町に繁華をもたらすため秀吉は神社を突っ切るかたちで通りを作らせた」と歴史作家の高野澄《きよし》さんは説明する。天使突抜通（現東中筋通）だ。道に沿って家が立ち並び、天使突抜が町名になった。

てんいち、てんに

由緒ある町名だが、長い。そこで町内に住む人々は天使突抜1丁目を略して「てんいち」、2丁目を「てんに」などという。少しもったいない気もする。

2013年10月3日付掲載

「錦」いつから「台所」に？

良質の井戸水　魚の鮮度保つ

京都の真ん中を東西に走るメインストリート、四条通の１本北が錦小路《にしきこうじ》通で、約４００メートルの間に鮮魚や青果、漬物、調理道具など、約１４０の商店が並ぶ。創業３００年超の店もある。「京の台所」と呼ばれる錦市場（中京区）だ。なぜここに店が集中して市場となったのか。

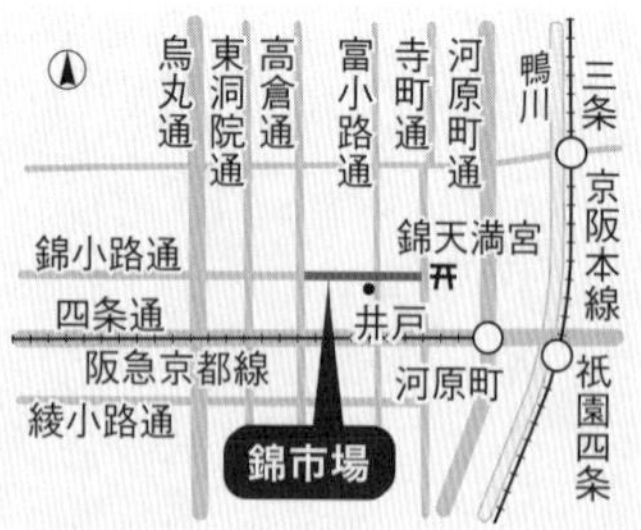

『宇治拾遺物語』には

「錦に買い物に行く」と言うと、高級絹織物の錦のイメージもダブって、少しぜいたく、という感じがする。実際、店頭売りのほか、高級料亭に食材を卸す店も多いのだ。

ところが13世紀成立の説話集『宇治拾遺《しゅうい》物語』によれば、ここは「糞《くそ》の小路」と、何ともひどい名前で呼ばれていた。それを耳にした帝《みかど》が、四条の1本南の「綾」小路と対になるように、「錦」小路と改めさせたという。元は「具足《ぐそく》小路」だったのが、短縮されて「くそ小路」と呼ばれたという説もある。いずれにしても「糞」のままでは市場として繁栄しなかっただろう。

京の食を預かる錦市場には観光客や修学旅行生も訪れる。

奈良時代末期から平安時代初期には、すでにここで物の売り買いがあったと伝わる。室町時代に現在の市場より100メートルほど西、東洞院通付近に魚市が立ったが、応仁の乱でにぎわいは失われる。

魚問屋の独占権

織田信長、豊臣秀吉の頃に商売の活気が戻り、江

その頃

若冲、市場再開に奔走

錦市場は18世紀、火災で免許状を焼失したことを発端に京都町奉行所から営業停止を言い渡される。その時、市場再開のため奔走《ほんそう》したのが絵師、伊藤若冲《じゃくちゅう》（1716〜1800）だったことが近年の文献調査で明らかになった。若冲は錦市場の青物問屋の跡取りに生まれ、当主も務めたが、40歳で商売を弟に譲り、絵の世界に没頭したと思われていた。
京都錦市場商店街振興組合は若冲の業績を顕彰しようと今年、錦小路通と高倉通の角に、生家跡を示す、若冲の絵をデザインしたパネルを設置した。

戸時代に入って、市場のかたちができた。江戸初期、幕府は独占的に魚を扱う「魚問屋」の称号を上京・椹木《さわらぎ》町通の「上の店《たな》」、下京・六条通の「六条の店」、そして両者の中間に位置する「錦の店」に認めた。錦は宮中や社寺に魚を納め、他を引き離して発展していく。理由はその良質な水脈にあった。冷蔵庫のない時代、井戸からくみ上げる豊富な低温の水で魚の鮮度を保ったのだ。今、井戸は京都錦市場商店街振興組合が事務所建物内で管理している。

青果も精肉も

そんな錦にも「何度か転換点があった」と井村直恵・京都産業大学准教授は指摘する。明治維新後は、顧客の大半が東京へ去った。1927年（昭和2）開設の京都市中央卸売市場（下京区）には、錦市場からも多くの店舗が転出した。

この時まで基本的に魚市場だった錦は、開いた穴を埋めるため青果や精肉の店も積極的に受け入れることを決断した。買い物客からすれば多種多様な食材を買えるようになったわけで「京の台所になる契機だった」と井村准教授はいう。

今では海外からの観光客も足を運ぶ。広いところでも道幅5メートルほどの錦は、なかなか前へ進めないくらいのにぎわいだ。様々な商品と様々な人々が織りなす光景には、錦の名がしっくりくる。

2013年10月31日付掲載

高瀬川　流通革命の運河

鴨川は不適、豪商が巨費投じ開発

鴨川に並行する高瀬川は繁華街を流れ、春には三条、四条付近の桜並木が花見客を誘う。この川を下る罪人を主人公にした森鷗外の小説『高瀬舟』も知られている。川幅約7・2メートル。水深が浅く、優しげな風情だが、なぜこのような小河川が鴨川にのみ込まれず、独立して流れているのだろう。

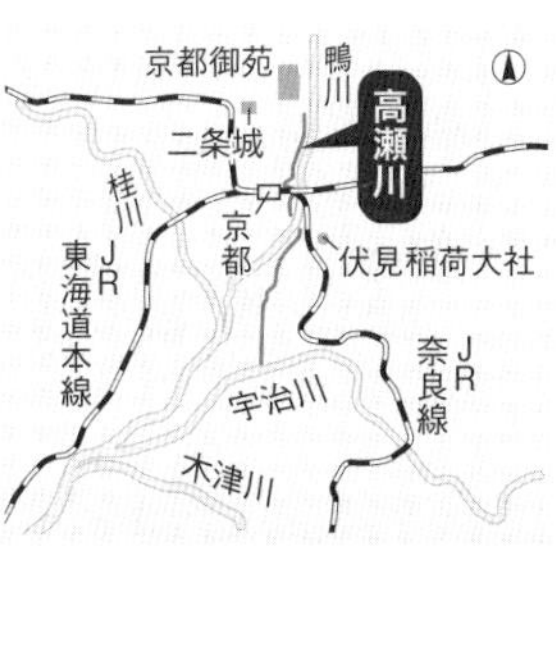

角倉家の商才

源流を探して北へ、二条通（中京区）手前まで行くと、鴨川から水を引いて、その西側を流れ始めていることが分かる。下流へ進むと十条付近で鴨川を斜めに突っ切り、今度は鴨川の東側に出て、伏見区で宇治川に合流している。これは江戸時代初めに掘られた運河だったためだ。総延長約10キロ。京都の豪商、角倉了《すみのくらりょう》以《い》とその息子、素庵《そあん》が、大坂から大型の三十石船などで伏見まで来た物資を京都市中に運ぶため開いた。

角倉家は金融業の土倉《どそう》を営んでいた。了以は1603年（慶長8）、朱印船で海外交易に乗り出す一方、京都西郊の保津川を改修、丹波から材木を運んだ。富士川（静岡県など）も整備した。

高瀬川の一之船入。右手に角倉家の屋敷があった。

『京都 高瀬川』の著者、石田孝喜さんは「多くの河川事業を経験し、新しい京都の物資輸送路に将来性を見いだした」と高瀬川開発の背景を推測する。

工事費は角倉家が負担して12年着工。了以は14年7月に亡くなるが、素庵がその年秋、完成させた。

ほぼ同じ経路に鴨川もあるのだが、石田さんによれば「当時は暴れ川で、岩や材木が散り、流れも曲がりくねっ

その頃

秀次の菩提弔い、寺建立

高瀬川の三条小橋前に角倉了以が建立した瑞泉寺がある。寺の東側の鴨川河川敷は今、カップルが等間隔に座るデートスポットだが、安土桃山時代には刑場だった。

1594年（文禄3）、石川五右衛門が釜ゆでにされたのがここ三条河原。翌95年、高野山で切腹させられた前関白豊臣秀次の首もこの場所にさらすため運ばれ、子どもや側室ら一族39人が処刑された。遺体は大きな穴に投げ込まれ、塚が築かれた。その後、荒廃した塚を、高瀬川開削《かいさく》に当たって了以が修復。寺で秀次と一族の菩提《ぼだい》を弔《とむら》った。

ていただろう。荷を載せた高瀬舟を綱で引けるような綱通《つなみち》を河岸に付けた運河が別に必要だった」。底が平らな舟を一般に高瀬舟といった。高瀬とは浅瀬のこと。「舟を引く浅い川を総称して高瀬川と呼んだ」と石田さん。

200隻行き来

角倉家が水運業を営み最盛期、1日約200隻の高瀬舟で米や材木を輸送。流通革命が起きて、京都ではそれらの価格が大幅に下がった。荷降ろしの船が入る入り江「船入《ふないり》」が、二条から四条通の間に9か所設けられ、運ばれてきた材木に関連する木屋町や樵木《こりき》町などの地名が周辺に残る。

京都市歴史資料館によれば、高瀬舟が運ぶのは基本的に物資に限られ、例外が鷗外の書いた島流しの罪人と、伏見稲荷大社の初午詣《はつうまもう》での客だったという。

船入に舟復元

明治以降、鉄道や自動車に取って代わられ、高瀬川の水運は1920年（大正9）に廃止。船入も埋め立てられ、現在も残るのは「高瀬川一之船入」の一か所のみ。

昨年、その船入に三代目になる復元高瀬舟が置かれた。長さ13・4メートルで最大積載量2・25トン。今は引き波を立てることもなく、静かにそこにたたずんでいる。

2014年1月30日付掲載

「千本」卒塔婆か、松か桜か

通りの名前の由来　諸説生む

京都市の西寄りを南北に走るのが千本通だ。北区から伏見区まで約17キロ。平安時代の朱雀《すざく》大路に該当し、当時は幅が84メートルもある都の中央大通りだった。朝廷の儀式もしばしばここで行われた。その由緒ある通り名がなぜ、「千本～」という数字を冠した呼ばれ方をするようになったのか。

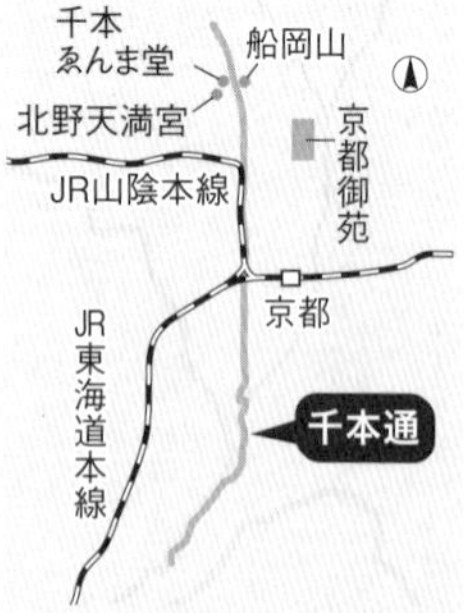

あの世から伝言

広く知られているのが「千本卒塔婆《そとば》」説だ。かつて、この通りを北へ進むと船岡山の西側に広がる蓮台野《れんだいの》という葬送地に至った。その道沿いに千本の卒塔婆を立て、供養をしたのが「千本」の名の起こりというのだ。

誰を供養したのか。平安中期の僧侶日蔵が「あの世」で見聞きしたことを記録した『日蔵夢記《にちぞうゆめのき》』と『道賢上人冥途記《どうけんしょうにんめいどき》』に出てくる話では、それは醍醐天皇だった。菅原道真を大宰府《だざいふ》に左遷《させん》したため地獄に落ちた天皇は、現世に戻る日蔵に大臣への伝言を託した。卒塔婆をたくさん立てて供養してほしいと。

千本通沿いの千本ゑんま堂。昔の葬送地、蓮台野の入り口にある。

同志社大学の竹居明男教授（日本文化史）は「実際に卒塔婆を立てたかどうか不明」というが、華やかな都のメインストリートがその頃、葬送地へ行く寂しい道に変じていたことが人々にとって印象深く、このような話も生まれたのだろう。

天満宮起源も

竹居教授が支持するのは道真をまつった北野天満宮

その頃

行楽地から葬送の地に

千本通の東側の船岡山は標高112メートル。船のような形をしていることから名前が付いたという。眺望の良さなどから平安時代には行楽地となり、清少納言が『枕草子』で「丘は船岡」とたたえた。その後、徐々に葬送の地に変わった。吉田兼好の『徒然草《つれづれぐさ》』には、船岡山に死者を送らない日はないと書かれている。応仁の乱では船岡山を含む周辺が西軍の陣地となった。千本通東の一帯が西陣と呼ばれるゆえんだ。
今、山上には織田信長をまつる建勲神社があり、眼下に千本通が見える。

（上京区）の由緒につながる「千本松」説だ。天満宮の加藤晃靖権禰宜《ごんねぎ》によると「一夜にして千本の松の生えた地に道真公をおまつりせよという託宣が近江の国の少年にあった。その言葉の通り一夜のうちに千本の松が生えたのが北野だった」。付近は松林だったのだろう。「北野から今の千本通まで少し距離があるが、一帯と見なしていい場所で、この話が千本通の名前の由来になった可能性が高い」と竹居教授はみる。

一方、千本通に面し、千本ゑんま堂の名で親しまれる引接寺《いんじょうじ》には「千本の桜」が起源という説が伝わる。境内に植えられた「ゑんま堂普賢象桜」は雌しべが2本、普賢菩薩《ふげんぼさつ》の乗る象の牙のように突き出している。戸田妙昭住職は「こんな変わった桜があるくらいだから、昔はあまたの桜があった。室町時代には後小松天皇や足利義満公もここの桜をご覧になった」と話す。

地図は江戸以降

通りがいつから「千本」と呼ばれているのか定かではない。京都市歴史資料館によると、江戸中期の地図にはその名が確認できる。明治以降、道沿いに商店が並び、大学が移ってきて、市民の往来も増えた。

千本が卒塔婆だったのか、それとも松や桜だったのか。平安京からの変遷を様々にイメージしながら歩いてみるのも京都の楽しみ方だ。

2014年5月1日付掲載

烏丸通　巨大な「D」の字

かつての市電　東本願寺避ける

京都市の玄関口である京都駅から真っすぐ北の京都御所へ向かう「行幸《ぎょうこう》道路」として初代京都市長の発議で拡張整備されたのが現在の烏丸通だ。その通りが、なぜか烏丸七条と烏丸花屋町交差点の間で「D」字形に左右に分かれている。膨らんだ東側は4車線、直線道路の西側は2車線だ。

御所への道

平安京の烏丸小路は幅4丈（約12メートル）で、道の両側に公家屋敷が並んでいた。室町時代以降、商業地として栄え、多数の店が進出。各店が前にせり出し、道幅は狭くなった。

そんな洛中のにぎわいから外れた烏丸六条の南に江戸時代初め、徳川家康から寺地を寄進され、東本願寺が建つ。六条堀川の西本願寺からの分立だった。

寺内町の通り

東西本願寺周辺には、それぞれ寺内町《じないちょう》が生まれる。その成り立ちを論文「京都東西本願寺門前町の形成過程と変容」（河村能夫編『京都の門前町と地域自立』所収）に書いた渡邊秀一・佛教大学教授（歴史地理学）によれば、四方を水路などで区切り、僧や寺とつながりを持つ仏具屋、塗師、大工などの商工業者が住んだ。後には寺と直接関係のない住民も増える。

東本願寺門前から烏丸通を渡って東へ広がる東寺内町には１６９２年（元禄５）時点で９６７６人が住んでいた。

「本願寺には町をつくり、人を集める力があった。それを京都の町づくりのため、幕府が利用した」と渡邊教授は考える。その代わり、土地支配と課税の権利は寺に与えられた。

東本願寺（左）の前でD字形になった烏丸通。ほとんどの車が遠回りする。

その頃

拡幅でにぎわい移る

烏丸通が拡幅され、京都市電烏丸線が通るまで、京都の南北の幹線道路は東の東洞院《ひがしのとういん》通だった。平安京では東洞院大路といって、道幅は烏丸小路の2倍の8丈（約24メートル）。明治時代になっても、東洞院通は金融機関が立ち並ぶ中心街だった。ところが、京都駅直結の烏丸通の整備が進むと、銀行などが烏丸通に移転。東洞院通はその地位を奪われた。

東西の通りも同様で、東海道の終点、三条大橋につながる三条通が江戸時代からの繁華街だったが、拡幅された四条通に百貨店が立ち、にぎわいが移った。

その東寺内町を南北に貫く烏丸通も寺が管理した。

寺前だけカーブ

明治維新後、京都府の管理に移った烏丸通がメインストリートになるのは1877年（明治10）の京都駅開業以降のこと。駅と市中心部を結ぶため通りは徐々に拡幅され、東京から入洛する明治天皇も烏丸通経由で京都御所に向かった。

そこに持ち上がったのが京都市電烏丸線の敷設計画だ。この時、市電の軌道を寺から遠ざけてほしいと、東本願寺などが要望する。1910年（明治43）6月23日付京都日出新聞によれば、東本願寺はそのための経費負担も表明している。

参拝者でにぎわう東本願寺の門前すれすれを市電が通ると接触事故が起きかねない。特に、数十万人が訪れる遠忌の期間が危ない、と訴えたのだ。

結局、烏丸通と1本東の不明門《あけずのもん》通の間にあった寺関係の建物を撤去。そこを市電の通り道にした。こうして東本願寺の前だけカーブする烏丸通ができた。

市電撤去後も中央分離帯を設けるなどして、通行車両を東寄りに、遠回りの4車線道路に誘導している。

門前のにぎわいを優先して道路を変えた。宗教都市ならではの町づくりだ。（2014年7月31日付掲載）

新京極通　500メートルで途切れ

もとは境内つなぐ通路

修学旅行生向けの土産店にアパレル店、ゲームセンターや映画館も並ぶ新京極通は地元の若者も外国人観光客もひきつける。南北500メートルほどの歩行者専用道路だ。しかし碁盤の目の京都の通りは町の端から端まであるのが基本。これほどにぎわう通りが、なぜ途中で行き止まりになるのか。

平安京の外側

平安京は東西約4・5キロ、南北約5・3キロ。この長方形の区域内に東西39本、南北33本の道が設けられた。北の大内裏《だいだいり》に突き当たる以外は、庭園などで一部途切れるところはあるが、全て端から端まで通っていた。

この平安京に新京極は存在しなかった。京の東端を南北に走る東京極大路の、さらに東に、後世、新設された通りなのだ。だから〝新〟京極と呼ばれる。

そこは京の外側なので、わざわざ端から端まで全部通す必要はなかった。三条と四条通の間だけ、東京極大路の10分の1足らずの長さですませた。

参詣から遊興へ

豊臣秀吉は京都を再開発。戦乱で荒廃した都を再生するため、市中に点在していた寺院を強制移転、東と北に集めた。東のグループは南北に約5キロ、かつての東京極大路に沿うかたちで並んだ。これが寺町だ。寺町の西側にできた通りが寺町通だ。

江戸時代、これらの寺院への参詣者が増える。中でも東海道五十三次終点の三条大橋に続く三条通と、南座をはじめ芝居小屋が並んだ四条河原の間の寺院には、より多くの人が集まったと考えら

短い新京極通だが、いつも若者でにぎわっている。

その頃

日本三大盛り場

「映画の街」新京極の起源は1895年(明治28)。松竹創業者の大谷竹次郎が芝居小屋、阪井座の興行権を獲得。後に映画を手がける。これが東京の浅草、大阪の千日前と並ぶ「三大盛り場」の新京極に映画館が立ち並ぶきっかけとなる。

95年は映画誕生の年で、フランスから輸入の映画が日本初上映されたのが97年。場所は新京極にも近い元立誠小学校の敷地にあった電力会社の庭だ。

21世紀に入ると老舗映画館が相次ぎ閉館するが、松竹グループの複合型映画館、MOVIX京都が孤軍奮闘している。

れる。中期以降、寺町の寺は秘仏公開などのイベントで人を集め、境内では芝居や射的《しゃてき》も行われた。
近代京都の都市空間の変遷に詳しい山口県萩市文化財保護課の大槻洋二さんは「参詣に訪れる寺院が徐々に遊興の場所になっていった」と説明する。誓願寺や誠心院、金蓮寺（現在は北区に移転）などの山門は寺町通に面していた。人々は寺から寺へと巡るために山門を出たり入ったりした。やがて、寺町通に出ずに直接行き来できるよう、隣り合う寺と寺の間に門が開かれ、通路ができた。それは、ほぼ三条と四条の間で、新京極通の基になった。

明治初期に整備

幕末1864年（元治1）の大火「どんどん焼け」で寺町もほぼ全焼。この痛手で失われたにぎわいを取り戻すため、明治新政府が任命した京都府参事の槇村正直は72年、寺町の寺院の境内を貫く新京極通を三条・四条間に整備する。
明治時代は芝居小屋や寄席が並んだ新京極だが、娯楽の主役が映画になると「映画の街」に。時代時代の流行に沿って姿を変える新京極のにぎわいは途切れず続いている。

2014年8月21日付掲載

「一口」洗い流せぬ水との因縁

疱瘡平癒、忌み払い……諸説あれど

京都にはなぜか難読地名が多い。京都市の南隣、久御山《くみやま》町の「一口」は、これ以上ないくらい簡単な漢字だが、いかに想像をたくましゅうしても、文字と読みを結びつけるのは至難の業。むろん「ひとくち」ではない。「いもあらい」と読ませる。なぜそう読むのか、地名の由来を探った。

巨椋池の西岸

一口の東側は、戦前の干拓で農地になったが、かつては巨椋《おぐら》池と呼ばれる淡水湖が広がっていた。周囲16キロというから長野県の諏訪湖とほぼ同じ。その西岸の一口は昔の堤防上に築かれた細長い集落で、現在は東一口、西一口に分かれる。

『平家物語』には水上交通の要として「いもあらい」の名が登場。院政期の鳥羽法皇によって漁業権が与えられたと伝わり、早くから漁業が盛んだったのだろう。今も漁村の面影を残す。では、なぜここが「いもあらい」と呼ばれたのか。

「いも」は疱瘡《ほうそう》（天然痘《てんねんとう》）を意味する。これを洗い流す、つまり疱瘡平癒《へいゆ》の信仰からきたという説

昔の巨椋池の堤防上に築かれた漁村の面影を残す東一口の集落。右側は古川。

がある。京都市歴史資料館の伊東宗裕さんは「色々な物語に霊力を持った水の話が出てくる。そういう水で疱瘡を洗い流したと考えられる」と説明する。

みそぎの意味？

「いも」は「芋」そのもので、水で芋の皮を洗い流すように瘡《かさ》を流して疱瘡《ほうそう》を治した、という説もある。

その頃

山田家、巨椋池の漁を監視

一口の大庄屋、山田家は江戸時代、巨椋池の漁業権の代表者として、一口を含む周辺13か村をまとめていた。東一口の中心部に残る国登録有形文化財の山田家住宅は18世紀後半頃の建築と見られる。洪水に備えて切り石を積んだ上に築かれ、武家屋敷のような長屋門は東西27メートル、高さ5.5メートル。庭には亀の形の築山があり、京都・五山の送り火が全て見えたという、そこから巨椋池の漁を監視した。洪水で水につかった田畑の上で漁をする者もいて、漁師と農民の間で日頃から争いが絶えなかったという。

室町時代後期に江戸城を築いた太田道灌《どうかん》の娘が疱瘡を患い、一口稲荷神社に祈ったところ、たちまち快癒したので道灌は、神社を江戸に勧請《かんじょう》した、と東京・神田駿河台の太田姫稲荷神社の縁起には書かれている。これについて久御山町郷土史会の西脇一修《かずのぶ》さんは、一口稲荷神社は実在せず、疱瘡平癒の信仰をうかがわせる資料もないと指摘。「忌《い》み払《ばら》い」が「いもあらい」に変形したとみる。「魚類殺生《せっしょう》の罪の意識から漁師が水に潜って汚れを洗い清めた。みそぎからきたのだろう」。

一口の安養寺に、お盆に魚類を供養する風習が残ることも根拠の一つという。

入り口が一つ

西脇さんによれば、仮名の「いもあらい」「イモアライ」のほか「芋洗」の字をあてた例もあるという。「一口」という表記が現れるのは近世以降。集落の三方が沼で、入り口が一つしかないためと、18世紀の『山城名勝志』は記す。明治時代の『大日本地名辞書』もこの説を採る。「一口《ひとくち》」の「イモアライ」と呼ぶうち、「一口」を「いもあらい」と読むようになったと西脇さんは推測している。

疱瘡にしてもみそぎにしても、その根底には、昔の人々と水との因縁浅からぬ関係があったことだけは確かなようだ。

2014年8月28日付掲載

ガイド『うきゑ京中一目細見之図』

どっと観光客　いつから

「そうだ　京都、行こう。」。ＪＲ東海のキャンペーンに誘われてか、秋の京都は観光客でにぎわいを増す。ガイド本を手に名所旧跡を巡る。そんな京都観光はいつからあるのか。２００年前に京都へ旅した『東海道中《とうかいどうちゅう》膝《ひざ》栗毛《くりげ》』の弥次さん喜多さんも拝観料を払って寺を回っただろうか。

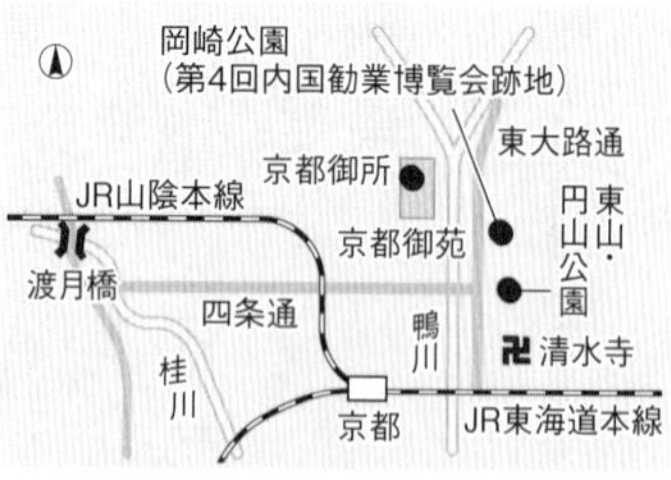

弥次喜多　２００年前

十返舎一九《じっぺんしゃいっく》による滑稽《こっけい》本の作中人物、江戸っ子の弥次喜多は、江戸時代初期に整備された東海道五十三次を歩いた。道中での失敗談が読者の笑いを誘う。京都では人気スポットの清水寺などを訪れた。ただし鉄道が通じる前のこと、人出はずっと少なかったはず。そんな少数の観光客から寺は拝観料をとっただろうか。

拝観料は弥次喜多より後の時代。最初は金閣寺で、明治時代中期、５銭を徴収したと紹介されている。仏教を排斥する「廃仏毀釈《はいぶつきしゃく》」のせいで寺領を失い、財政難に陥ったからだ。

東山山腹から見た四条通（中央）。江戸時代にこれと同じ角度から市内を描いた木版画が販売された。

「よきもの三ツ」

一方、十返舎一九と同時代の曲亭馬琴も京都に旅行し、旅行記『羇旅漫録《きりょまんろく》』に「京によきもの三ツ。女子。加茂川の水。寺社」という京都評を残した。この中で金閣・銀閣寺に銀2匁《もんめ》を支払ったという話が出てくる。

「拝観料」とは書いていないが、由緒ある宝物を

その頃

イギリスでは一流紳士目指す旅

『うきゑ京中一目細見之図』が庶民を京都へ誘っていた18世紀半ば、イギリスでは、上流階級の子弟たちが一流のジェントルマンになるべく、パリやローマへ遊学、一流の芸術や古典文化に触れる「グランドツアー」が流行していた。

親元を離れた若者を誘惑するものがあってはいけないと、しばしば家庭教師が付き添った。彼らは自身の見聞も広め、その中から後世に影響を及ぼすほどの大知識人も現れた。後に『国富論』を執筆し、古典派経済学を創始するアダム・スミス（1723〜90）もその一人だ。

見るため金銭を納めるという事例は当時もあった。江戸中期以降は仏像を一定期間公開する「開帳」や「おがませ」が流行し、寺が維持管理費を徴収していたのだ。

東山から一望

ガイドブックはどうか。弥次喜多の京都歩きに、手がかりはあったのか。

同志社大学の岸文和教授（視覚文化論）は「写真で知っている場所に行ってみるのが今の観光だが、写真のような遠近法で京都を描いた木版画が18世紀中頃に流通し始めた」と説明する。１７６９年（明和6）頃出版の『うきゑ京中《きょうちゅう》一目《いちもく》細見《さいけん》之《の》図《ず》』は東山から市内を一望。木版画を手にした旅人を同じ場所へと誘《いざな》った。弥次喜多も同じような木版画を持ち、「ガイドなら、ほら、俺たちも」と得意顔だったかもしれない。

奈良県立大学の遠藤英樹教授（観光社会学）によれば「鉄道網などの大量輸送によって近代的な観光が成立する」。１８７２年（明治5）、新橋～横浜間の開業で始まった日本の鉄道は、94年には青森から広島までつながる。京都では95年に国内初の路面電車が走った。

同じ95年、京都で開かれた第4回内国勧業博覧会には4か月で約１１３万人が訪れた。鉄道がもたらした効果だ。入場者の多くが、写真などで目にしていた有名寺院や嵐山などの名所見物にも出かけたという。

２０１３年10月10日付掲載

世界で一つ　池周回の競馬場

都の「朱雀」　巨大湖沼の名残

シンザンやディープインパクトなど名だたる競走馬が駆け抜けた日本中央競馬会（ＪＲＡ）の京都競馬場（伏見区）。そのコース内側の内馬場に池がある。周囲約１４００メートルの弁天池だ。ファンには見慣れた光景だが、世界中の競馬場で内馬場が一面の池になっているのは京都だけ。なぜか。

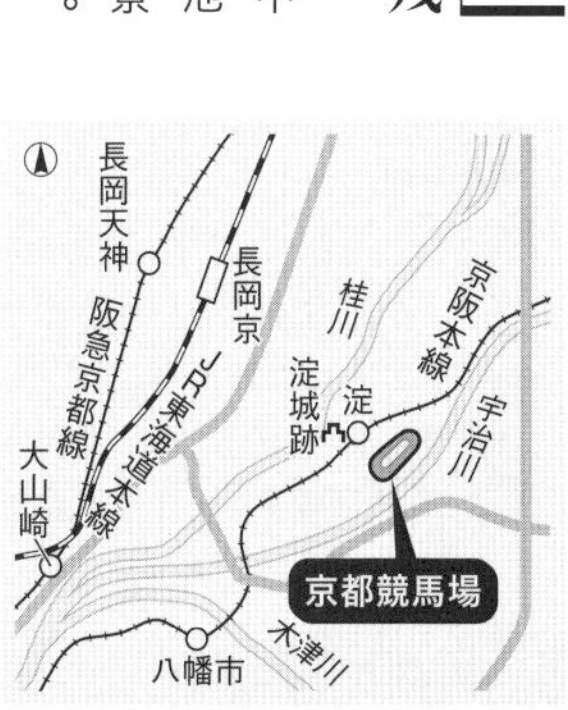

宇治川の中州

京都競馬場は１９２５年（大正14）開設。淀競馬場とも呼ばれる。建設当時の地図を見ると、そこは宇治川の中州で、敷地中央は池。つまり競馬場より先に池があったのだ。池は今よりかなり広く、長さ２５０メートル、幅65メートルの楕円《だえん》形。その周囲を埋め立ててコースを造ったのだが、地盤が軟弱なため工事は難航し、２年かかった。京都競馬場の高木伸明・総務課長は「大きな池を全て埋めるのはコスト的にも無理だった」と推測する。

中央が全面池になっている京都競馬場。

生き残りの池

その頃、競馬場の東には約800ヘクタールの巨大湖沼、巨椋《おぐら》池がまだ存在していた。かつては宇治、桂、木津の三川が流れ込み、下流の淀川への流量を調整する遊水池として機能。京都、大阪、奈良を結ぶ船が行き来して、漁業も盛んだった。『万葉集』には巨椋池を詠んだ歌がある。

池の北に伏見城を建設した豊臣秀吉は治水と水運のため太閤堤などの堤防で巨椋池を四つに分割。それでも度重なる水

その頃

歌にも詠まれた生物の宝庫

巨椋池には魚介が多種生息。鳥も訪れていた。万葉歌人、柿本人麻呂は「おほくらのいりえとよむなりいめひとのふしみがたゐにかりわたるらし」と詠んだ。巨椋池の入り江に鳴き声が響いている。伏見の田に雁が渡ってきたらしい、と。

京都競馬場で1999年、池の魚介類を生態調査。巨椋池に多くいたカラスガイが大型化して30センチにもなり、225個見つかった。外来種のブルーギルやタイリクバラタナゴも確認。外部から持ち込まれたらしいが、内馬場は立ち入り禁止なので、池が地下水脈で外とつながっている可能性もある。

害に見舞われたため、明治に入ると国が改修工事に着手する。1910年（明治43）、宇治川は巨椋池北を迂回《うかい》するルートに付け替えられ、池と切り離された。この時、できたのが競馬場建設地の池だったと宇治市歴史資料館の坪内淳仁学芸員は考えている。「内馬場の池はかつての巨椋池の西端。巨椋池最後の生き残りでは」。巨椋池は33年、食糧増産のため国営第1号の干拓事業の対象となり、8年後、姿を消す。後に残ったのは600ヘクタールを超す農地だ。

都の南の守り

平安京は「四神相応《しじんそうおう》の地」といい、東西南北の地形を都に繁栄をもたらす四神に見立てた。東西の低い山が青龍《せいりゅう》と白虎《びゃっこ》、北の高い山は玄武《げんぶ》、そして南の河川が朱雀《すざく》とされるのが普通だが、平安京の場合は巨椋池が朱雀と考えられてきた。

その朱雀が干拓で失われたかに見えたが、京都競馬場に池が残った。池中央の島には水を守る弁財天がまつられている。1950年代、厳島《いつくしま》神社（広島・宮島）から分社した。

島で毎年11月に祈願祭を営む與杼《よど》神社（伏見区）の奥村博宮司は「もともと神様がいた所。ずっと守っていきたい」と話す。

都を見守ってきた池は今も水をたたえ、それを祝福するかのように馬が周囲を駆ける。

2014年3月20日付掲載

謎解き　その5

年中行事と生活文化

祇園祭彩る異国風情

山鉾華麗に　江戸期町衆の心意気

コンチキチンの祇園囃子《ぎおんばやし》の音を響かせ毎年7月17日の前祭《さきまつり》と24日の後祭《あとまつり》に、合わせて33基の山鉾《やまほこ》が巡行、京都の夏を彩る。祇園祭の山鉾は「動く美術館」とも呼ばれ、側面に懸けられた豪華な「懸装品《けそうひん》」で祭り見物の人々の目を楽しませる。西陣織など国産品に交じって、明らかに西洋舶来《はくらい》と分かる絵柄の織物が複数見られる。疫病《えきびょう》退散を祈願し、平安時代に起源がある祇園祭になぜ、西洋が入り込んだのだろう。

起源は66本の矛

全国に疫病や災害が続いた869年（貞観11）、当時の国の数と同じ66本の矛《ほこ》を立てて平安を願った御霊会《ごりょうえ》が始まり。矛は大型化して山鉾となる。

祭りの主役と誤解されがちだが、実は八坂神社の氏子《うじこ》が住む町内を練り歩く神輿《みこし》の〝露払い〟役だ。33基のうち函谷鉾《かんこほこ》、鶏鉾《にわとりほこ》、白楽天山《はくらくてんやま》、鯉山《こいやま》、霰天神山《あられてんじんやま》の5基が西洋のタペストリーを使う。ヨーロッパの城で防寒のため壁にかけた織物で江戸時代に入ってきた。

函谷鉾の前掛けのタペストリーは旧約聖書の「創世記」が題材。

聖書の一場面

函谷鉾の1枚物のタペストリーは縦273センチ、横220センチ。上下2場面に分かれ、女性から大きなつぼを受け取る男性と、女性に腕輪を贈る男性がそれぞれ描かれている。『旧約聖書』の「創世記」に出てくるイサクの嫁選びという。1718年（享保3）、町内の豪商から寄贈されたと伝わる。キリスト教が禁じられた時代に聖書の一場面が町を練り歩いた。函谷鉾保存会の松宮益太郎副理事長は「大きなつぼなので酒が入っているように見え、祭りに最適の図柄と誤解した」と推測する。

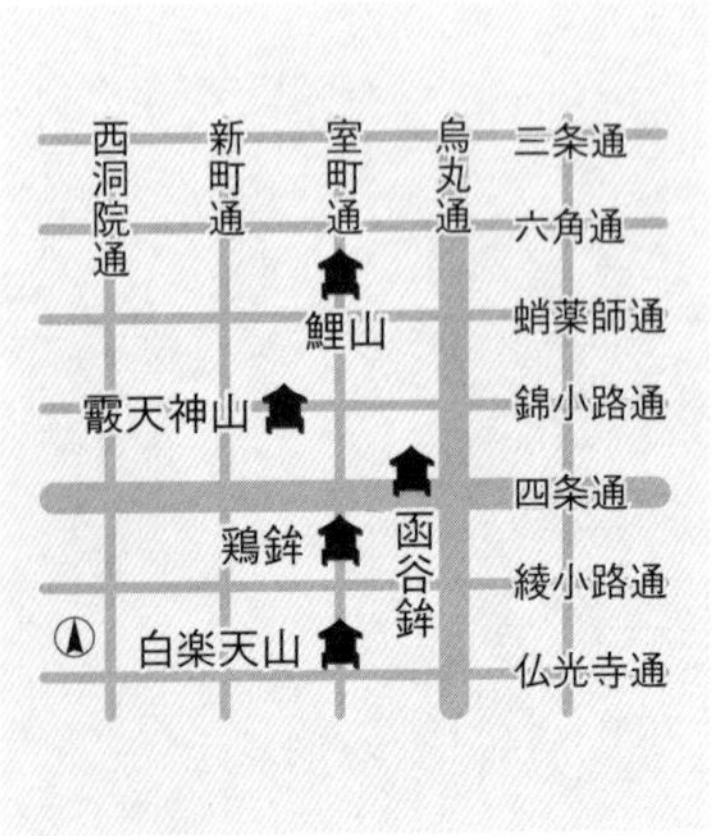

その頃

たびたび戦災

祇園祭はたびたび戦災に遭った。15世紀後半の応仁の乱で祭りが中止。1864年（元治1）、禁門の変の際に起きた大火「どんどん焼け」の被害も大きく、翌年、巡行した山鉾は橋弁慶山と役行者《えんのぎょうじゃ》山だけだった。

それでも次の年には霰天神山、伯牙《はくが》山などが復活巡行するなど、徐々に元のかたちに戻り、1988年には四条傘鉾が参加。同じく禁門の変で焼失した大船鉾も再建されて2014年から巡行に加わり、現在の33基態勢になった。このほか鷹《たか》山と布袋《ほてい》山が「休み山」になっていて、復帰が待たれる。

ほかの4基のタペストリーはトロイ戦争が題材で、こちらも祭りの趣旨とは直接関係なさそうだ。

高価・珍品集め

「町衆の祭りだから」と背景を語るのが鯉山保存会の杉田繁治理事長だ。「経済力を増した山鉾町が対抗して新しいもの、珍しいものを集めたのだろう」。

函谷鉾や鶏鉾のタペストリーの復元新調を手がけた龍村美術織物（中京区）顧問の白井進さんは「衣服部分の光沢を絹糸で表現するなど、手の込んだ逸品だった。高価な品で、町衆の祭りへの意気込みを感じる」と解説する。

トロイ戦争のタペストリーは伊達政宗の家臣、支倉常長《はせくらつねなが》がローマ法王からもらった物との説がある。一方、函谷鉾に使われている品は、オランダが江戸幕府三代将軍の徳川家光に国交を求めた際の贈り物で、目録にある「オランダ産　絨毯壱枚《じゅうたんいち》」ともいわれる。いずれも確証はないが、極めて貴重な品だったことは間違いない。

幾度となく戦乱で大きな被害を受けた京都だが、そのたびに町衆らの力で再建され、厄災を防ぐ願いを込めた山鉾も華麗さを増した。遠い異国のタペストリーが当時の町衆の力と祭りへの情熱を伝えている。

２０１３年６月20日付掲載

五山の送り火　始まりは

名もなき地元の民衆ら　魂弔う

残暑厳しい8月16日、京都の夜空を彩る「五山《ござん》の送り火」は、お盆の終わりにかがり火で先祖の精霊を送る伝統行事だ。五山のほかに消えてしまった送り火もあり、現在は「大文字」「妙法」「船形」「左大文字」「鳥居形」の5か所。それぞれの山の保存会が継承しているが、いわれはよく分からない。謎をたぐって歴史をさかのぼっていくと、垣間見えてきたのは名もない人々の営みだ。

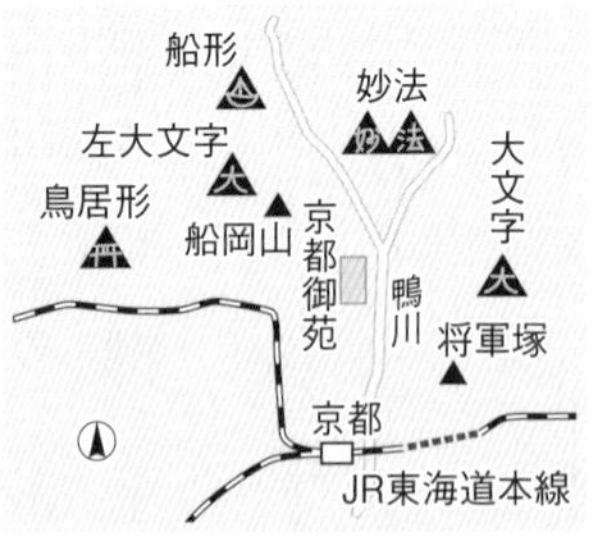

空海の「大」の字？

送り火について書かれた最も古い文献は公家の舟橋秀賢《ひでかた》の日記『慶長日件録《にっけんろく》』。1603年（慶長8）の項に「晩に及び冷泉亭に行く　山々灯を焼く　見物に東河原に出でおわんぬ」とある。今出川通の冷泉家から近くの鴨川河川敷に移動したらしい。今でも大文字見物のお薦めスポットだ。

五山の中で最も古いとされる大文字の送り火だが、いつ始まったのか。確実な史料がないため、様々に語り伝えられてきた。平安時代説もある。真言宗開祖の空海が大文字山麓にある浄土寺の本尊が放った光を見て、「大の一字に加持《かじ》して則《すなわち》方十丈（約30メートル四方）の筆画《ひっかく》を峯に残せる」（『山城四季物語』)。

麓には室町八代将軍足利義政建立の銀閣寺もあり、応仁の乱の終了前後、義政が始めたとする説もある。

秀吉は見たのか

佛教大学の八木透教授(民俗学)は、諸寺で供養の灯明をともす万灯会《まんどうえ》が、献灯《けんとう》する町衆によっ

浮かび上がる「大」の文字。江戸時代初期にも人々が見物したと文献は伝えている(賀茂川畔)。

その頃

政治の中心　江戸へ

大文字の送り火見物を公家が日記に書いた1603年(慶長8)、徳川家康は後陽成《ごようぜい》天皇から征夷大将軍に任じられ、江戸に幕府を開いて、武家中心の政治を推し進めた。政治の中心は京都から江戸に移った。京都御所の守護と、将軍上洛の際の宿泊所とするため、家康は京都に二条城を造営し、朝廷のコントロールを図る。ただ、文化の最先端は依然、京都であり続ける。その年、歌舞伎の創始者とされる出雲阿国《いずものおくに》(生没年不詳)が北野社(北野天満宮)の能舞台でかぶき踊りを披露し、一世を風靡《ふうび》した。

て山腹に移され、盂蘭盆会《うらぼんえ》の精霊送りの火となったとみる。「豊臣秀吉が目にしていたら記録に残ったはず。少なくとも当時は年中行事ではなかった。その後、平和を取り戻した京都で、戦で亡くなった人々の魂を弔うため始まった」と推測、空海や義政に結びつける説には疑問を呈する。

消えた「い」の字

明治以前には北山から西山にかけての辺りに「い」の字、「一」の字、「蛇」形、「長刀《なぎなた》」形、「竹の先に鈴」形もあって、計10山のにぎやかな送り火だった。だが半数が廃絶し、その大半は位置さえ特定できない。

古老に聞き取りをした恵光寺（左京区）の岸野亮淳《りょうじゅん》住職は「明治の中頃まであった『い』の字は向山《むかいやま》（左京区静市市原町）」と見る。送り火を担当したのはその年に死者を出した家だった。作業の負担が大きく、寒村でもあったので、継続できなかったらしい。「伝統は一度途絶えてしまうと後が続かない」と岸野住職は残念がる。向山南面のその場所は、今では樹木が生い茂るばかり。目に付く痕跡は何もない。

『京の大文字ものがたり』の著者、岩田英彬《ひであき》さんは「名もなき民衆の手によって始まった行事だからこそ、始まりの記録がない」という。五山の送り火が今に伝わるのは地元の熱意のたまものだ。

２０１３年7月18日付掲載

仏祖しのぶ「大根だき」

釈迦、日蓮、親鸞……由来は様々

朝夕、冷え込む時期になると、「大根だき」が新聞やテレビのニュースになる。昔から京都では、多くの寺が冬場に大鍋で大根を大量に炊き、椀《わん》によそって、参拝者にふるまう。モウモウと湯気を立てる鍋の中身は、どうして餅でも芋でもなく、大根なのか。

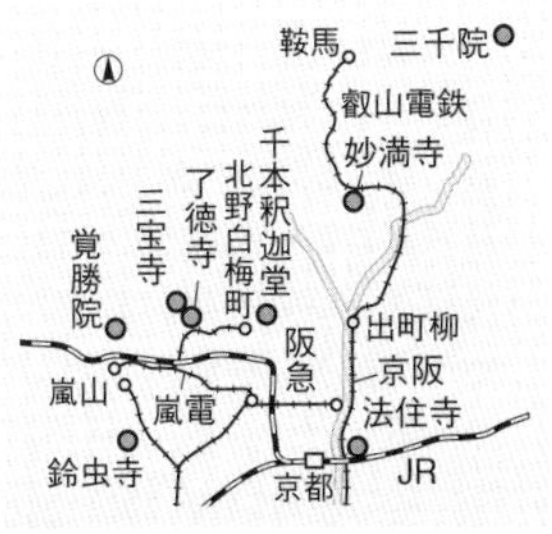

歓喜天の好物

大覚寺塔頭《たっちゅう》、覚勝院《かくしょう》（右京区）のこぢんまりした境内では、暖かさが残る11月22日、参拝者が厚切りの大根2切れと薄揚げを食べていた。優しい味の昆布だしがよく染み、一気に食べると汗がにじむ。

「ご本尊と一緒にまつる歓喜天《かんきてん》の好物が、大根とお酒、お団子なので」と坂口博翁《はくおう》住職。絵馬も大根をあしらった図柄だ。ただし、大根だきは、有名寺院の例を参考に坂口住職が始めたのだという。

寒さが本格化した12月7日は、複数の寺院で大根だきが行われた。

年末の厄落とし

三宝寺（右京区）は日蓮の命日に営む会式《えしき》と、年末の厄落としを合わせる形で開いている。日蓮は信徒が奉納した大根を喜んで食べたと伝わり、先々代住職が始めたという。6時間炊いた大根と厚めの薄揚げ。ゆずご飯もあり、屋外で食べる人にだけ出されるだし昆布も味わい深い。

カラメルの梵字

千本釈迦堂の名で知られる大報恩寺（上京区）の大根だきは起源が鎌倉時代。釈迦が悟りを開い

大根を入れた大釜から湯気が上がる。いったんたるに移して冷ます間に色が濃くなる（12月9日、了徳寺）。

その頃

1900年頃には現形に

大根だきがいつから行われているのか、古い史料では確認できない。京都出身の日本画家、富岡鐵齋（1836〜1924）が了徳寺の大根焚に来た際に描いた絵や、「大鍋に大根《おおね》をたいて大勢の大口あいて大食をする」との歌が残る。

1900年ごろの撮影とされる大根焚の写真もある。鍋から湯気がのぼり、寒さの中、浮き立った様子の村人や、畳に座って大根を食べる家族の姿も。鍋をかきまぜるのは男性で、女性が笑顔でほおばっている。同寺では、力が必要な大根焚は、以前から男性の仕事だったという。

た日を祝う成道会《じょうどうえ》で、釈迦如来を意味する梵《ぼん》字を墨書した大根を魔よけにしたという。アルミの大鍋で大掛かりに炊くようになったのは戦後。調理を指揮する菊入諒如《きくいりりょうにょ》住職によると、5000本の大根の表面に、今はカラメルで梵字を書き、祈禱《きとう》して切る。行事は2日続き、いつ行くかで味わいは微妙に違う。字が見えるのに当たると喜ばれる。

妙満寺（左京区）も成道会にちなむ。料理屋を営む檀家《だんか》が用意した大根は、上品な炊きあがりだ。『広辞苑』の「大根焚《だいこた》き」の項には、「右京区鳴滝の了徳寺で行う」とある。了徳寺では9日から、親鸞《しんらん》の遺徳をしのぶ報恩講の一環で行う。「親鸞聖人は村人が出した塩だき大根を喜ばれた」と滋賀俊正住職。参拝者向けにはしょうゆも使うが、塩が利いて甘みが引き立つ。かやくご飯と大根葉のからしあえも人気だ。

この後、1月18日に法住寺（東山区）、2月7〜11日に三千院（左京区）などで開催される。お供え料などとして、大根だけで500〜1000円を納める場合が多い。12月20〜21日の鈴虫寺（華厳寺、西京区）は無料。

由来は歓喜天、日蓮、親鸞、釈迦など様々。底冷えの京都で肩寄せ合って温かい物を分かち合う風情が愛され、広がったのだろう。

2014年12月11日付掲載

男びなが右　これぞ正統

中国の陰陽思想に由来　公家受け継ぐ

3月3日の「桃の節句」が近づいてきた。女の子を持つ家庭で、しまってあったひな人形を出す季節だ。その置き方だが、京都では向かって右に男びな、左に女びなを飾る。しかし、全国的には逆の並べ方が定着している。結婚式でも夫は左で、妻は右に座る。なぜ京都だけ違うのか。

平安の有職故実

創業180年のひな人形店「京都島津総本店」（下京区）の島津欣也本店長は「有職《ゆうそく》びなを代々つくってきた。並びは京都式が正統」と言い切る。朝廷の有職故実《ゆうそくこじつ》に詳しい公家を有職と呼ぶ。江戸時代中期に有職の高倉家や山科家がひな祭り用に平安期の儀礼を模した人形をつくり、これが有職びなとして受け継がれているのだ。

歌道の冷泉《れいぜい》家時雨亭《しぐれてい》文庫事務局長、冷泉貴実子さんは「向かって右が上座で、天皇のお席」と説明する。冷泉家の有職びなも男びなを右に飾る。

向かって右に男びなを飾る「京都式」のひな飾り（京都島津総本店）。

天子は南面す

古代中国では陰陽思想で「天子南面」を法則とした。天子は南を向く。その上で太陽が昇る東側、つまり向かって右側に座る。『易経《えききょう》』や『礼記《らいき》』にも記され、これが日本にも伝わった。

皇女が住職を務めた尼門跡《あまもんぜき》寺院にも古い有職びなが残る。京都市上京区の宝鏡寺《ほうきょうじ》では光格《こうかく》天皇が

その頃

ままごとと風習結びつく

ひな祭りの起源は平安時代の京都とされる。貴族の女性が人形でままごとのように遊ぶ「ひいなあそび」だ。『源氏物語』や『枕草子』にもその場面が出てくる。

これが古来の風習と結びつく。中国では旧暦3月最初の巳《み》の日の「上巳《じょうし》の節句」に水辺で手足を清めて厄を落とす。日本では木や草、紙で人の形を作り、なでて汚れを託して川に流す習慣があった。これらが一体となったのがひな祭りだ。

江戸初期の公家がひな人形を飾り始め、初節句の女児に人形を贈るひな祭りになり、全国の武家や豪商、そして庶民にも広がった。

1832~36年、娘の三麼地院宮《さんまじいんのみや》に贈った3組の有職びなを毎年3月に一般公開。田中恵厚《えこう》門跡は「幼い宮様の寂しさを癒やすために宮廷での暮らしぶりをおひな様に託された」と思いをはせる。もちろん向かって右に男びなを飾っている。ただ、庶民は町の「ひな市」などで安い人形を買い、好きに並べたという資料もある。京都式が100%とはいえなかったらしい。

欧米マナーは逆

逆転したのは明治以降。欧米のマナーでは男性は女性の右手の側、向かって左に並ぶ。一説に中世の騎士が右手に剣を持ち、左腕で女性を抱いたから、という。皇室がこれに倣《なら》った。

宮内庁によると1874年(明治7)、初めて天皇が向かって左、皇后が右に並んで外国の使節を迎えた。大正天皇の即位礼で紫宸殿《ししんでん》での並びを変更。昭和天皇の即位礼で天皇と皇后が欧米式に並んだ写真が公表された。影響は大きかった。まず関東、そして全国で男びなと女びなを皇室と同じ並びに飾る習慣が普及した。それでも京都では故実が重んじられる。人形店やデパートでは、他の地方と逆に並べることで、「京都ブランド」の人形だとアピールしてきた。

人形玩具の文化を研究する京都府宇治市の平等院ミュージアム鳳翔館学芸員、田中正流《まさる》さんは「男女平等の今だから、並べ方の違いを家庭の話題にしやすいのでは」と語っている。

2014年2月20日付掲載

顔見世 せわしない12月

新顔口上 格高い正月興行に備え

師走の1か月間、京都・四条大橋東詰の南座で「吉例顔見世興行」が華々しく催される。東京と上方《かみがた》、東西の人気歌舞伎俳優が顔をそろえるのだ。この舞台を見ないと年を越せないというファンも多い。とはいえなぜ、せわしないこの時期を選んで顔見世は行われるようになったのだろう。

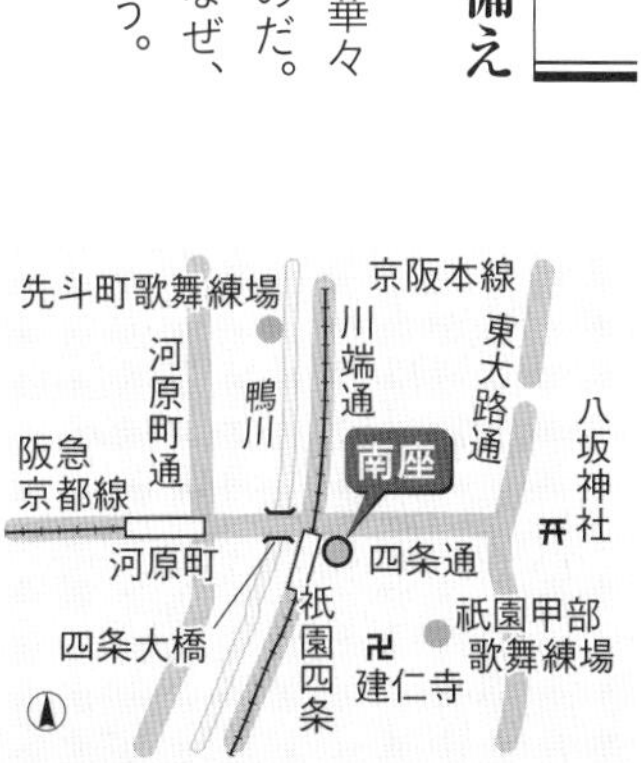

俳優は1年契約

歌舞伎で「顔見せ」という言葉が使われ出したのが明暦年間（1655～58）。新入りの俳優が正月、初お目見えの口上をして、客同士が「今年は何人の顔見せがあったか」と話題にしたのが由来という。

当時、俳優は一つの劇場と契約し、他の劇場に出演しなかった。だから移籍がニュースになったのだ。ずっと同じ俳優だと客が飽きる。そこで17世紀後半、各劇場は俳優との契約を1年間とし、毎年、出演者を代えるようにした。顔ぶれが変わっての興行を「顔見世」と称したのだ。

ただこの頃は正月興行の格が高く、それに備える顔見世は今より早めの霜月朔日《しもつきさくじつ》、旧暦11月1日

「吉例顔見世興行」が行われる南座。寒い中を出かけるのが京都人の習わし。

のスタートだった。それでも歌舞伎ファンは新しいもの好きで気が早い。顔見世に熱狂するようになったという。

旧暦、新暦でズレ

国学者の本居宣長《もとおりのりなが》が日記に書いている。「南がわ芝居、顔見世始まり侍《はべ》る。いと早くみな人ゆくめり。女児などは夜もいねずにこしらえて、夜の内より出《いで》はべるめる」。日本最古の歌舞伎劇場である南座は江戸時代、南の芝

その頃

春は「をどり」で実感

師走を告げる南座の顔見世に対し、春を感じさせるイベントとして京都の人々に愛されてきたのが芸妓舞妓《げいこまいこ》による春の舞踊公演「都をどり」と「鴨川をどり」だ。南座の東の花街、祇園甲部で行われるのが「都をどり」で、西の先斗町《ぽんと》で行われるのが「鴨川をどり」だ。ともに新暦が導入された1872年（明治5）に始まった。天皇が東京に移った後の京都の活性化と近代化を目的に開かれた第1回京都博覧会の附博覧《つけはくらん》、すなわち余興として創始され、今では京都を代表する年中行事となっている。

居などと呼ばれていた。京都の人々は夜も明けぬうちから支度して、朝から晩まで丸一日、歌舞伎を楽しんだ。京の年中行事として続く顔見世だが、配役や興行初日のスケジュールを記した番付を見ると明治初期は開催月が11月になったり12月になったり、11月と12月の間で行き来している。これは明治政府が1872年（明治5）に採用した新暦（太陽暦）のせいだ。新暦は旧暦より約1か月早く進み、旧暦11月は新暦では12月になる。11という数字にこだわるのか、時期にこだわるのか、興行主も迷った。

寒い時期の情緒

後に南座を買収する松竹創業者の一人、白井松次郎は「顔見世は朝の早いといふ事が一番それらしい気分で……四條の橋が板橋で、それにスッカリ霜が置かれてある、顔見世へ急ぐ客が足を宙に、この霜にすべつて」と語っている。芸能研究家の堂本寒星によれば師走興行の定着は83年。「霜が降りる寒さの中を出かける季節感、情緒を京の人々は大事にした」と梅花女子大学の荻田清教授（近世上方芸能史）は推測する。

師走、南座のにぎわいは今年も同じ。和装の女性の後ろ姿が約350年前の芝居好きに重なって見える。

2014年12月4日付掲載

「いけず」ほんまどすか

宮中のしきたり　気遣いと警戒

「京都人はいけず」と他府県人から思われている。古い町並みが残る京都が大好きという人も、そこに暮らす京都人だけはちょっと苦手。いけずばかり言って、腹の中で何を思っているのか皆目《かいもく》分からない。そんな苦情をたびたび聞かされてきた。だが、京都人は本当にいけずだろうか。

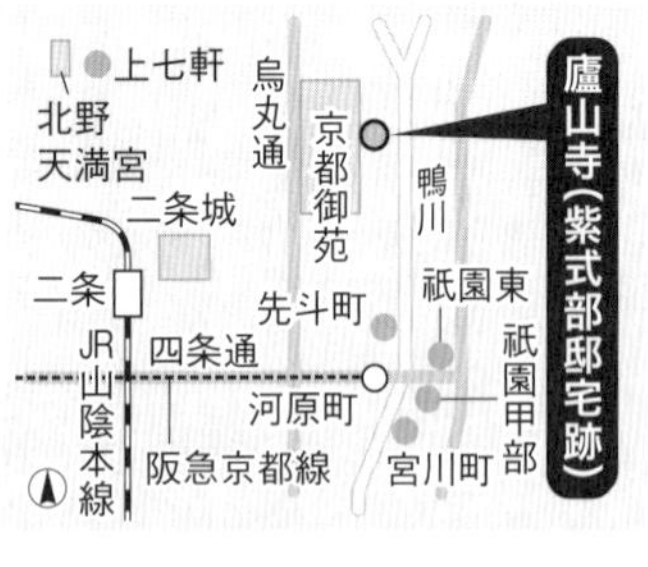

一見さんお断り

『広辞苑』には「いけず」（「行けず」の意から）〈1〉強情なこと。意地の悪いこと。また、そういう人。いかず〈2〉わるもの。ならずもの」とある。〈2〉は昔の使い方で、ここでは除外だが、〈1〉の強情は当たっている。「頑固で自分の考えを変えない」から伝統に従って生きている。しかし「人がいやがる仕打ちをわざとする」意地悪は決して多くない。嫌がられるかもしれないが、わざとしているのではない。

京都で初めてのお店に行き、空席があるのに「えらいすんまへんなあ。予約をいただいてて今日は満席どすねん。またお越しやす」と入店を断られることがある。一見《いちげん》さんお断りだ。特に花街《かがい》の

交差点の角などに置く車よけの石は「いけず石」と呼ばれる。

祇園や宮川町、先斗町《ぽんと》、上七軒《かみしちけん》のお茶屋は、客が総理大臣でも大会社の社長でも有名なスターでも、紹介がないと入れない。しきたりを頑固に守っているわけだ。最後の一言にまたカチンとくるだろう。後日また来ても断るくせに、何と底意地の悪い、と。

しかし、これは相手に恥をかかさないための一言。客に連れがいたとして、あっさり追い返したらメンツ

その頃

朝顔の茶会　京都風に脚色?

千利休《せんりきゅう》の有名な逸話に朝顔の茶会がある。利休屋敷の庭に朝顔が咲き乱れていると聞いて豊臣秀吉が訪ねてくる。ところが庭の朝顔は一株残さず引き抜かれている。秀吉がしらけた気持ちで茶室に入ると、床に見事な朝顔が一輪。権力者の思い通りにはしない利休のいけずだ。ただ、この逸話を収録した『茶話指月集《ちゃわしげつしゅう》』の刊行は利休没後100年以上たってから。茶人、藤村庸軒《ようけん》が語った話をまとめた。利休は堺生まれだが、庸軒は京都人。逸話の中の利休は京都人が京都風に脚色した利休と考えられる。

をつぶす。だから心にもなく「またどうぞ」と言う。店のルールを知らずに来店した客への配慮だ。

傷つけず断る

京都人に何かを勧めて、「おおきに。そらよろしな」と返ってきたら50％以上の確率で辞退だ。それが「考えさせとくれやす」なら九分九厘お断り。はっきり断ると相手を傷つけると思うから。勧めてくれた相手への感謝の気持ちも少しは込めている。

京都弁のイヤミ

京都・西陣生まれでエッセー『イケズの構造』の著者、入江敦彦さんの意見では「イケズの女王」は紫式部。例えば『源氏物語』第2帖「帚木《ははきぎ》」の冒頭は入江現代語訳で「光源氏やてェ。えーらい御大層《ごたいそう》なお名前やこと」となる。なるほど京都弁だとイヤミだ。ここで光源氏は「いじられキャラ」なのだという。

権力者の前では決してストレートな言い方をしないのが宮中のしきたりだった。その後、権力者が入れ代わり立ち代わりする中、京都の庶民たちもそうした物言いを身につけた。

京都人のいけずはかなり誤解されている。『広辞苑』も例外ではない。それは多くの場合、気遣いと、少々の警戒心の表れなのだ。

２０１４年９月４日付掲載

疲れたのに「ほっこり」？

意味、用法時代とともに移ろい

「心がほっこりする宿」「猫とこたつでほっこり」。ここで「ほっこり」はリラックスした感覚を表している。長年、京都の人が愛用してきた言葉だが、「今の使い方には納得がいかない」とこぼす年配の人に出会うことがある。では彼ら京都人はいつ、いかなるふうにほっこりしてきたか。

仕事を終えて

残業して仕上げた報告書を出した日、京都市総合企画局の課長、北川洋一さん（山科区出身）は、家に帰り着くと思わず、「ああ、ほっこりした」と言う。「職場では、『お疲れさん』とねぎらわなければならない立場なので、家で言いますね。家族に、というわけではなく、独り言みたいに」。

一仕事終え、やれやれ、と安堵《あんど》したときに出るようだ。「ああ、疲れた」というより、疲れが取れそうな感じがする。明治、大正の頃は、そうした安堵感、達成感すら伴わない「疲れた」「うんざりした」という意味でよく使われたらしい。今どきの使い方とは正反対だ。

「ああ、ほっこりした」。一仕事終えた後、そう言うのが古き良き京都流。

元は「暖かい様子」

さらにさかのぼると、「元の意味は、暖かい様子です」と、方言を研究する神戸市外国語大学の中井幸比古教授は説明する。17世紀の京都で使われ、その後、「ふくよか」「色つやがよく明るい」「懸案が片づいてすっきり」などの意味が派生したという。「疲れ」とは縁遠く思える言葉だが、中井教授は「否

その頃

商家の妻も日記で…

京都・五条の薬屋に嫁いだ女性による『明治四十三年京都　ある商家の若妻の日記』を読むと、当時20歳だった筆者・中野万亀子さんは、たびたび「ほっこり」している。
酒が入った人から同じ話をくどくど聞かされ、「まあまあ長いこと長いこと。十二時過ぎより四時迄《まで》、くり返しくり返し、ああほっこり」。実家を訪ねたのに父親が留守で会えなかったので、「何しにいったか知れやしない。今日は私もほっこりほっこりした」。
いずれも安堵感や達成感はなく、単に「疲れた」という意味で使っている。

定形の〈ほっこりせん〉は、すっきりしないという意味になる。ここから否定の〈せん〉を省いた〈ほっこり〉だけでマイナスイメージに使うようになった可能性はある」と説明する。

消えゆく使い方

時代ごとに意味が変わり、「疲れたけどほっとした」用法も近年、消えつつある。

岸江信介・徳島大学教授（方言学）らが20年ほど前、京都人約1000人に聞いた調査結果がある。「『ああ、やれやれ、一仕事を終えてほっこりした』というように、『ほっこり』という言葉を使うことがありますか」という問いに対し、「使用する」は80歳代（現在の100歳代）で83％だったのが、若くなるにつれて減り、20歳代（同40歳代）で37％、10歳代（同30歳代）は23％だった。逆に、仕事が終わったり、疲れたりしなくても使う今どきの「ほっこり」は、すっかり全国区だ。文化庁が昨年3月に行った「国語に関する世論調査」では、「気持ちがほっこりする」を「使ったことがある」のは、60歳以上で23％、20～30歳代では40％を超えた。

かくして京都でも意味は混在する。「ほっこり」。そうつぶやく京都人が、一仕事終えたのか単にくつろいでいるのか、一言ではわからない。そこが京都らしいといえば京都らしいが。

２０１４年10月２日付掲載

ぶぶ漬けでもどうどす？

質素の象徴　イケズか　気遣いか

「ぶぶ（お茶）漬けでもどうどす？」。京都の訪問先でこのセリフが出たならば、それは食事を勧めているわけではなく、「そろそろ帰ってほしい」と促す合図、とされる。他府県の人にとっては本音が分かりづらい京都人気質を代表するエピソードとして全国的に有名だ。しかし京都でこの言い回しを現実に耳にすることはほとんどない。ではなぜ〈ぶぶ漬け伝説〉は広まったのか。

丸太町十二段家のお茶漬け。だし巻きを付けたのは戦後から。

朝夕の日常食

「お客さんにぶぶ漬けでも、と勧めるのは聞いたことがないし、私も言ったことがありません」。京都・下京で江戸時代中期創業の呉服商だった家に生まれた料理研究家、杉本節子さんは証言する。「京の商家でお茶漬けは自分たちの日常食だった」という。1790年から当主が書き継いできた杉本家の覚書は「朝夕茶漬　香物《こうのもの》」と定める。昼にご飯を炊き、朝夕は冷や飯を茶漬けにして漬物と食べたのだ。「昔の話だが、そろそろ切り上げたい時、お茶をもう一杯どうですか、というのと同じ感覚で手近なお茶漬けを引き合いに出したのでは」。

一方、同じ下京区の呉服店に育った編集・広告プロダクション社長、石橋郁子さんは子どもの頃、母親が客に「虫養い（空腹の一時しのぎ）にぶぶ漬けでも」と言うのを聞いた。「ぶぶ漬けくらいやったらよばれても、と思わはるやろ」との気遣いからで、実際は仕出し屋から弁当を取って出した。「ぶぶ漬け」を食べるかどうかはケース・バイ・ケースで、「食事がすでに用意されている気配を察したら、よばれた方がいい」と石橋さんはアドバイスする。

その頃

ゴリのつくだ煮　魯山人イチ押し

京都生まれで美食を極めた陶芸家、北大路魯山人《ろさんじん》は昭和初期、ぜいたくな食材を使った様々なお茶漬けの作り方を書き残した。著書『魯山人味道』（中公文庫）で「茶漬けを食いたいと要求する肉体が、自分の好きな茶漬けを食えたらこんな幸せはあるまい」と主張している。

魯山人が紹介するのは「意想外に美《う》味《ま》い」という納豆やハモ、車エビなどのお茶漬け。京都の鴨川などに生息する川魚のゴリのつくだ煮は「これさえ食べれば、一躍茶漬けの天下取りになれる」とイチ押しだ。

落語が広めた

〈ぶぶ漬け伝説〉を広めたのは上方《かみがた》落語の「京の茶漬」だろう。桂米朝のおはこだった。大阪の男が京都に行く度、帰り際におかみさんから「ちょっとお茶漬けでも」といわれ、「一ぺんあの茶漬けを食《く》てこましたれ」と出かけ、茶漬けを勧められるまで粘りに粘り一膳いただく話。

話の元は江戸後期の滑稽本作者、十返舎一九《じっぺんしゃいっく》『江戸前噺鰻《はなしうなぎ》』収録の「茶漬」とみられるが、地名は出てこない。上方落語になって、京都人と大阪人をおもしろおかしく対比する話に変化した。

米朝一門で京都出身の桂塩鯛《しおだい》さんは「京都は表向き華やかに見えるが、生活は質素で、お茶漬けはその象徴。プライドの高い京都人に対して大阪人が抱く複雑な感情が落語に込められている」と分析する。

十二段家で評判

お茶漬けで知られる大正元年創業の「丸太町十二段家」（中京区）は元々、花街・祇園の甘味どころ。朝帰りの客に頼まれてご飯と漬物、汁物を出して評判になり、当代主人、秋道賢司さんの祖母が「お茶漬けでもどうどす？」と呼び込みを始めた。もちろん客には食べてほしい。上等の漬物も付いているのだが、そこには触れず、謙虚に「お茶漬けでも」と声をかけた。

「ぶぶ漬けでも」は本来イケズな物言いではない。その心遣いを理解すれば、もっと繊細な京都が見えてくる。

２０１３年６月６日付掲載

着倒れ　食費削ってまで……

流行発信地　行事ごとに新調

昔から、〈京の着倒れ〉といわれてきた。京都の人は破産するほど着物にお金をかける、という意味の言い回しだ。公家や裕福な商人はもちろん、普段は始末屋の町衆でさえ、外出着を何枚も持っていたという。なぜ、そんなに京都人は着物にお金をつぎ込んできたのか。

民家に金襴緞子

京都の町中の路地に昔、泥棒が入った。役人が調べると、その日の生活で精いっぱいに見える路地の家々から金襴《きんらん》や緞子《どんす》の、まぶしいほどきらびやかな着物がたくさん出てきて、転勤族の役人は「江戸、大坂あたりではとても考えられない」と目を丸くした。日本史家、奈良本辰也が著書『京都故事物語』で紹介した話だ。

京都人は粗食でも有名だった。朝がゆやお茶漬けで我慢し、せっせと節約。それも着物の数を増やすためだったのではないか。

陳列会の準備が進む会場には艶やかな着物がずらりと並んだ（千總）。

応仁の頃から

金言、警句を集めた伊藤銀月《いとうぎんげつ》著『日本警語史』では「『京の着倒れの語』に適当する事実の濫觴《らんしょう》は、実に足利系中の大馬鹿者義政の時代に在り」と、足利八代将軍、義政の時代に着倒れが始まったとしている。

義政は応仁の乱の原因を作っておきながら遊び暮らし、東山山荘（後の銀閣寺）を造営、歌会や茶会を度々開いた。社交の場だから人々は着飾る。その間、京都の町は焼け、

その頃

宮崎友禅　斬新デザイン

友禅染は江戸時代中期、京都の知恩院門前に住んでいた扇絵師、宮崎友禅が完成させたといわれる。

1686年刊行の浮世草子『好色三代男』が「今の世のはやり物」として「ゆうぜん扇」を取り上げるほど、友禅の扇面画は人気だった。その後、着物も手掛け、92年にデザインブックである雛《ひな》形《がた》本「余勢《よせい》ひいなかた」を出版する。代表例が円の中に花をあしらった「花の丸」だ。菱《ひし》形や亀甲《きっこう》、扇などの幾何学模様の中に草花を散らす文様も多い。古典的で品格のあるデザインに当時の斬新な感覚を加えている。

幕府も弱体化。将軍自身が「着倒れ」した時代といえる。

その言い回しができたのは江戸時代。浮世草子『元禄曽我物語』（1702年刊）に「京は着て果《はて》、大坂は喰《くう》て果《はつ》るとかや」とある。果てるとは破産だ。

近年は減少傾向

京都は西陣や友禅染の着物デザインの流行発信地だった。男も女もそれに飛びついたのだ。京都に社交を伴う年中行事が多いのも影響しているという。

1555年創業の京友禅「千總《ちそう》」（中京区）の仲田保司社長は「南座の顔見世に向けて着物をあつらえるお客様が、昔は大勢いた」と証言する。新年の茶会、初釜用にも1枚、雛祭りにも、花見にも、お盆にも、季節に合わせて着物を新調した。油断していると、陰で「あそこの奥さん、去年と同じ着物や」といわれかねない。

そんな京都人が近年は着物を買わない。総務省の2012年家計調査年報によれば、京都市民の和服購入額は47都道府県庁所在地で11番目。1番は静岡市、2番が東京都区部だ。

着物は親の代からのストックがあるので、度々新調する必要がないのかもしれない。それでも、着物を愛する京都人にとって半分は自慢だった「着倒れ」が死語になるとしたら、少し寂しい気がする。

2013年12月19日付掲載

ゆ　公家も庶民も

裸の社交場・銭湯「発祥の地」　文化の湯気立つ

京都の町中を歩くと「ゆ」の字ののれんが掛かった銭湯《せんとう》をよく見かける。現在も約150軒が営業し、軒数では東京、大阪を下回るものの、市街地の〝銭湯密度〟は日本一といわれる。風格が漂う木造建築の「お風呂屋さん」もあちこちにある。京都にはなぜ銭湯が多いのか。

中世から登場

身を洗い清める入浴は元々、仏教とのつながりが深い。奈良時代、寺院が境内に浴堂を設け、福祉事業として民衆も入浴させた。しかし、入浴料を払って入る公衆浴場が町中に登場するのは中世京都だ。

平安末期の説話集『今昔物語集』に、鎮守府将軍利仁《としひと》が「東山の辺《わたり》に湯涌《わか》して候ふ所に」と、身分の低い侍を誘い出す場面がある。さらに料金を意味する「銭」の字が付いた銭湯が記録に現れるのが鎌倉時代の八坂神社（東山区）。京都を銭湯発祥の地とするゆえんだ。

住民の社交場でもある銭湯（「錦湯」）。

江戸期に149軒

「10万都市の京都では、多くの住民の清潔を保つために銭湯が必要とされ、商売として成り立った」と高橋康夫・花園大学教授（日本建築・都市史）は説明する。

室町時代には十数軒が営業し、銭湯通いが大流行。一般民衆に交じって上流貴族や僧侶も訪れた。戦国時代の公家、山科言継《やましなときつぐ》は一条烏丸の自邸に近い「一条の

その頃

江戸中期までは「蒸し風呂」

江戸時代中期までの銭湯は、浴室に蒸気を送り込む蒸し風呂だった。汗を流し、お湯をかぶってから出る。浴槽に入る現在の方式が一般化するのは江戸時代後期から。

蒸し風呂の床には布が敷かれていた。温度調節や足ふきに使われ、物を包む「風呂敷《ふろしき》」の語源となった。室町三代将軍、足利義満が大浴室を設け、大名たちを入浴させた際、脱いだ衣類が他人のと紛れないよう、家紋入りの布で包んだ、という逸話も伝わる。風呂敷は江戸時代、衣類や夜具を包み、商人が商品を運ぶ道具として生活の中に浸透していった。

風呂」や「正親町《おおぎまち》室町の風呂」を巡ったと日記につづっている。貸し切りにすることもあったと高橋教授はいう。織田信長が上杉謙信に贈った『上杉本洛中洛外図屏風《びょうぶ》』にも、にぎわう「ふろ」が描かれていて、当時は上京の一条小川にあった天台寺院、革堂《こうどう》に隣接する「革堂の風呂」とみられる。言継はここにも来ている。

高橋教授は「銭湯に幅広い層の客が集まり、社交や遊楽で大衆文化を花開かせた」という。

京都の銭湯は江戸中期の1715年（正徳5）、洛中洛外合わせて149軒に達した。風呂のない長屋に住む借家人が多く、大きな湯船にゆったりとつかる銭湯は娯楽の場としても支持された。20世紀後半になるとアパートや下宿住まいの学生が増え、銭湯に通った。

「レトロ」が人気

風呂のある家が大半となった近年は、廃業も相次ぐが、今、観光客の人気を集めているのがレトロな外観の銭湯だ。第2次世界大戦で大きな戦災を免れた京都には、戦前からの建物が多い。

1927年（昭和2）創業で、錦市場関係者が常連の「錦湯」（中京区）の主人、長谷川泰雄さんは「欧米やアジアからのお客さんが増えている」と証言する。

ディープな京都を知りたい人には、穴場のスポットのようだ。

2014年1月9日付掲載

伏見の酒　全国区のわけ

きめ細か「女酒」 東海道を行く

「伏見の女酒」という。阪神間の灘《なだ》で造られる酸味の多い辛口の「男酒」に対し、京都・伏見の酒はなめらかできめ細か、女性的という意味だ。対照的な伏見と灘だが、ともに日本酒の二大生産地で、他産地の地酒と違って全国どこでも飲める。伏見の酒はなぜ全国銘柄なのか。

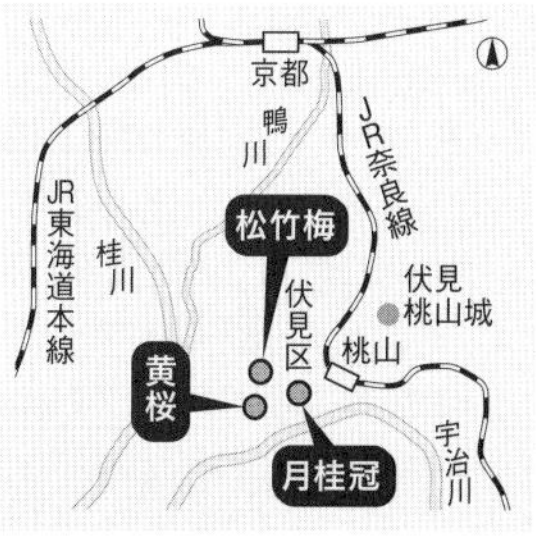

秦氏が伝える

伏見の酒造りは渡来系の秦《はた》氏にさかのぼる。彼らは京都盆地西の嵯峨・太秦《うずまさ》と、東南の伏見周辺に住み、養蚕《ようさん》や土木、そして酒造りの技術を伝えた。平安京が造営され、大内裏《だいだいり》に造酒司《さけのつかさ》という役所ができた時も秦氏一族が招集される。

その技術が鎌倉時代、民間にも広まり、京都の造り酒屋は、室町時代中期の酒屋名簿によれば、洛中洛外合わせて３４２軒に上った。

京都の酒は地方の「他所酒《よそざけ》」よりおいしかった。狂言『舟渡聟《ふなわたしむこ》』に、都から酒樽《さかだる》を携えてきた男が渡し舟に乗り込み、船頭が「それは京酒か？ なら一杯飲ませろ」と、舟を揺らして強引に求

宇治川の支流に沿って立ち並ぶ伏見の酒蔵。

める場面がある。

ところが伏見は京都盆地の中でも中心から外れた洛外で、昭和初期に京都市に編入されるまで行政上は別の町だった。幕府が酒造りを厳しく統制した江戸時代には京都市中での販売が制限され、地元で消費される地酒の地位にとどまった。

コップ付小びん

伏見の酒が再び脚光を浴び全国流通するのは1889年

その頃

灘は「宮水」で発展

兵庫県の灘は京都の伏見をしのぐ酒どころだ。かつては同じ摂津《せっつ》国でも、内陸の伊丹や池田が代表的な酒どころとして栄えていたが、灘は江戸への海上輸送に便利で、江戸時代後期、酒造りに適した「宮《みや》水《みず》」という上質のミネラル水が発見されたこともあって、発展していく。

西宮の旧海岸地帯の浅い井戸から湧出する水で、当初は「西宮の水」と呼ばれていた。1840年(天保11)、造り酒屋を営む山邑太左《やまむらたざ》衛門《えもん》がこの水で酒を造ると芳醇《ほうじゅん》に仕上がることに気付き、伝え聞いた他の酒造家も競って宮水を使うようになったという。

（明治22）の東海道線開通から。伏見最大手「月桂冠」が国鉄の前身である鉄道院によって駅売酒に指定され、車中で飲みやすい「コップ付小びん」をヒットさせる。

もちろん酒の品質が評価されてのこと。「伏見の水、そして気候も酒造りに適していた。経験的に分かっていたことを『月桂冠』を開発した旧大倉酒造研究所が解明した」と月桂冠大倉記念館（伏見区）の三輪祥智主任は説明する。

伏見酒造組合の蔵元は25。明治以降、京都市中から、より良い水を求めて伏見に移転した蔵元もある。「キンシ政宗」は中京区から。「日出盛《ひのでざかり》」の松本酒造も東山区から移ってきた。その分家が「黄桜」だ。結果として酒蔵が立ち並ぶ今の景観が生まれた。

和食の最強ペア

灘の酒が辛口なのはミネラル分が多い硬水を使うから。しょうゆの効いた東京の料理に向いている。一方、カルシウムやマグネシウムなど硬度成分がほどほどの伏見の水だと、酒の味はやわらかになる。「ミシュランガイド」二つ星の京懐石「和ごころ泉」（下京区）店主、泉昌樹さんは「京料理に合う」と勧める。

土地の料理には土地の酒というが、その中でも京料理と伏見の酒は和食の最強ペアだ。

（2013年11月14日付掲載）

「薄味」見た目は淡いが……

しっかり味　だしと薄口しょうゆ

四季折々の食材を使い、彩りも美しく盛りつける京料理は和食の最高峰。長い歴史の中で京都に暮らす公家や僧侶、上層町人の食事が融合してできた高級料理だ。味付けは、東日本など地方の料理に比べて淡泊に感じる。「京の薄味」ともいわれる。なぜそんな違いが生じたのか。

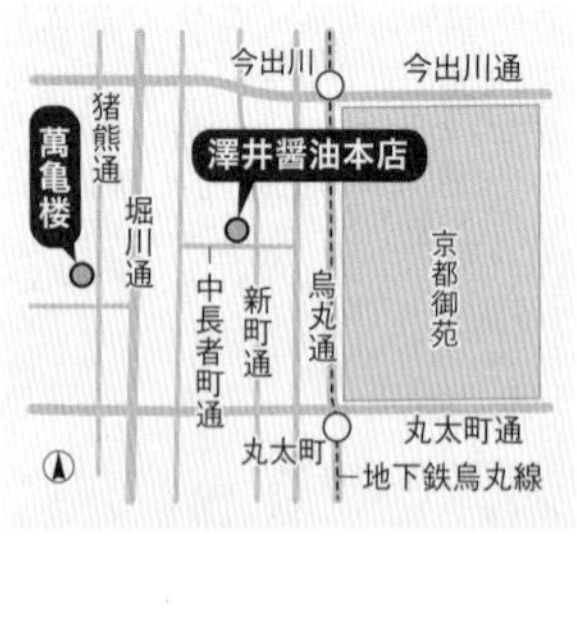

平安の貴族好み

京料理の歴史は平安京にさかのぼる。天皇や貴族の食卓や、ごちそうを並べる宴席に出された料理が原点だ。

日頃の食事は米と野菜中心だったが、宴会になると諸国から献上されたタイやアワビなど多種多様な魚介が並んだ。今日の刺し身の食べ方と同様、銘々が好みで酒や塩、酢などを付けて食べた。「肉体労働をしない貴族はそれほど塩分を欲せず、あっさりした味を好んだ」と鳥居本幸代・京都ノートルダム女子大学教授は推測する。

京都に禅寺が次々建った鎌倉時代以降、進化したのが精進料理の技だ。殺生を禁じる仏教の教えに従って魚介や肉類を使わない代わり、穀物や野菜の持ち味を強調。野菜は昆布やシイタケのだし汁で煮含めた。

だしを使う料理は公家や武家にも好まれた。室町後期には、製法が改良されたカツオ節だしもそこに加えられた。さらに江戸時代、北海道の良質な昆布が大量に運ばれ、だしは一般化していく。公家に仕えた料理人の流れをくむ京料理店「萬亀楼《まんかめろう》」（上京区）の主人、小西将清さんは「野菜をだしで炊くと、塩などの調味料をたくさん使わなくてもおいしい味がつく。薄味ではない」と話す。

だしに漬け込んだ具材を盛りつける「萬亀楼」の小西将清さん。

その頃

起源は室町・門前茶店

京都で料理屋の原型ができたのが室町時代。東寺の門前で参拝者に茶を出していた店が食事を伴う茶屋に発展した。同タイプの門前の茶屋が清水寺や八坂神社周辺にも誕生。約400年の歴史がある料亭「瓢亭《ひょうてい》」（左京区）も南禅寺門前の茶店が起源だ。

江戸時代には町中に料理屋が出現。江戸から来た読本作者、曲亭馬琴は旅行記『羇旅漫録《きりょまんろく》』に、ウナギやハモを「江戸前にはおとる」、白みそを「塩気うすく甘ったるい」と書いた。口に合わなかったらしい。ただ、麩《ふ》や湯葉、芋、水菜、うどんは味がよいとしている。

京都の水はミネラル分の少ない軟水で、グルタミン酸など昆布のうまみ成分を引き出すという。貴族好みの上品な味わいにだしの深みが加わった。さらに旬の食材を選び、味を洗練させたのが、茶席で客をもてなす懐石料理だ。

信長は激怒

織田信長が「水くさくて食べられない」と京料理に激怒、料理人を殺そうとした逸話は有名だ。だしの味が分からない信長のため、塩を足して作り直すと大満足した。料理人は陰で「田舎者」とあざけったが、戦争に明け暮れた信長が塩分を欲するのは仕方がない。

まろやかに変化

京料理は見た目もあっさりだ。これは薄口しょうゆを使うため。濃口に比べて色も香りも控えめで、素材の風味や色合いを損なわない。「澤井醤油《さわいしょうゆ》本店」（上京区）の女将《おかみ》、澤井宏美さんは「だしに加えて火を通すと不思議とまろやかに変わる」と説明する。

見るからに淡い京料理だが、味はしっかりしている。それが信長の見抜けなかった「薄味」の正体だ。

2013年11月28日付掲載

納豆 始まりは京北？

貴族の食べ物 庶民には広まらず

日本の伝統食で、健康食品としても推奨されるのが納豆《なっとう》だ。都から遠く離れた関東、東北の食品というイメージが強く、茨城県の水戸納豆が圧倒的なブランド力を誇る。京都で広く食べられるようになったのは戦後のこと。ところが納豆の食文化は京都に始まったといわれている。

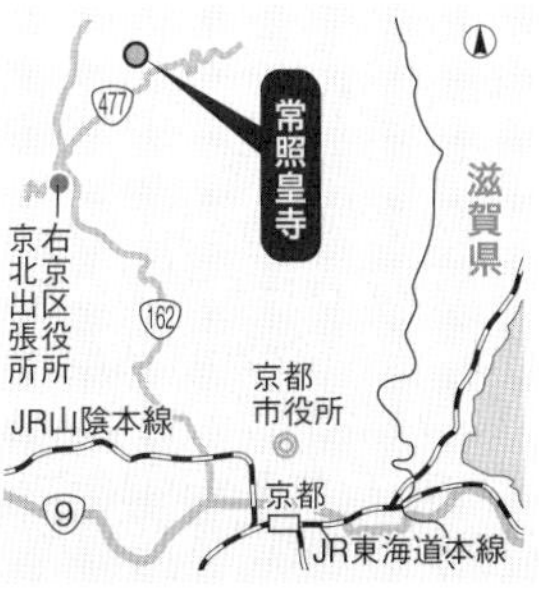

上皇が製法指導

納豆が最もよく食べられているのがやはり水戸市だ。総務省の家計調査（2011～13年平均）によれば年間支出が5432円。一方の京都市は2640円で、その半分にも満たない。

しかし歴史をさかのぼれば納豆は京都のものだ。常照皇寺《じょうしょうこうじ》（右京区京北）に藁《わら》を束ねた藁苞《わらづと》に包まれた納豆の絵が伝わる。寺の開山は南北朝時代の光厳《こうごん》上皇。光厳は北朝第一代の天皇で、譲位後、晩年を京北で過ごしたのだ。その生涯をたどる絵巻物の一場面で、上皇が村人に納豆の作り方を教えたという。「鳳栖納豆《ほうせい》」と書いた木版もある。上皇は出家して光厳法皇になった。「法皇様の納豆」が後に「鳳栖」に変化したという。

寺のある京北地区は北山杉の産地でもあり、平安京造営の際に資材を提供するなど、昔から朝廷との結びつきが強かった。「鳳栖納豆」も南北朝時代から江戸時代まで、朝廷に献上されていたと伝わる。

地区では今も各家で藁苞納豆作りが受け継がれ、正月三が日は納豆餅を食べる習慣がある。京北商工会の植田康嗣事務局長は「京北こそ納豆発祥の地」と力を込める。

納豆発祥の地とされる京北地区。奥に常照皇寺がある。

その頃

平安グルメ女性の好物？

納豆の語源には諸説あって、寺の物品を納める納所で作られた、また朝廷に納めた豆ともいわれる。納豆の名が初めて登場する文献は藤原明衡《あきひら》による平安時代後期の随筆『新猿楽記』で、グルメ女性の好物として「塩辛納豆」が出てくる。ただこれは現在の塩納豆で、一般的な糸引き納豆とは違うという説もある。

その頃、京都から運んだ煮豆が東北で納豆になったという伝説もある。源義家が前九年、後三年の役で東北に出兵した際、馬の餌用に豆を藁の中に保存していたところ納豆になった、と。おそらく後世の作り話だ。

江戸で商品化

納豆が広く食べられるのは江戸時代のこと。幕末に和歌山藩士が書いた『江戸自慢』に「烏《からす》の鳴かぬ日はあっても納豆売りの来ぬ日はなし」とある。江戸では納豆が商品化され、流通していたのだ。ところが『近世風俗志（守貞謾稿）』によれば、「京坂には自製するのみ。店売りもこれなきか」と、江戸との違いが説明されている。京都、大坂も納豆を食べたが、自家製だった。

筑波大学教授の石塚修さんは「江戸時代、ご飯を炊くのは1日1回だけ。江戸は朝、関西は昼だった。江戸では朝ご飯用に納豆が広がったが、京都では朝は冷やご飯にお茶をかけて食べたため、納豆は合わなかったのだろう」と話す。

朝廷向け貴重品

137年前から納豆を作っている京都市北区の森口加工食品・福三田邦彦社長は「京都で納豆は朝廷に納める貴重品。庶民に広がらなかった」と推測する。

同社が立命館大学と開発した「京北・りつまめ」が昨年、全国納豆協同組合連合会の鑑評会で2位に輝いた。においを抑えた中粒の豆が特徴で、歴史に根ざす京都らしい納豆といえそうだ。

2014年4月24日付掲載

ハモ愛　祇園祭とともに

生きたまま運べる生命力珍重

空気の湿った7月の夜、京都市中央卸売市場（下京区）にトラックが続々と着く。兵庫や徳島で揚がったハモだ。多い日は約10トンが競《せ》りにかかる。ハモ料理は京都の夏には欠かせず、祇園祭は「ハモ祭り」ともいう。海から遠い京都で、ハモ愛はどう培われたのか。

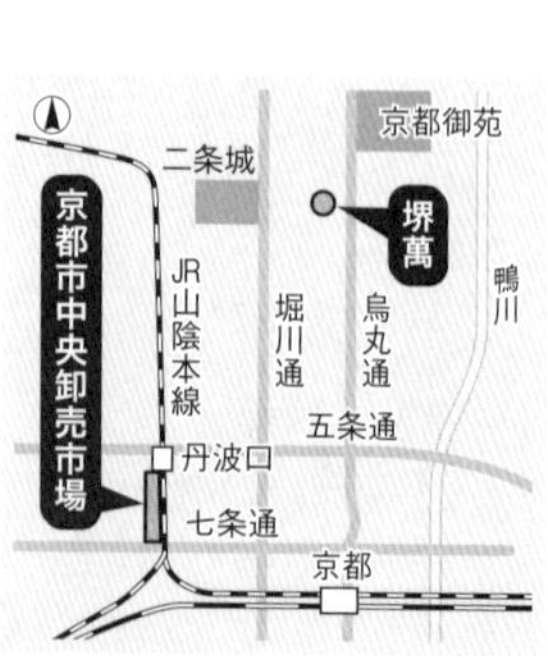

大阪の倍、口に

ハモは「梅雨の雨を飲んでおいしくなる」といわれ、梅雨の季節が脂がのっておいしい。大阪でも天神祭（本宮25日）の頃に食べるが、大阪人が年平均5・6回、口にするのに対し、京都人は倍近い10・6回というデータがある。ハモの流通に詳しい元近畿大学准教授の津国《つのくに》実さんが、京都、大阪両市に20年以上住む30歳以上の男女に尋ねた結果だ。

歯が鋭く、かまれると危険で、古くは「ハム（食む）」と呼ばれた。京都人がいつ頃から食べているのか、確たる史料はないが、水から揚げても長時間死なないため、生きたまま都まで運べる貴重な魚だったようだ。

見た目も涼しいハモ料理。手前が薄造りと落とし（中央）、そして焼いたハモ。

海に面する大阪ではなく、内陸の京都だから、生きたハモに特別な思いで接したに違いない。

季節のごちそう

江戸時代後半の料理本『海鰻《はむ》百珍』（1795）が100種類以上の調理法を紹介している。開いたハモ2本を、身を内側にして合わせ、山椒醤《さんしょうじょう》

その頃

多彩な調理法　紹介本次々

江戸時代、『海鰻百珍』と前後して、『豆腐百珍』や『甘藷《かんしょ》百珍』『蒟蒻《こんにゃく》百珍』など、食材ごとに様々な食べ方を紹介する料理本が次々出版された。

『鯛《たい》百珍料理秘密箱』（1785）は、昨年度放送のNHKの朝ドラ「ごちそうさん」に登場し、一度に多数のタイを調理する主人公を助けた。たとえば、「五色鯛」は、鯛の身を、クチナシや大根葉などの汁、黒豆の汁などを使って黄、青、黒、赤、白の5色に染め分ける。これらを葛粉、卵の白身とともに段々に重ね、筍《たけのこ》の皮で巻いて蒸す、とある。

油《ゆ》を付けて焼いた料理は「木屋町炙《あぶり》」。「裏表にかわ有《あり》という意《こころ》なるべし」とある。京都の木屋町は鴨川と高瀬川にはさまれている。皮と川を掛けたネーミングらしい。

祇園祭の鯉山保存会メンバーの呉服店で育った山本智代さんは「子供の頃、祇園祭といえば家で皆がハモずしや落とし（湯をくぐらせたもの）、酢の物をいただいた。結婚した後も嫁ぎ先に母がすしを届けてくれた」と話す。

季節の食べ物であるハモは、心浮き立つ祭りに密接に結びついている。

欠かせぬ骨切り

小骨が多いハモを調理するために必要なのが「骨切り」だ。開いて中骨を除き、1ミリあまりの間隔で包丁を入れる。創業150年の料理店「堺萬」の6代目、澤野高明さんは、シャッシャッシャッと、涼しい顔で包丁を動かすが、皮1枚残して骨を断つ加減が身に付くのに、8～10年かかる。

落としも薄造りも優しい舌触りだ。市場で見た怖い顔の魚を思い出すと、不思議な気がする。

「ハモ料理はさまざまな要素が重なって生まれた」と元近畿大学の津国さんはいう。「魚の生命力、骨切りの技術、専用の包丁を作る包丁鍛冶、そして祇園祭。まさに奇跡の料理です」。

10日朝、京都の町で山鉾《やまほこ》建てが始まった。ハモ祭りもいよいよたけなわだ。

2014年7月10日付掲載

納涼床　右岸のにぎわい

左岸や床几　河川敷整備で姿消す

京都の夏は蒸し暑い。エアコンのない時代から、涼を求める人々は鴨川に集まった。川のせせらぎ、通る風が心地よい。その右岸に夏の間だけ並ぶのが納涼床《のうりょうゆか》だ。供される京料理を楽しみに他県の観光客や外国人も訪れる。約100軒の床が同じ高さに連続する今の姿はどうして生まれたのか。

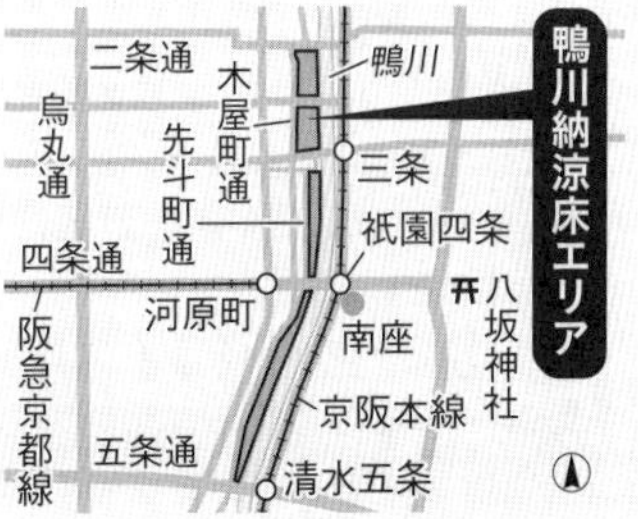

5～9月に仮設

鴨川納涼床は毎年5～9月、右岸の二条大橋から五条大橋までの区間に許可される高床式の仮設工作物で、京料理店のほか中華や洋食、喫茶店などが、店から川へ張り出す形で設けている。床に芸妓《げいこ》、舞妓《まいこ》を呼ぶ客もいて、日が沈むと対岸にライトアップした南座が見え、その向こうに東山の稜線《りょうせん》が黒く浮かび上がる。

祇園祭とともに

床の誕生は7月17日、前祭の山鉾《やまほこ》巡行があったばかりの祇園祭と関係している。

鴨川右岸に同じ高さで並ぶ納涼床。真下がみささぎ川。

山鉾巡行より早く、神輿《みこし》が鴨川の東の祇園社（現八坂神社）から川を越えて京都の町に入る。そこで祭りの期間中、橋が架けられるようになったのが平安末から鎌倉時代。橋のたもとで神輿を川の水で清める神輿洗も営まれ、橋見物、神輿見物に大勢が集まった。

この見物人相手に川の浅瀬にできた物売りの店や茶店、床几《しょうぎ》が床の原型だ。

その頃

祇園、南座……昔から集客地

今、祇園と呼ばれている鴨川の東側の一角が花街《かがい》になったのは江戸時代初期。祇園社（現八坂神社）の参拝者が休憩する茶屋で接客の女性たちが舞や歌を披露したのが始まりとされる。川の西側に花街の先斗町ができたのもこの頃。

出雲阿国《いずものおくに》は鴨川の河原の仮設芝居小屋で「かぶき踊り」を演じたと伝わる。元和年間（1615〜24）、四条河原周辺に歌舞伎劇場7座が連なった。今も残る南座のほか、四条通をはさんだ北側には北座もあった。

こうした場所への人出を目当てに床が、夏には400を超えて並んだという。

中川喜雲著『案内者』（1662）は祇園祭に合わせた仮設店舗を紹介。「四条河原には三条をかぎりに茶屋の床あり、京都の諸人毎夜涼みにいづる。飴《あめ》売り、あぶり豆腐……」と、にぎわいを伝えている。やがて営業期間が延び、高床式も現れた。18世紀半ばの本居宣長『在京日記』は「八朔《はっさく》（旧暦8月1日）迄《まで》はすずみのやうに茶屋茶屋の川床もあり、川原いとにぎはし」とある。

「もち料理きた村」主人で京都鴨川納涼床協同組合専務理事の北村保尚さんは「形は変わっても、客人をもてなす、伝統の風情には変化がない」と話す。

現形は明治以降

川の中と両岸に点々とあった床が整理されるのが明治以降だ。左岸では鴨川運河の開削と京阪電鉄の延伸工事が行われ、床は出せなくなった。治水工事のため中州が削り取られ、そこも床几は禁止になった。鴨川の洪水で1935年（昭和10）、床は全て流される。日中戦争から太平洋戦争の時代、ぜいたくと見なされた床は途絶えた。復活は51年。洪水対策の一環で河川敷が整備され、高床に限るという条件で右岸に設置が許された。

川面からは少し距離があるが、河川敷を流れるみそそぎ川の真上に床は整然と並ぶことになった。鴨川の景観に詳しい京都大学の川崎雅史教授は「水に親しむという意味で、みそそぎ川にも目を向けて」と促す。川音を聞きながら一献。京都の夏の楽しみ方だ。

2014年7月17日付掲載

松花堂弁当　誰の発案

江戸期の僧が由来　仕上げは「吉兆」

黒塗りの蓋を開けると、中に十文字の仕切りがあり、四つのスペースにおかずやご飯が美しく盛られている。松花堂《しょうかどう》弁当だ。仕切りのおかげで互いの味が混じり合わない。合理的で、日本中で広く使われているこの器は京都・八幡で発明されたという。ではなぜ、「松花堂」と呼ばれるのか。

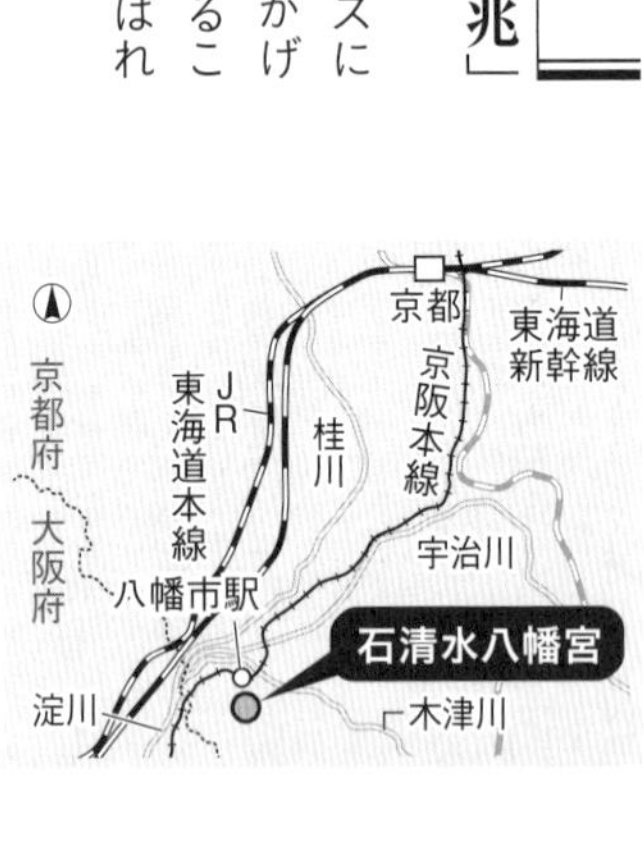

元は道具箱

松花堂とは人の名で、江戸時代初期、石清水《いわしみず》八幡宮（京都府八幡市）にいた松花堂昭乗《しょうじょう》（1582〜1639）のこと。神社に属して仏事を行う社僧だった。神仏習合の時代には、そういうポジションもあった。茶の湯や和歌、絵に秀でた文化人で、書では本阿弥光悦、近衛信尹《のぶただ》と並び「寛永の三筆」といわれた。

この昭乗が松の木で作った仕切りのある松木地盆《まつきじぼん》を茶会用のたばこ盆に転用。それが後年、弁当箱になった、だから松花堂弁当、という言い伝えがある。元の松木地盆は農家が種入れに使う小物入れだった、いや薬入れだ、そうではなく絵の具入れだ、と諸説あるが、日用品を茶道具として茶席に出すのは茶の湯で「見立て」といい、昭乗ならやりそうなこと。

だが、八幡市立松花堂美術館の川畑薫学芸員は「昭乗を伝説化するために後世、編み出された作り話」と考えている。

湯木の考案

真の松花堂弁当考案者は大阪で日本料理の料亭「吉兆」を創業した湯木貞一《ていいち》（1901～97）と

蓋に「松花堂」の名を入れた松花堂弁当（京都府八幡市の京都吉兆松花堂店）。

その頃

関西の文化が開花

湯木貞一が京都・八幡の茶会で松花堂弁当のヒントを得た1933年、昭和天皇の即位式を記念する「大礼記念京都美術館」（現在の京都市美術館）が京都市左京区岡崎に設立された。大規模な公立美術館としては東京都美術館に次いで日本で2番目。様々な形で関西の文化が開花していた。

しかし同じ年、京都では滝川事件も起きた。京都帝国大学法学部の滝川幸辰《ゆきとき》教授の著書『刑法読本』などを「赤化思想」として鳩山一郎文相が休職を命令。反発した法学部の教授らが辞表を提出した。学術・文化への抑圧も強まっていた。

される。

湯木も茶の湯をよくして1933年（昭和8）、昭乗ゆかりの八幡市で開催された茶会に出席。部屋の隅に積まれたたばこ盆に目を留め、一つ分けてもらった。これに前菜などを盛り合わせ、さらに食材の色を際立たせるため漆塗りにしたり、蓋を付けたりと工夫を重ねていった。

昭乗に敬意を払い、蓋に「松花堂」の焼き印を入れ、料理一式を盛る弁当箱を完成させた。湯木は「使い勝手を良くしていっただけ」と謙遜したというが、この器が全国に普及した。

配膳手早く

背景には当時、しばしば開かれた大規模な茶会があったと湯木美術館の元学芸員で『松花堂弁当ものがたり』の著者、末広幸代さんはみる。「東大寺や茶道の千家は茶会で数千人分の料理を注文する。松花堂弁当なら料理人も盛りつけやすく配膳も手早くできる」

茶道史の熊倉功夫・静岡文化芸術大学学長は「弁当は持ち運びするものという概念を覆し、店舗で提供しやすい便利な器に仕立て上げた。優れた料理人ならではの見立てだ」と評する。

器の名前に「たばこ盆弁当」でもなく「湯木弁当」でもなく「松花堂弁当」を選んだ。このセンスの良さも光っている。

2013年11月7日付掲載

宇治から広がる「ちゃぶ台」

隠元が伝えた「共食」 禅の精神

ちゃぶ台は昭和日本の象徴だ。短い脚が4本付いた食事用座卓で、家族が一つのちゃぶ台を囲んで食事する。それがだんらんの姿だった。起源は江戸時代の京都・宇治。黄檗《おうばく》山萬福《まんぷく》寺を開いた隠元が中国から伝えた食事作法にあった。中国の寺スタイルが、どのように日本の家庭に入ったのか。

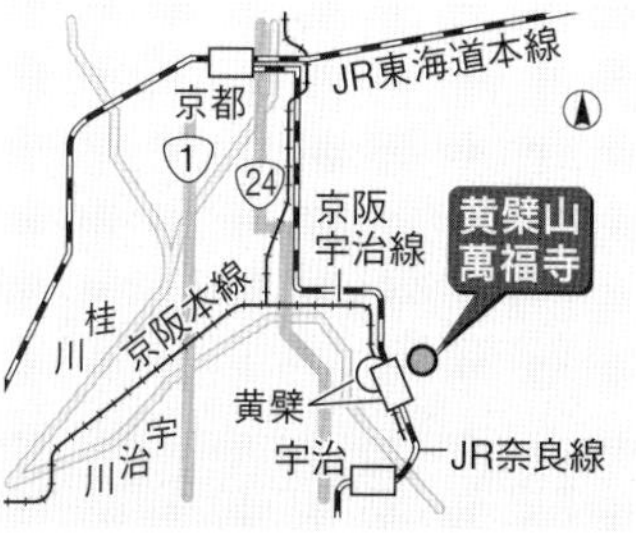

由来は中国語

「ちゃぶ」は中国語の卓袱《チャブ》から来ている。テーブル掛けを意味する。イスに座る生活の中国では、テーブルで食事をした。萬福寺でもそうだった。

萬福寺の食事は普茶《ふちゃ》料理だ。中国風の精進料理で、色鮮やかな旬の野菜を煮たり揚げたりして大皿に盛り、テーブルを囲んだ4人で取り分ける。和気あいあいと味わう中国式だ。「普茶」は「普《あまね》く大衆と茶を供《とも》にする」。つまり「上下の隔てなく一堂に座して、自然の産物の恵みに感謝して食する禅の精神が込められている」と萬福寺宝物館文華殿の田中智誠《ちせい》主管が教えてくれた。

中国の禅寺では、法要や行事の後に料理が出て、高僧も修行僧も食卓を共にする習慣。これを隠

観光客にはちゃぶ台で普茶料理を提供する萬福寺。

元が日本にもたらしたのだ。

個食文化の日本

当時、日本では、家族であっても食卓を同じくせず、各人が1人用の膳で食べていた。上級の武家などでは食事の部屋も別々だった。

梅花女子大学講師の東四柳《ひがしよつやなぎ》祥子さんは「個食文

その頃

インゲン豆、煎茶もたらす

中国の高僧、隠元はテーブルとイスの食卓のほか、その名に由来するインゲン豆やレンコンなどの食材、煎茶習慣といった新しい文化も日本にもたらした。生まれは明代の福建省福州府。臨済宗黄檗山萬福寺の住職を務めていた。日本に渡ったのは1654年。日本の禅僧や禅宗信者らに招かれ、弟子20人余とともに長崎に来航。そのまま長崎の興福寺に入った。61年、江戸幕府から京都・宇治に土地を寄進され、故郷福州府の寺を模した萬福寺を創建。中国明代の臨済宗を伝え、82歳で示寂《じじゃく》するまで日本にとどまった。

化だった日本に、中国から伝わった正反対の様式が驚きを与えた」と説明する。

中国式のテーブルが、畳に座る日本の生活習慣に合わせ、ちゃぶ台に姿を変えて市井に登場するのが江戸時代中期だ。料理書『普茶料理抄』（1772）や『料理通』（1835）に、四角いちゃぶ台を4人で囲む挿絵がある。

黄檗宗の寺で普茶料理を学んだ料理屋が、テーブルの脚を短く切った座敷用のちゃぶ台を用意したのだ。ちゃぶ台で食べる普茶料理は京都や大阪から全国に流行し、中国好きの文人や画家らが宴会を楽しんだ。

開国後、西洋文化の影響もあって、共に食事をする一家だんらんを良しとする考え方が定着。大正から昭和、一般家庭にもちゃぶ台が普及する。

アニメにも登場

アニメ『巨人の星』で父の星一徹が息子、飛雄馬をしかり、食事中のちゃぶ台をひっくり返す有名場面も生まれた。「ちゃぶ台返し」は物事を振り出しに戻してしまうことをいう。

その後、西洋式のダイニングテーブルとイスが定着し、今や「ちゃぶ台返し」も死語になりつつある。しかし、「食卓はあっても孤食が多い今の時代、食卓を囲む隠元さん精神を見直してみては」と東四柳さんは問いかけている。

2014年8月7日付掲載

あんかけ　ドロンと「たぬき」

きつねうどん化け、多い夜の出前

京都人はあんかけ料理が好きだ。味付けした汁に葛《くず》粉などを少量加え、とろみをつけたあんをかける。だから、うどんもあんかけにして出す。これを京都では「たぬき」と呼ぶ。大阪の「たぬき」とも、東京の「たぬき」とも全然違う。なぜ京都人は京都独特の「たぬき」を愛するのか。

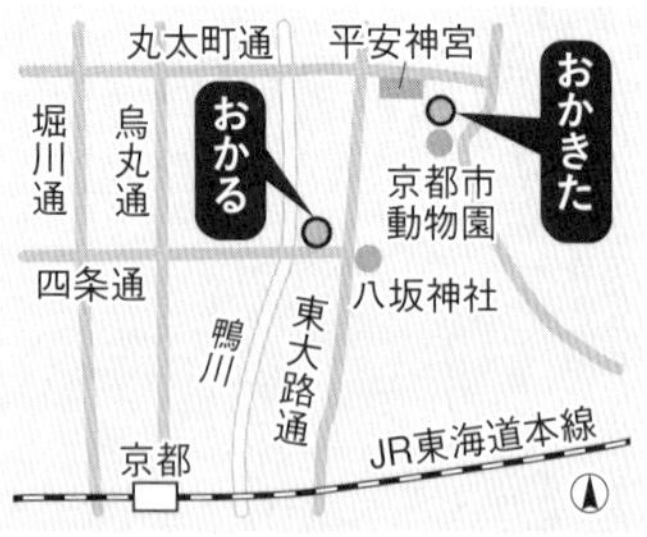

だしの良しあし

関西でうどんと言えば大阪が本場のように思われているが、実は京都人の方がうどん好き。総務省の家計調査では、１年間（２０１１〜13年平均）に外食でうどんとそばに使う金額が、大阪市の３７９８円に対し、京都市は５６１２円だ。

伝承料理研究家の奥村彪生《あやお》さんは、うどんは京都の禅寺生まれと考えている。鎌倉時代、中国留学僧が冷や麦タイプの「切麦《きりむぎ》」を伝え、これを熱い湯につけても腰が保てるように太麺にアレンジしたというのだ。

京都のあんかけうどんは独特で、よそではなかなかお目にかかれない「たぬき」のほか、卵でとじた「けいらん」など、種類が多い。京うどんの特徴を挙げるなら、「細めの麺とだし、具が三位一体となったもの」と左京区のうどん店「おかきた」三代目主人、北村正樹さんは説明する。特に「だしの良しあしが大きく影響する」のが「たぬき」で、揚げと九条ネギの具も麺と同じくらい細く切り、上品にツルツル食べられるように工夫している。

「たぬき」の名前は「きつねがドロンと化けた」。つまり、揚げを載せたきつねうどんにドロンとしたあんをかけたから、という。

京都で「たぬき」といえば、あんかけうどんのこと。冷めにくく、出前にも適している。

その頃

よほど上品　熊川葛

若狭と京都を結ぶ「鯖街道」の中で随一の宿場町として栄えたのが熊川宿だ。若狭の領主になった浅野長政が1589年、年貢以外の租税を免除する諸役免除の宿場町に指定したのが繁栄の基礎になった。

当時から「熊川葛」は熊川の名産品だった。江戸時代初期には、京都で菓子などの材料として売買された記録がある。奈良県の「吉野葛」も有名だが、儒学者の頼《らい》山陽は、京都で買った熊川の葛粉を母の病気見舞いに送り、添え状で「熊川は吉野よりよほど上品にて、調理の功これあり候」と評した。

冷めにくく工夫

江戸時代の近世風俗志『守貞謾稿《もりさだまんこう》』には、うどんにくず醤油《しょうゆ》をかけた「あん平」が登場。これが今の「たぬき」だ。花街・祇園のお茶屋に夜食を運ぶ出前の習慣が「たぬき」を生んだという説がある。あんかけは底冷えの冬も冷めにくいからだ。

祇園のそば処《どころ》「おかる」のおかみ、干場洋子さんも「夜になると出前の注文が多い」と話す。「冬はあんかけが当たり前」と西陣の都製麵所の奥野貴史さん。夜まで働く西陣織の職人も出前を取ったという。

今も進化続く

「京都にはあんかけ料理の伝統があった」と指摘するのが料亭、菊乃井（東山区）主人の村田吉弘さん。若狭の鯖《さば》を京都に運ぶ「鯖街道」の熊川宿（福井県若狭町）が葛の産地で、その葛が鯖とともに運ばれてきたからだ。日本うどん学会の佃昌道会長は「葛を使うあんかけ料理が、いつの時代かうどんと融合した」と話す。

今、「おかる」で人気なのが「チーズ肉カレーうどん」。これもとろみがたっぷり、現代のあんかけだ。「たぬき」はさらに化けている。

2014年9月11日付掲載

ユニークな形　京野菜　偶然の産物

見逃さず工夫、再現

ひょうたんのような形の「鹿《しし》ヶ谷かぼちゃ」、大根なのにカブのように丸い「聖護院《しょうごいん》だいこん」。「えびいも」はエビ反っている。全国流通する野菜はスマートで均一な形でないと売れない。そんな中、なぜか変な形をしたものが多い京野菜が、地元京都だけでなく、首都圏を始め全国で人気だ。

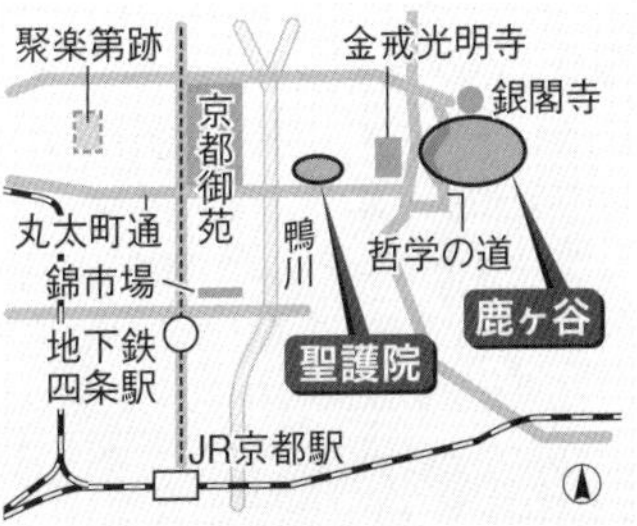

人気の秘密

京都・錦市場の青果屋「かね松」は1882年（明治15）の創業以来、京野菜を扱ってきた。店頭の鹿ヶ谷かぼちゃがだいだい色で目を引く。エビの殻のような横じまのえびいもや、緑の伏見とうがらしも所狭しと並ぶ。錦を訪れる観光客が買うので全国発送もしている。

「味の良さはもちろん、形に込められたストーリーがあるから」と店主の上田欣司さんは人気の秘密を分析する。

優良品種と流通

鹿ヶ谷かぼちゃは初め、皮が菊の花のような菊座形だった。種を江戸・文化年間、津軽から持ち帰った者がいた。鹿ヶ谷（左京区）の農家が栽培するうち、なぜかひょうたん形に。種があるのは下部だけで可食部が菊座形の1・5倍ほど。優良品種として広まった。

聖護院だいこんも元は長かった。文政年間に尾張から金戒光明寺《こんかいこうみょうじ》（左京区）へ献上された大根を門前の聖護院の農家が譲り受け、大きさと味の良いものの種を取るうち、短く丸くなった。畑の軟

ひょうたんに似た鹿ヶ谷かぼちゃ（右）、エビのようなえびいも（右下）、大きくて中は空洞の堀川ごぼう（中央）。

その頃

錦に生まれた若冲

江戸中期の画家、伊藤若冲《じゃくちゅう》は絵に専念するため40歳で隠居するまで錦の青物問屋の主人だった。その作品「果蔬涅槃図《かそねはんず》」には京野菜を始め60種以上の野菜、果物が描かれている。自由奔放な芸術家というイメージがあるが、奉行所の裁定で錦が営業停止になった際、野菜農家にも根回しして奉行所と交渉、再開を認めさせたという逸話が知られる。

若冲は再来年が生誕300年。錦高倉角に「若冲生家跡」のモニュメント、アーケードには若冲の絵入りタペストリーもつるし、京の台所を彩っている。

らかい土の層が浅く、横に太ったともいう。変形した野菜は出来損ない扱いされなかったのか。京都府農業会議審議役の田中大三さんは「違う形だからいいと考えた。京の農家の文化度が高いからだ。偶然の発見を見逃さず、どうすれば再現できるか研究した」と解説する。

「堀川ごぼう」も偶然の産物だ。豊臣秀吉が取り壊した聚楽第の堀が江戸時代、ゴミ捨て場になり、そこでゴボウが巨大に育った。これを別の場所で再現するため農家はゴボウを横向きに植え直す工夫をしている。

朝廷や寺社への献上品として、京懐石の素材として、高品質な野菜作りが求められたという背景もあった。

伝統野菜で復活

戦後は品種改良で病害に強く収量も多い野菜が登場し衰退する。洋食が増え、核家族では食べ切れない京野菜のサイズも敬遠された一因だろう。各地の地物の野菜が同じような事情で、ほぼ姿を消したとみられる。絶滅寸前だった京野菜はブランド化でよみがえる。京都府が音頭をとって「京の伝統野菜」と銘打ち、首都圏にも売り込んだのだ。

伝統とは歴史であり、物語だ。変な形も希少性として珍重される。それを付加価値とするのが京都の文化というものだろう。

２０１４年10月30日付掲載

宮中の健康食品「すぐき」

底冷えの冬　免疫高める発酵の力

味噌《みそ》、醤油《しょうゆ》、酒といった発酵食品は古くから、独特の風味で日本の食を特徴付けてきた。研究によって、豊富な栄養成分が含まれていることも解明されている。京都市北区の上賀茂で約300年前から作られてきたすぐき漬けには、免疫力を高める効果もあるといい、近年、注目を集めている。

上流階級が珍重

すぐき漬けは漢字で酸茎《すぐき》。字が表す通り酸味と香りが際立つ。蕪《かぶ》の変種であるすぐき菜を塩で漬けたもので、高嶋四郎著『歳時記　京の伝統野菜と旬野菜』によれば、「酸茎菜」が登場する文献の最初は江戸時代前期、京都を中心とした年中行事の解説書『日次紀事《ひなみきじ》』。その起源については、地元の古老の話などから▽賀茂川沿いに自生していたすぐき菜を上賀茂神社の社家が栽培した▽御所から種子をもらい受けた社家が栽培を始めた――の2説が紹介されている。

「きわめて小規模な趣味的な栽培が限られた人の間でおこなわれてきた」すぐき菜は、漬物にして宮中に献上された。市中には出回らず、上流階級の間だけで珍重されたとみられる。

地域秘伝の製法

天皇が東京に移った明治以降、一般農家もすぐき菜栽培を始めるが、賀茂川扇状地の緩やかな傾斜と砂質の土壌でないと品質が保てず、すぐき漬けの製法も地域の秘伝とされてきた。

生産農家は現在も、上賀茂と隣の西賀茂の約50軒に限られる。農家は早生《わせ》、中手、晩生《おくて》の3種を8月末から10月末にかけて植え付け、お歳暮用として間に合わせるため、11月に入ると早生種の収穫を始める。

直径約2メートルの大だるにすぐき菜を漬け込んでいく。加えるのは塩のみ。

その頃

里菜、賀茂菜…別名様々

すぐき（酸茎）菜には様々な別名があった。里菜、賀茂菜、屋敷菜、酸菜など。本草書『本朝食鑑』は「すいぐきな」、『大和本草』は「晩菜」と記している。貧乏菜という異名もあった。1893年（明治26）、上賀茂の深泥池《みどろがいけ》周辺の集落で大火事があり、焼け出された住民を困窮から救うため、すぐき菜の栽培が奨励されたことに由来するという。

すぐき菜を漬物にせず、小蕪と同じように炊いて食べても、軟らかくておいしい。ただし、生のすぐき菜が店頭に並ぶことはほとんどない。

上賀茂池殿町の中本勇気さん方でも秋が深まると祖父母と父母、親戚も加わって漬け込みに追われる。たるに菜を並べて塩をふり、7～8段まで漬け足す。200～400キログラムの重しを加え、暖かな室《むろ》に入れると室の中に住む乳酸菌によって発酵が進み、酸味のきいたすぐき漬けができる。

ラブレ菌の発見

すぐき漬けが含む様々な乳酸菌から1993年、ラブレ菌が分離、発見される。岸田綱太郎・京都府立医科大学名誉教授が理事長を務めたルイ・パストゥール医学研究センター（左京区）などの研究成果で、この菌に整腸作用や、免疫力を高める効果があることが腸内細菌の研究者らによって報告されてきた。これに目を付けた国内の食品メーカーはラブレ菌を含む飲料を開発、大々的に売り出した。冬の間、小学生らに毎日継続して飲んでもらったところ、インフルエンザにかかる率が下がったという学会発表もある。

すぐき漬けが宮中で好んで食されたのも、底冷えの京の冬を乗り切るためだったのではないか。

2014年11月20日付掲載

乙訓のタケノコ　味も突出

土作りに手間　献上品と競う

京都産のタケノコはえぐみが少なく、上品で、日本一おいしいという。中でも京都市西京区から京都府向日市、長岡京市、大山崎町にかけての乙訓《おとくに》地方産は質が高いことで知られている。出荷量では福岡、鹿児島、熊本の3県に後れを取るが、京都産タケノコの味は格別だ。それはなぜか。

孟宗竹へ転換

竹林が広がる乙訓は古来、竹材の供給地だった。平安時代には天皇の竹箸がこの地方から納められた。室町時代以降は柄杓《ひしゃく》や茶杓《ちゃしゃく》、花入れなど、茶道具、華道具の材料として竹は重宝され、江戸時代には年貢《ねんぐ》として上納された。ただしこれらは主に淡竹《はちく》や真竹《まだけ》。そのタケノコはおいしいとは言えない。

現在、「京たけのこ」としてブランド認定されているのは中国原産の孟宗竹《もうそうちく》だ。これが食用として広く栽培されるのは江戸時代後期からで、他の作物より利益が出たため、茶畑や野菜畑を転換し、孟宗竹の栽培を始める農家が続出した。

「ホリ」でタケノコを探す。土は軟らかく、おいしいタケノコができる。

洗練の伝統作物

京都の朝廷や寺社には各地方から質のいい作物が献上され、一部は近郊の農家に下げ渡された。競争の中で京野菜は洗練される。京都のタケノコも同様に、改良を重ねられてきたのだ。

「振り売り」という江戸時代に盛んだった野菜の直接販売も生産者の創意工夫を促した。京のふるさと産品協会委員の田中大三さんは「消費者と対話することで京都

その頃

てんびんで「振り売り」

「振り売り」は平安時代からあったとされる。季節の野菜を入れたざるや木おけを、てんびん棒の前後に取り付けて担ぎ、声をあげながら売り歩く。いわゆる行商だ。その姿から「振り売り」という名前が付いた。室町時代には「棒手振《ぼてふ》り」とも呼ばれた。最盛期は江戸時代。

てんびん棒は姿を消したが、今も京都近郊では、生産者が収穫したばかりのタケノコやナス、みず菜などをリヤカーや軽トラックの荷台に載せ、家々を巡る。そこで消費者の声を聞くのも楽しみという。

の伝統野菜は磨かれた。タケノコもそうだっただろう」と話す。

魯山人も「第一」

乙訓の竹林は土作りに手間をかける。年3回、肥料をやり、保温効果のあるワラを敷いて、その上にまた土を盛る。フカフカの土の中で育ったタケノコが地上に出てくる前に、1メートル前後の長い刃を持つ「ホリ」と呼ばれるこの地方独特のクワで収穫する。長岡京市でタケノコを栽培する岡本さんは「ホリがあるから地中深くから採れる」と説明する。日光にさらされていないタケノコは皮が白く、中身が軟らかい。

明治時代の地租改正で竹林に高額の税が課された結果、タケノコ栽培は一時衰退するが、1889年（明治22）の東海道線の全線開通で販路が開け、息を吹き返した。

食通で知られた北大路魯山人は著書『魯山人味道』で樫原《かたぎはら》（西京区）のタケノコを「古来第一」とした。「噛みしめて著しい甘味があり、香気がすこぶる高い。繊維がなくて口の中で溶けてしまう」。

タケノコの収穫は桜の開花に合わせるように始まる。京都人にとって、若竹煮をはじめとするタケノコ料理は花見と並ぶ春の楽しみだ。

２０１５年３月12日付掲載

ちまき500年　御所の縁

「町衆の心意気」手作りの味守る

京菓子店「川端道喜《かわばたどうき》」（左京区）ののれんに「御《おん》ちまき司《し》」と書いてある。宮中にちまきを納めた御所御用の店だったことを示す言葉だ。室町時代後期の創業で、川端道喜を名乗る16代の店主が継承してきた。香り高いササの葉で吉野葛《くず》を包んだ「水仙ちまき」や「羊羹《ようかん》ちまき」などの「道喜ちまき」で知られる。素朴な味わいの菓子だが、なぜ500年近くも作り続けられたのか。

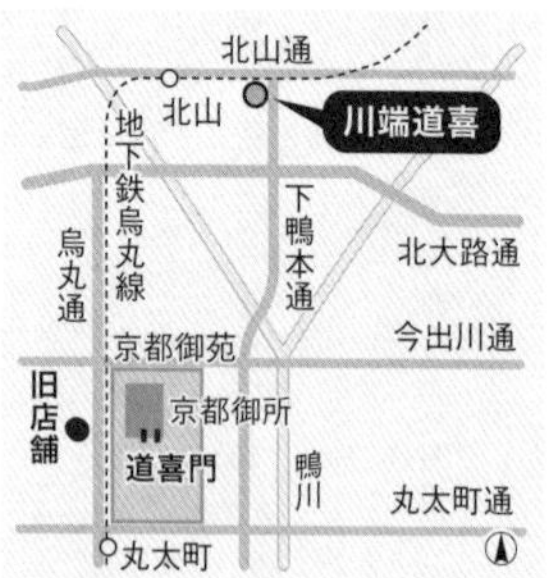

湯がいて風味

道喜ちまきは長さ30センチ。市内北部などでとったササを4、5枚使って、砂糖、または小豆あんを吉野葛に練り込んだ中身を包む。これをイグサの殻で巻き締め、5本1束にして湯がく。材料、製法は昔から変わらない。

創業者は武士から餅屋に転じた渡辺進で、ちまきの創案は娘婿の中村五郎左衛門だ。宮中に餅を納めていた関係で、大和国吉野から届いた献上品の葛の調製を命じられ、湯がくことでササの成分がしみて風味がよくなる製法を編み出した。度々注文を受け、江戸時代の食物事典は道喜ちまきを

「禁裏《きんり》で最も賞味されている」と紹介している。この五郎左衛門は千利休とも親交があった風流人で1572年（元亀3）、剃髪《ていはつ》して道喜を名乗る。初代道喜だ。

厄除け効果も

ちまきの起源は古代中国。失脚して川に投身した楚《そ》王側近の文人、屈原《くつげん》を悼んだ人々が、水辺の草で米を包んで投げ込んだ。これが原型という。後には厄除《よ》け効果があるとされ、5月5日の端午

5本1束で湯がく「道喜ちまき」。手前が水仙ちまき、奥が小豆あんを使った羊羹ちまき。

その頃

ササごと口にした光秀動揺か、たしなみか

明智光秀は主君、織田信長を京都・本能寺に襲った後、中国攻めを中断して引き返してきた豊臣秀吉の軍と山崎（京都府大山崎町付近）で戦って敗れる。川端道喜家の歴史をまとめた文書『家の鏡』によると、この時、道喜は両陣営にちまきを差し入れたという。

光秀はササごとちまきをほおばり、人々がその慌てぶりを見て、先が短いと悟ったという伝承がある。しかし川端家では、教養ある茶人でもあった光秀のこと、手元に懐紙がなかったため、ササを広げて口元を隠して食べたのだと解釈している。

の節句に食べる習慣が日本にも伝わった。鳥居本幸代・京都ノートルダム女子大学教授によれば、平安中期には、5月5日にちまきを食べていたという記録がある。

道喜ちまきの注文も端午の節句に集中した。宮中では1000本を丸くきれいに積んだ光景も見られた。

「御朝はまだか」

長続きの理由は御所との関係にあった。創業の頃は戦国時代で、朝廷は窮乏。天皇の食事にも事欠くほどで、見かねた進と道喜が朝食にと、塩味の潰し餡《あん》で包んだ餅を差し入れた。16代の妻、川端知嘉子さんは「天皇家を守る町衆の心意気」と話す。後柏原天皇が「御朝《おあさ》（朝食の餅）はまだか」とせかした逸話も残る。

道喜が京都御所に入る小さな通用門は「道喜門」と呼ばれるようになり、献上は明治天皇が東京に移るまで続いた。

「虎屋」など天皇を追って東京進出した御所御用の店もあったが、川端道喜は残った。天皇が京都に戻るという期待もあっただろうが、結果的に京都の土壌に根付いた味が守られた。

家訓は「品物を吟味して濫造《らんぞう》せざること」。今も家族で受注生産を続ける。知嘉子さんは「すべて手作業。だからこそ同じ味を伝えられる」と信じている。

2013年9月26日付掲載

八ッ橋　名前がまとう物語

博覧会で全国区　「慰問品」戦地へも

京都土産の菓子といえば、八ッ橋の名を挙げる人が多い。土産物店の八ッ橋売り場の前に修学旅行生が集まる光景はおなじみだ。一般の観光客も次々、手に取っていく。昔ながらのニッキの香りが漂う、丸瓦のような形をした堅焼き煎餅だが、最近では、あんを三角に包んだ生八ッ橋の人気も高い。古来、京都に名高い和菓子は数あるが、なぜその中で八ッ橋が土産物の定番となったのか。

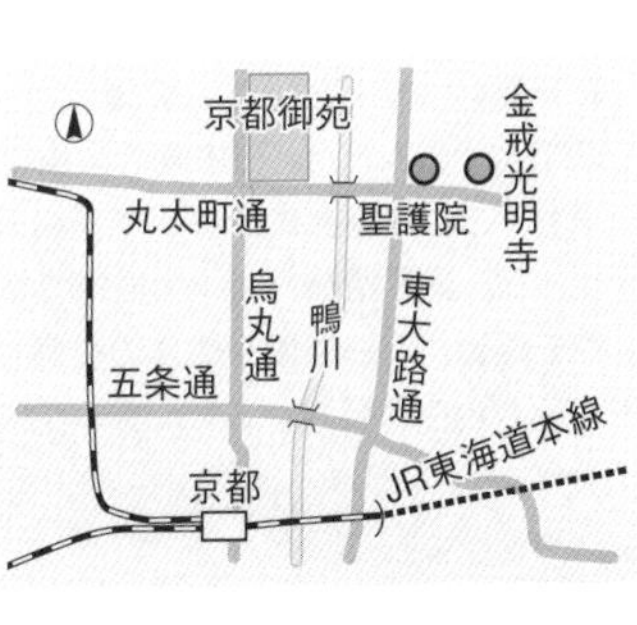

命名には諸説

うるち米の粉に湯を加えて蒸し、ニッキ（シナモン）などを混ぜ、薄く延ばし一口大の長方形に切って焼く。軟らかいうちに溝に押し当てて丸みをつけている。

江戸時代に京都で考案された菓子に違いないが、命名については諸説ある。

箏曲の八橋検校（1685年没）由来説によれば、墓がある金戒光明寺《こんかいこうみょうじ》（左京区）の参拝客向けに、参道の聖護院の森にあった茶店が、琴に似せて焼いた菓子を売り出したという。

『伊勢物語』の在原業平《なりひら》が歌にした三河八橋（現愛知県知立市）の八つの橋にちなんだとも。昔の八ッ

「押し木」を使い、鉄板の上を移動させながら八ッ橋を手焼きする職人。パリパリの食感とニッキの香ばしさが魅力だ（「八ッ橋屋西尾為忠商店　新京極店」）。

橋は橋のように平らだったのかもしれない。八つの橋は橋のない川で子を亡くした母が架けたと伝わる。子を思う母に感動した業者が菓子の名にしたという話もある。

ローカル菓子

当初は茶店が出すローカルな茶菓子だった。名前

その頃

観光都市の礎に

第4回内国勧業博覧会は、1895年（明治28）開催。明治天皇が東京に移って以降、地盤沈下する京都を憂える地元経済人らが活性化を狙って誘致した。会期は4か月で、113万人超が足を運んだ。
日本洋画の巨匠、黒田清輝出品の裸体画が起こした騒動も知られる。風紀を乱すという撤去派と、擁護派との間で論争になった。日本初の市街電車も、この博覧会に合わせて京都を走った。琵琶湖疏水の水力発電で電気を供給。宿泊施設や道路の整備も進み、現在の観光都市・京都の基礎を作った。

が全国で知られるきっかけは明治以降、大々的に開かれたイベントだった。

平安遷都千百年紀念祭に合わせて開催された第4回内国勧業博覧会には、工業製品から美術品まで17万点近くが並んだ。記録によれば元禄時代創業の現「聖護院八ッ橋」（左京区）も出品していた。土産品として高評価だったらしい。

大正天皇の即位の礼と大典記念京都博覧会、皇太子（後の昭和天皇）の成婚などを記念した博覧会、さらに昭和天皇の即位の礼と大礼記念京都大博覧会の際も八ッ橋は好評だったという。

軽くて日持ち

『おみやげと鉄道』の著者で立教大学立教学院史資料センター学術調査員の鈴木勇一郎さんは「軽くて持ち帰りやすい。日持ちもするから土産物として好まれた」とみる。1877年（明治10）開業の京都駅には駅売りの八ッ橋業者が現れた。「東海道、山陰、奈良の各線利用者に印象づけた」と鈴木さんは考える。日清や日露戦争の戦地へは慰問品として八ッ橋が送られた。これこそ京都の菓子だと思った他府県の兵隊が帰還後、京都を訪れた際に買い求めたに違いない。

「もちろん、その名前の由緒ありげなところも京都らしい」と鈴木さん。味や携帯性といった実質だけではブランド化は難しい。八ッ橋の名前がまとう様々な物語が、京都に何かを求める観光客のニーズに合ったのだろう。

2013年7月11日付掲載

水無月　夏越の厄除け菓子

期間、地域限定でアピール

三角に切ったういろうの上面に甘く煮た小豆をのせた京都の和菓子を「水無月《みなづき》」という。この菓銘《かめい》は旧暦6月の異称。そのせいか売り出されるのはほとんど6月だけ。月末にしか出さない老舗菓子屋もある。しかも京都を離れるとほとんど見かけない。なぜ期間限定、地域限定の菓子なのか。

氷に見立てた？

三角は氷を表すという。昔、宮中では水無月朔日《さくじつ》（6月1日）の節会《せちえ》に山の中の氷室《ひむろ》から氷を運ばせ、それを割って食べた。一般には氷が手に入らないので、氷片に似せた白い三角のういろうの上に、厄払いに食べる小豆をのせた、と。

30日の行事食

ならば6月1日に食べるべきだが、菓子屋は「30日に」と勧める。そうすればその年の後半を無事過ごせる、という効能付きで。旧暦では6月30日は夏の終わり。夏越《なごし》の祓《はらえ》といって茅《ち》の輪をくぐるなどして災厄を祓《はら》う。「水無月」もその行事食ということだ。

古くは室町時代の僧侶の日記にこの日「小麦餅」を食べたという記述がある。京菓子「虎屋」（本社・東京都港区）の浅田ひろみ文化事業課長が機関誌「和菓子」に寄せた論文「水無月考」で紹介している。当時の社会・文化を知るために欠かせない『多聞院日記』（1478～1618）には夏越の日に「小麦餅」が届いたという話が何回も出てくる。「水無月の原型と見ていいかもしれない」と浅田課長はいう。

「虎屋」の古文書で水無月の餅が初めて出てくるのが1725年（享保10）の『御用留帳』。「六月

氷を思わせる白水無月（右）と水無月。

その頃

繊細な意匠、優雅な菓銘

現在の和菓子の多くは江戸時代に原型ができている。原料の砂糖を輸入に頼っていた日本だが、18世紀末に国産品が主に上方の市場に出回り出したことも、その背景にある。
京都の京菓子は意匠が繊細で菓銘も優雅。一方、江戸菓子は種類が多く、『東海道中膝栗毛《ひざくりげ》』の十返舎一九《じっぺんしゃいっく》が『餅菓子即席手製集』で75種も紹介している。高価な鶏卵の代わりにヤマノイモを使ったのが「玉子入らずかすてら」。冷や飯で作る「しょたい餅」は、ダジャレで、所帯持ちがいい、つまりやりくり上手の餅菓子ということだ。

卅日《さんじゅう》（30日）水無月蒸餅覚」として大角豆《ささげ》入り麦餅を御所に納入したと記している。ここから菓銘が「水無月」になったとみられる。

三角で登場するのは1918年（大正7）『数物御菓子見本帖《ちょう》』が初めて。絵図を見ると小豆を餅の中にまぜている。後は今と変わらない。

菓子屋の知恵

歴史的には夏越の菓子でよさそうだ。氷室の氷の話は後で付け加わった。国際日本文化研究センターの倉本一宏教授によれば平安貴族の日記などに「氷室の節会は出てこない」。江戸の徳川将軍家には毎年、氷が献上されたので、宮中でも昔、同様の行事があっただろうと想像したのだ。

この献上の氷の話を6月30日の行事菓子に結びつけて由来としたのは、実は菓子屋だった。京菓子司「三條若狭屋」（中京区）の先々代主人、藤本如泉が著書『日本の菓子』（1968）で明かしている。

明治の京都は観光客に古い歴史を強調するため「都をどり」や「時代祭」といった行事を創造した。「水無月」も同じだろう。歴史を掘り起こして作った、古都京都をアピールする菓子なのだ。

2014年6月26日付掲載

あとがきにかえて

何かの会合だったらしい。わが社の編集局長が京都の龍谷大学幹部と懇談し、「うちの大学には370年の歴史があるのですよ」と聞かされた。そのちょっとした会話が、この企画のヒントになっている。

社に戻ってきた局長に呼び出されたのが私だったのは、私が文化担当の編集委員として長く京都を取材し、生まれ育ちも、そして今、住んでいるのも京都で、京都のことなら何でも知っているような顔をして社内を歩いていたから。

「龍谷大は370年も続いているんだって？」と尋ねられ、「西本願寺の学寮が始まりですから」と私。「もっと古い学校は？」「種智院《しゅちいん》大学の起源は平安時代の空海ですが、いったん途絶えて……」といったやり取りが、本文を読んでいただくと分かるが、そのままその回の原稿のベースになっている。

もちろん、それだけではなはだ不十分で、その都度その都度、記者たちには現地に足を運び、関係者に取材し、歴史的背景や、埋もれた事実の発掘に努めるよう指示した。

雑誌やテレビで京都のことが、これだけ話題になり、地元京都の人でなくても、京都については様々な見聞がある。それでも一歩踏み込んでみると、「なぜ」と問いかけたくなることが様々あるのだ。

こうしてタイトルは「謎解き京都」に決まった。2013年4月に新聞連載をスタート。毎回違うテーマで100回、2年続いた。

当初、そんなにたくさんの「謎」があるとは思っていなかった。ところが若い記者と話すうちに、「謎」はいくらでもあることが分かった。和菓子の八ッ橋はなぜ京都土産の定番になったのか、舞妓さんの着物の帯はなぜだらりと垂れ下がっているのか、京都で「前《さき》の戦争」は本当に応仁の乱なのか。

記者の取材先は寺社や花街、大学、伝統芸能、産業など、多岐に及んだ。当事者はもちろん、その道に詳しい研究者のもとも訪れた。その答えは本文に譲るが、京都人にも、京都人でない人にも、「なるほど、そうだったのか」と言ってもらえるのではないか。取材に応じていただいた方々に、この場を借りて感謝申し上げる。

内容は基本的に新聞掲載時のまま、したがって肩書などは当時のもの。取材には編集委員と京都総局、地方部、文化・生活部、プロジェクト編集室の記者が当たった。出版に際しては淡交社の井上尚徳さんと奥村寿子さんにご尽力いただいた。

2015年9月

読売新聞大阪本社編集委員　森　恭彦

執筆

浅野博行
石塚直人
磯江祐介
今岡竜弥
内田郁恵
落合宏美
金子知巳
木須井麻子
倉岡明菜
後藤静華
近藤真史
斎藤孔成
酒本友紀子
真田南夫
杉山正樹
住田勝宏
関　俊一
田中洋史
辻田秀樹
中井道子
中津幸久
西田大智
二谷小百合
松田卓也
満田育子
森川暁子
森川明義
森重達裕
森　恭彦
鷲尾有司

写真撮影

宇那木健一
大西健次
守屋由子

（五十音順）

装丁デザイン
瀧澤デザイン室
瀧澤弘樹

謎解き京都 ―京をめぐる100の疑問に答えます―

平成27年12月17日　初版発行

編　者　読売新聞大阪本社編集局
発行者　納屋嘉人
発行所　株式会社 淡交社
本社　〒603-8588
京都市北区堀川通鞍馬口上ル
営業　075-432-5151
編集　075-432-5161
支社　〒162-0061
東京都新宿区市谷柳町39-1
営業　03-5269-7941
編集　03-5269-1691
http://www.tankosha.co.jp

印刷・製本　大日本印刷株式会社

ISBN978-4-473-04053-4